匈奴简史

xiong nu jian shi

水木森 著

民主与建设出版社

Democracy & Construction Publishing House

图书在版编目（CIP）数据

匈奴简史 / 水木森著. –– 北京：民主与建

设出版社, 2016.7（2018.6重印）

ISBN 978-7-5139-1117-7

Ⅰ.①匈… Ⅱ.①水… Ⅲ.①匈奴—民族历史 Ⅳ.

①K289

中国版本图书馆CIP数据核字(2016)第119547号

出 版 人：许久文

责任编辑：李保华

整体设计：@嫁衣工舍

出版发行：民主与建设出版社有限责任公司

电　　话：(010)59419778　　　59417745

社　　址：北京市朝阳区阜通东大街融科望京中心B座601室

邮　　编：100102

印　　刷：固安县保利达印务有限公司

版　　次：2016年8月第1版　　2018年6月第2次印刷

开　　本：16

印　　张：16

书　　号：ISBN 978-7-5139-1117-7

定　　价：39.80元

注：如有印、装质量问题，请与出版社联系。

序 一个强悍背影的远去

匈奴兴起于商周之际，鼎盛于秦汉时期，它与秦汉帝国为邻，却分属于不同的文明，有着截然不同的价值观。属于游牧文明的匈奴人崇尚杀戮、抢掠、自由迁徙；属于农耕文明的秦汉帝国的子民们则崇尚和谐相处，安土重迁，以法律和道德礼仪相规范。这是价值取向截然不同的两种文明，一旦它们成为邻居，就必然会发生碰撞，碰撞的方式就是战争和融合。

作为马背上的游牧民族，匈奴人弓马娴熟，勇武善战，男女老少都能上马杀敌，几乎全民皆兵。匈奴军队的机动性、灵活性，是当时世界上超一流的，他们来如风，去如电，让人防不胜防，因而在早期的较量中，中原军队每每处于守势。为了防止匈奴人的骚扰，战国时期的秦国、赵国、燕国等国都在与匈奴接壤的地方修筑长城，抵御匈奴人的进攻。秦始皇统一中国后，虽然派蒙恬"却匈奴七百余里，胡人不敢南下而牧马，士不敢弯弓以报怨"，但鉴于匈奴人灵活机动的作战能力，他仍然奉行战略防守的策略，将原秦、赵、燕三国的长城连接起来，加以延伸，形成西起临洮，东至辽东的万里长城。

就在秦始皇、蒙恬等人处心积虑完善战略防线时，匈奴历史上一个划时代的英雄——冒顿进入了历史的视野。秦始皇刚刚去世，年轻的冒顿就射杀了其父头曼单于，成为匈奴的首领。冒顿利用秦末中原大乱及楚汉相争之机，灭东胡、降乌孙、威服丁零，在大漠南北完成了一系列兼并行动，建立起庞大的匈奴，帝国的版图东起大兴安岭的乌桓、鲜卑山西界，西至中亚广大地区，北至蒙古高原以外的西伯利亚，南到长城，拥有的土地面积，丝毫不亚于先前的秦朝及后来的汉朝。

汉代文景之治后，国力蒸蒸日上，达到了前所未有的富裕程度，而匈奴也终于遇到了自己的克星——汉武帝。汉武帝在位期间，匈奴经历了七位单于，但他们都没能翻越汉武帝这座大山，尽管他们都试图让匈奴重现冒顿时代的辉煌，但一个个都饮恨而终。

不仅如此，在汉武帝的铁骑强攻下，曾经兴盛一时的匈奴也最终走向了分裂。南匈奴与汉朝和亲，对汉朝称臣，逐渐成为汉朝的一个藩属国。北匈奴继续占据漠北，与汉朝对峙，双方战事不断，一直打到东汉中叶。在汉朝的军事打击以及连年不断的天灾人祸袭击下，北匈奴一部南迁，另一部被迫退出漠北，途经西域、中亚向欧洲一路迁徙。

南北两个匈奴虽然因为分裂走上了不同的道路，但他们都没有忘记自己是冒顿的子民，时刻梦想着复兴匈奴，证明自己是"天之骄子"。南匈奴在两汉以后，慑于曹魏政权的兵威，偃旗息鼓，暗中蓄力，终于在西晋"八王之乱"后爆发。他们打着为汉朝复仇的旗号，问鼎中原，直捣洛阳，导演了"永嘉之乱"，灭掉了西晋，将中原搅得天翻地覆。这一壮举在冒顿时期也不曾有过，从此，中原大地进入了近三百年的"五胡乱华"时期……

而北匈奴西迁后，很快找回了冒顿时代的自信。他们凭借着匈奴骑兵的灵活、机动、善战，一路征服，所向披靡，在欧洲素称强悍的东哥特人、西哥特人、日耳曼人、法兰克人……纷纷成为他们的手下败将。匈奴人的到来，改变了欧洲的政治格局，最终导致了西罗马帝国的崩溃。

遗憾的是，西迁的匈奴作为一个国家完全建立在暴力征服的基础上，缺乏凝聚力和向心力，在杰出首领阿提拉死后，强大的匈奴王国顷刻间分崩离析，其残部在一番挣扎之后，最终消失在历史的长河之中。

如今，匈奴作为一个民族早已不复存在，但是，这个曾经在中国北边、西域、中亚、欧洲存在过的强大民族，在欧亚历史上所产生的影响是深远的。它曾是欧亚历史上的超级军事大国，改变了魏晋以后中国的政治格局，颠覆了中亚、欧洲的统治秩序，推动欧洲从奴隶制进入了封建制，在世界历史发展进程中留下了浓墨重彩的一笔。它在历史长河里留下的斑斑点点很值得我们深究，它告诉我们：一个民族强大的标志并不是它的人口数量有多少，而是它的民族性格有多么强悍。只有性格强悍的民族才称得上强大的民族，这样的民族不但能改变自己，而且能改变世界。

目　录

第一章
大漠苍狼，匈奴从哪里来

　　匈奴人是夏朝人的后裔，但因为逃到草原，长期与中原隔离，形成了与中原汉民族不同的文明。匈奴人与汉民族从周朝时开始接触、冲突，在战国末期强大起来，但多次被汉民族击败，并被长城隔离到中原之外。尤其是匈奴被秦军痛击后，头曼单于被迫率领部下退居漠北。冒顿单于在秦汉交替之际迅速崛起，消灭了草原的各个强大部落，独霸草原，建立了强大的匈奴帝国。

另类的炎黄子孙

很多人都知道，秦朝和汉朝是中国历史上两个强盛的王朝，万里长城是中国古代最伟大的工程，但很少有人知道这些都与一个强悍的游牧民族密切相关——匈奴！

如果秦朝和汉朝不打败匈奴，就不可能真正强大，也无法证明它们强大；如果不是因为有匈奴这个强悍飘忽、防不胜防的对手，秦始皇等人就不会耗费巨资和大量人力去修建万里长城。而没有万里长城，中国历史很可能改写，中华文明也不会完整地延续至今（中华文明是延续至今的唯一的古文明）。

出土文物中的匈奴人形象

据《史记·匈奴列传》记载："匈奴，其先祖夏后氏之苗裔也，曰淳维。"传说，商汤灭夏后，将夏朝最后一个君王夏桀流放到了南巢。三年后，夏桀死了，他的儿子淳维（有的书上称为獯鬻）带着父亲留下的妻妾和一些部众逃到了北方，依托于茫茫草原，以游牧为生，生息繁衍，逐步形成匈奴民族。根据这种记载，匈奴是华夏民族的一分子——他的祖先为夏朝遗民的一支。当然，匈奴人并不全部是夏后氏的后裔。当时，随同淳维出逃的是一大批人——有奴仆，有下属官员，还有亲朋好友。

慢慢地，匈奴有了不少分支，比如山戎、猃狁、荤粥等。著名国学大师王国维认为，商朝时的鬼方、混夷、獯鬻，周朝时的猃狁，春秋时的戎、狄，战国时的胡人，都是后世所谓的匈奴。还有人把鬼戎、义渠、燕京、余无、楼烦、大荔等民族也归为匈奴。对于匈奴的分支，史学界没有定论，但匈奴人是夏朝人的后裔，大家都比较认同。

商朝时，匈奴的先祖们生存在遥远的漠北，到了周朝，才开始与周人有所接触，但匈奴的势力远不如周朝强大。先是周文王姬昌率部进攻犬戎（又称畎夷，匈奴的先祖之一），打败了犬戎，后来周武王又修建了洛邑城，把戎狄赶到了泾水、洛水北边，命令他们定时进献财物。在此后200年间，周朝处于强盛时期，戎狄不得不进献财物表示臣服，暂时收敛了锋芒，跟周朝双方和平共处。

这一状态最后被周穆王打破了。

周穆王是位风流天子，他听说西方昆仑山上有位绝代美女叫西王母，很想去见一见，道路却被诸戎所挡。不仅如此，当时诸戎已经有不安分的苗头了。周穆王一方面见西王母心切，一方面想收拾日益强大的戎狄各部，于是便借口"戎狄不贡"（戎狄没来进献财物），派了大批军队去攻打犬戎。最终周军活捉了犬戎5个部落首领，捕捉了4头白狼和4头白鹿。

狼是戎狄人的图腾，是他们心目中的神，白狼就是狼王，在戎狄人心中有着至高无上的地位；白鹿是祥瑞的动物，象征着吉祥如意。周穆王活捉了4只白狼和4头白鹿，对戎狄是一种侮辱。从此，戎狄不再对周朝称臣了，与周朝势不两立。

此后周朝王室势力渐微，戎狄开始时不时前来骚扰，在中原杀人夺物。至周懿王时，周朝王室已无力保护百姓，中原百姓受不了，抱怨说："靡室靡家，猃允之故。"即我们失去家园全是因为猃允（对戎狄的一种蔑称）打进来的缘故。直到周懿王的曾孙周宣王即位，周朝才重新强大起来，史称"宣王中兴"。

周宣王率领军队反攻，打败了戎狄，把他们赶到太原，又修建了朔方城，防御戎狄进攻周朝。天下重新迎来太平。可好景不长。周宣王死后，周幽王继位，周朝虽然还能对天下的诸侯发号施令，在实力上让戎狄服气。但遗憾的是，周幽王太好色，导致他的儿子们争当太子，朝廷大臣分为两派，相互争权夺利。犬戎认为这是报复的好时机，便串通褒国，给周幽王送去了绝代冷美人褒姒。

得到褒姒的周幽王喜不胜喜，为了博得这个史上第一冷美人一笑，他甚至不惜"烽火戏诸侯"，最后被犬戎趁机攻进镐京，不但葬送了西周的大好河山，还赔上了自己的性命。

犬戎攻进了镐京，一阵烧杀抢掠之后还不想退出中原，盘踞在泾河和渭河之间，继续侵略和抢夺，最后还是来自西陲的戎族部落首领秦襄公率军打败了犬戎，救了周朝残余的势力，周朝才避免了被彻底消灭掉。秦襄公因为保护周朝天子有功，被继位的周平王封为诸侯。

这时，镐京满目疮痍，已不再适合做首都，周平王不得不迁都洛邑。周朝的国力大损，实力与普通诸侯国无异，诸侯不但不再听令于周朝，周朝甚至还不得不讨好一些大诸侯国，任他们摆布。

历史进入了春秋战国时期。这一时期，不但中原诸侯争霸，纷争不断，北方戎族部落也纷纷前来凑热闹，搞得中原诸国一个个焦头烂额。

山戎先是越过燕国攻打齐国，与齐釐公在齐国都城外大打出手，双方损失惨重。其后，又大举进攻燕国。燕国抵挡不住，向齐国请求帮助。齐桓公派出几个诸侯的军队向北进攻山戎，山戎大败而逃。

不久，戎翟开始强大起来。周襄王为了对付那些不听话的诸侯国，就试图与戎翟搞好关系。他娶了戎翟部落首领的女儿做王后，与戎翟结成了军事同盟，共同起兵进攻郑国。

打败郑国后，周襄王马上甩了翟后。翟后一肚子苦水无处倾诉，便联合日子同样不好过的周襄王的继母惠后，意图废掉周襄王，立惠后的儿子子带为王。她们邀请戎翟出兵帮忙，让子带当内应，打开城门，放戎翟兵马进城。周襄王被里应外合的子带和戎翟兵马打败，子带当上了周王，戎翟搬进了中原，在陆浑一带居住，东边与卫国交界，抢掠中原变得更加频繁和方便。

兵败的周襄王无奈之下派人向晋国求援。晋文公有称霸中原诸侯的理想，见周襄王遣人来请求帮助，就打出"尊王攘夷"的旗号，号召各诸侯国派兵跟随他去进攻戎翟。人数处于劣势的戎翟军队很快吃了败仗逃走了，晋文公指挥联军进入洛邑后，把周襄王接了回去继续当周王，并杀了子带。

这时，秦国、晋国是最强的两个诸侯国，秦穆公、晋文公都是霸主。他们大量扩张领土，到处炫耀军队战斗力强，戎狄稍微不服气，他们就派兵攻打，戎狄日子过得非常艰苦。在晋文公强力打击下，戎翟被赶到西河的圜、洛一带，被称为"赤翟""白翟"。而秦穆公自从得到由余辅佐后，派大量军队攻打西戎，征服了西戎8个小国。

在秦晋两国强力打击下，戎狄部落为了求生存、谋发展，只好化整为零，散居各处。就这样，陇西出现了叫绵诸、犬戎、狄獂等戎族部落；岐、梁、泾、漆的北边出现了义渠、大荔、乌氏、朐衍等戎族部落；晋国北边出现了林胡、楼烦等戎族部落；燕国北边出现了东胡、山戎等戎族部落。共计100多个戎族部落，沿溪谷一带分散居住，各有各的首领，很少与中原地区来往。直到100多年后，晋悼公派魏绛到戎翟去搞好关系，戎翟才向晋国进贡。

到了战国时期，那些被称为"戎"的塞外部落，有了新的称呼——匈奴。"匈"与"凶"谐音，意味着野蛮凶猛；"奴"就是下贱的意思。两个字合起来讲，就是一群凶猛、残忍、野蛮的奴才。显然，匈奴这个名字包涵汉民族对他们的畏惧、憎恨和鄙视的意味。

匈奴部落不断壮大

春秋进入战国时期，晋国解体，一分为三，即韩国、赵国、魏国。三国实力远不如先前的晋国。韩、赵、魏都与草原部落相邻，草原部落趁势崛起，经常与三国打仗，其中，与赵国打仗打得最激烈。

在打仗过程中，善于学习的赵武灵王积极学习对手的长处，通过"胡服骑射"，改革了军队，使赵军成为了一支铁军。赵武灵王率领赵军赶走了林胡、楼烦等部落，在北部扩张了领土，设置了代郡、云中、雁门三郡，而林胡、楼烦等部落只好搬到北边去住，后来逐步融入了刚刚崛起的匈奴，导致匈奴不断壮大。

在众多戎族部落中，义渠是比较发达的部落。义渠早在西周初年就已存在，它虽属戎国，却也崇尚"以德取信于民"，与秦国的文明程度不相上下。当时，义渠国王以祭祀凝聚人心，以军事强化国民的战斗力，在其他戎族部落被迫化整为零以图自保时，义渠国仍然保持着完整的建制，修筑城池防御秦军进攻，并逐渐强大起来，占有了今天陕西北部、甘肃中北部和宁夏等地，版图丝毫不亚于当时的秦国。义渠拥有庞大的骑兵队伍，常常劫掠秦国，曾一度打到了秦国的洛河流域。

当时秦国的实力还不足以吞并义渠，为此秦惠王采取了蚕食手段，一点一点地侵吞义渠国的土地。这也激怒了义渠王，双方经常打仗。秦惠王三年（公元前335年），义渠在洛地打败了秦军。

然而好景不长，秦惠王七年（公元前331年），义渠国发生内乱。义渠王向秦国请求帮助。秦惠王派庶长（官名）操带兵前往平定义渠国的内乱。这次内乱让义渠国元气大伤，四年后，义渠王不得不向秦国屈服称臣。

但是，秦国对称臣后的义渠并不放心，生怕它再一次强大起来，便采用这样的策略来对付它：秦国没有外来威胁时，就去掠夺和烧光义渠的财物；秦国有外来威胁时，就送重礼给义渠，拉拢它。

秦惠王十八年（公元前320年），秦国出兵进攻义渠，占领了郁郅（今甘肃庆阳东）。不久，秦国对付义渠的战略被公孙衍告诉了义渠王。义渠王明白后，决定寻找机会，趁火打劫，攻打秦国。

秦惠王二十年（公元前318年），魏国、赵国、韩国、燕国、楚国联合起来攻打秦国。秦国为了防止义渠从背后攻打它，便送给义渠王"文绣千匹，好女百人"，拉拢义渠。义渠王想到公孙衍那番话，将计就计，礼物照收，照样趁火打劫攻打秦国——趁秦国与魏国、赵国、韩国、燕国、楚国大战时，出兵袭击秦国，在李帛城下大败秦军。

秦惠王发誓要报仇。四年后，秦国派大军进攻义渠，夺取25座城池。从此，秦国在西北的势力范围有了很大扩展。

秦昭襄王初年，秦国的朝政掌握在他的母亲宣太后手里。这时，秦国面临着内忧外患，一边忙着梳理国政，一边还要想方设法对付魏国、赵国、韩国、燕国、楚国、齐国。义渠国在这个时期趁机崛起。为了稳定后方，宣太后只好与义渠王结盟。

义渠王长得很帅，为人豪爽。作为在马背上长大的游牧部族首领，他弓马娴熟，武艺高强，往跟前一站，自有一股阳刚之气，让人觉得男人味儿十足。宣太后年纪轻轻就死了丈夫，也孤单寂寞，见义渠王长得帅，动心了。随后，两人经常借口会盟约会。几年后，宣太后为义渠王生了两个儿子。

他们两人交往时间长达30年。有了两个儿子，义渠王对秦国的仇视也日渐淡化。宣太后牺牲色相，为秦国解除了后顾之忧，使秦国能腾出手来增强国势。

历经30年发展，秦国奠定了在诸侯国中老大的地位，不再畏惧东方六国，也不再畏惧戎狄。宣太后见与义渠王的缘分已经到了尽头，决定彻底解决义渠。

秦昭王三十五年（公元前272年），宣太后用牛羊美女笼络义渠王，以请义渠王到秦国观光的名义将他骗到秦国。宣太后在甘泉宫设宴招待义渠王。义渠王毫无戒备，欣然前往赴宴。在喝酒时，宣太后命令士兵趁机杀了义渠王。

随后，宣太后命令秦军进攻义渠国。义渠国中既无人主事，又无必要的军事准备，仓皇应战，一败涂地。义渠国很快被秦国灭掉，其领土全部并入了秦国。随后，秦国在义渠国故地设置了北地郡，又设义渠县作为北地的郡治。秦国解决了义渠这个后顾之忧，从此，可以放心无忧地与东方六国打仗了。

义渠国灭亡后，它的部众向北逃亡，融入了崛起的匈奴，后成为匈奴浑邪部。

在秦国和赵国驱赶草原部落时，燕国也向草原部落开刀，扩张领土。一个叫秦开的人立下了大功。

当时，对燕国威胁最大的是东胡。不知什么原因，秦开早年成了东胡人的人质。虽说是人质，但他在东胡过得还不错。东胡人待他不薄，东胡王也很信任他。但是，他认为东胡虽好，却不是他的家乡。他一直对自己的故土念念不忘。

后来，燕国结束叛乱，燕昭王即位，大量招聘人才。秦开听说后，立即跑回燕国。他向燕昭王说他对东胡的地理、军队的战斗力等了如指掌，建议燕昭王出兵攻打辽东。他愿意冒着危险，率领军队充当先锋，前去攻打东胡人。

燕昭王采纳了他的建议，将兵权交给他，命他训练军队，筹划收复辽东的战争。燕昭王十二年（公元前300年），秦开率军袭击东胡。东胡人连战连败，仓皇逃遁，向北、向西撤退了1000多里。

燕军收复了辽东的故地。东胡人北迁西退，导致他们与匈奴之间产生了纷争，促进了匈奴的强势崛起。

秦开趁着战胜东胡的余威，向东渡过辽水，进攻箕子朝鲜。箕子朝鲜，指的是商朝遗民箕子的封国。箕子反对纣王的暴政，为了避祸而装疯卖傻。

武王进攻纣王、灭掉商朝成为天子后，将箕子封在朝鲜（包括今辽宁和朝鲜一带）。

这一战，秦开攻占朝鲜的故地2000余里，将燕国的疆域扩展到了满番汗（即今天鸭绿江），并在新收复地区设置了上谷、渔阳、右北平、辽西、辽东五郡。为了消除来自胡人的威胁，秦开又率领燕国军民修建了西起造阳（今河北张家口）东到襄平（今辽阳）、长达1000多里的燕长城。

秦国、赵国、燕国驱逐胡人的军事行动，打跑了胡人，拓展了疆土。但当它们的疆土向北推进之际，却发现一个更为强大的对手——匈奴。

为了保护新领地，秦国、赵国、燕国将边境向北推进后，在那里修筑了长城，迫使大批胡人部落向北迁徙。这些胡人部落在融入匈奴、壮大匈奴实力的同时，也挤压了匈奴人的生存空间。为了改变生存处境，匈奴人常常越过长城，抢掠中原诸侯国的人口和财物。

然而，他们也为此付出了沉重的代价，因为他们误判了对手，遇上了勇猛善战的赵国军队和能征善战的名将李牧。

头曼单于的悲剧

李牧非常善于谋略，用兵时喜欢示弱。每当匈奴军队侵扰时，他总是有意识地收拢兵力，装出一副惹不起躲得起的样子。

他的忍耐和沉默是出了名的，匈奴肆意侵扰时，他忍；赵国朝野上下攻击他胆小怯懦时，他忍；将士们求战不得而满怀悲愤向他发泄时，他还忍……一句话，在匈奴人面前，他是出了名的"弱者"，是不折不扣的"不抵抗将军"。

然而，一个在骂声如潮的环境中依然我行我素、镇定自若的人，是不能用常人的眼光看待的。忍让不等于怯懦，老虎不发威不等于是病猫。他苦心经营着防务，一面踏踏实实地修筑长城，完善防务体系；一面等待时机向世人证明他才是匈奴人的最大克星。

匈奴人进行多次试探性进攻后，认为李牧很怯懦，怕和匈奴人作战，要攻破他的防线并不难。于是，匈奴倾全国之力，集结10万骑兵，企图趁赵国与秦国激战、元气大伤的机会，一举越过长城，消灭掉赵国。

公元前244年春，匈奴人大举入侵。李牧继续示弱，在险要处设下伏兵，然后引诱匈奴人长驱直入。匈奴人果然中计，进入了伏击圈。李牧一声令下，赵军将长期压抑的怒火一下子倾泻出来，变成为战场上所向披靡的战斗力。赵军万箭齐发，匈奴人应声而倒，很快乱作一团。赵军乘势杀出，刀枪剑戟一齐发威。10万匈奴骑兵大半被杀死，单于率领残部杀出重围后，一路狂奔，进入大漠，躲起来了。

秦长城

被赵国打了围歼战以后，在长达十多年时间里，匈奴人再也不敢进犯赵国的边境。李牧乘胜前进，消灭掉了襜褴，降服了林胡，把赵国的边防线推进到了匈奴的发源地——阴山下，并相应地将赵国的长城向北推移。

这是历史记载的匈奴与中原的第一场大战。遗憾的是，时任匈奴单于的姓名未被记载下来。只知道，在汉人的史书记载中，十多年后，匈奴出现了一个年轻的单于——头曼单于。

头曼是在匈奴遭遇惨败几年后即位的。他是一位很杰出的匈奴首领。虽然他很杰出，但想到几年前的惨败，他仍心有余悸。他将单于庭设置在离阴山数百里的地方，休养生息，积聚实力，想等待时机成熟，再南侵中原，夺回曾经的领地，并抢掠中原的人口和财物。

这时，秦国已进入了秦王嬴政当政时期，秦国消灭东方六国（韩国、魏国、赵国、燕国、齐国、楚国）的步伐明显加快。而赵国虽然遭遇了长平惨败和邯郸之围，但经过20多年的惨淡经营，国力也有所恢复。加上赵国军民跟秦国之间有着坑杀降卒的刻骨之仇，赵国成为秦国统一东方六国最大的绊脚石。秦国如果不消灭赵国，统一东方六国就是痴人说梦；而赵国要想生存下去，就不能对秦国抱有任何幻想，只能血战到底。

秦国和赵国都将主要精力放到了兼并和反兼并战争之中，如此一来，匈奴遭受的来自中原军事强国的压力就骤然减轻。经过十几年励精图治，匈奴的实力逐渐强大起来。趁着中原诸侯国混战、无暇北顾的机会，头曼吸取了以前失败的教训，采取"蚕食"战略，一步步地侵占了阴山地区以及河套地区的许多地方。

这时，头曼年轻力壮，血气方刚，随着"蚕食"战略不断得手，他的胆子也越来越大，空前自信起来，他不时发动一些大规模的军事行动，加上秦国和赵国等国也没精力理会头曼，匈奴的发展壮大进程顺水顺风。

公元前221年，嬴政统一六国，自称始皇帝，他终于可以抽出时间，集中力量对付匈奴了。

头曼对中原政治格局的变化没有用心研究，继续大规模骚扰、掳掠北方的边境地区。这激怒了秦始皇。秦始皇派名将蒙恬率领30万大军向北攻打匈奴。

头曼非常自负，认为匈奴骑兵天下无敌，根本就没有把秦军放在眼里。殊不知刚刚战胜东方六国的秦军具有所向披靡的战斗力。

两军展开了阵地战。秦军凭着战无不胜的勇气和强弓劲弩重创了匈奴人。战况非常惨烈，匈奴军被打败，匈奴的邻邦楼烦、河南白羊王部被打残，秦军"却匈奴七百余里，胡人不敢南下而牧马，士不敢弯弓以报怨。"

这一战，匈奴领教了秦朝的军威、国威。秦军收复了河套地区，将阴山地区牢牢地控制在手里。匈奴的生存再次受到了严重威胁。

这时，匈奴在漠南的生存环境相当恶劣：西有强大的月氏，东有崛起的东胡，南有不可战胜的秦朝，且三者都是匈奴的敌人。头曼审时度势，只好挥泪离开匈奴的发祥地阴山，率领余部前往漠北草原寻找生存空间。

从漠南到漠北，这一路并不平坦，中间有东西长约4000里、南北宽数百里的大沙漠。沙漠荒凉，人迹罕至，缺乏水草，头曼率领残部克服种种困难，才越过了茫茫大漠，到达了漠北草原。

漠北草原环境较漠南更为苦寒。但是，匈奴要在这苦寒的地方立足，也很不容易，因为这里早已有了主人——漠北草原的丁零、浑窳、屈射、隔昆、新蒌等部，见匈奴人来抢占地盘，纷纷起来反抗。非常疲惫的匈奴人被迫再次陷入了战争之中。在付出惨重的代价后，匈奴人最终才在漠北草原站住了脚。

有了立足的地方，匈奴人在漠北休养生息。一晃10多年过去了，匈奴渐渐地恢复了一些元气。他们念念不忘自己的故地，渴望有朝一日能回漠南草原放牧。不久，秦朝名将蒙恬被杀、中原大乱、天下反秦等一系列消息传到了漠北。为了对付反秦势力，秦国抽调了驻扎在原匈奴故地的精锐军队，而留下的那些守备将士难耐苦寒，纷纷逃亡。匈奴故地和长城边塞的秦军势力大减，出现了实力真空。

头曼得知这些消息，欣喜若狂，一声令下：回漠南。

于是，匈奴人悄悄地回到了阴山脚下。这一次，头曼吸取了以前的教训，自知弱小，非常低调，只是"稍渡河南"，进入了河套地区，但绝不深入。同时，匈奴与返回故地的楼烦残部和河南白羊王残部也和睦相处，彼此相安无事。

匈奴人似乎又过上了安稳舒适的日子。但是，头曼注定是个悲剧人物。年轻时，他目睹了10万匈奴大军惨败于赵国名将李牧的那一幕；壮年时，他又亲历了数十万匈奴军队惨败于秦朝名将蒙恬的那一幕；在漠北，亲历了数万匈奴残部被众多游牧部落围追堵截，几乎惨遭灭绝的一幕。如今，他率领匈奴人回到了故地，想在有生之年借助于中原内乱之机，卧薪尝胆，积蓄力量，报仇雪耻，然而，上天没有再给他机会，而给了他一个无情的儿子——冒顿。

冒顿射出"鸣镝"箭

秦始皇号称中原正统王朝的"千古一帝"。秦始皇死后不久，在茫茫的北方草原上也出现了一位游牧帝国的"千古一单于"——冒顿。

在冒顿成为匈奴统治者之前，匈奴勉强称得上是一个国家——一个经常惨败的国家；在冒顿成为匈奴的统治者后，匈奴人才真正展示了血性——一种让人望而生畏、闻之胆寒的血性。他们很快称霸草原，建立了当时世界上独一无二的超级军事大国——匈奴。

令人意想不到的是，匈奴的崛起是从父子相残开始的。

冒顿是头曼的大儿子，是头曼的大阏氏生的。后来，大阏氏死了，头曼又娶了个妻子，也就是小阏氏。头曼非常喜欢小阏氏生的小儿子。小阏氏见此，就经常跟头曼吹枕边风，要求头曼剥夺冒顿的"太子地位"，改立小儿子为单于的继承人。头曼逐渐产生了废长立幼的想法。

但是，无缘无故地废掉冒顿，很多人会不服气。匈奴虽是野蛮民族，但也有自己的规矩，也有长幼有序一说。头曼如果想明目张胆地废长立幼，肯定会招致各部落首领反对，弄不好还会引发内乱。

为了达到废长立幼的目的，头曼充分发挥了他的聪明才智，设计了一套曲线废立的方案，即借刀杀人的方案。

当时，匈奴刚被秦军打败，元气大伤。此消彼长，漠南草原上另外两个强大的国家月氏和东胡就显得很强大。当时，东胡比月氏强大，头曼决定与月氏结盟，共同对付东胡。

主动与人家结盟是要表达结盟诚意的，表达诚意的最直接方式就是派人质，而且派去做人质的必须是头曼的亲生儿子。就这样，头曼顺势把大儿子冒顿派到月氏做了人质。头曼派冒顿去的理由很冠冕堂皇：国家有难，太子作为储君，理应挺身而出，为国排忧解难。

冒顿大义凛然地前往了月氏。他刚到月氏，头曼就率军袭击月氏。匈奴军攻势迅猛，让毫无准备的月氏损失了不少人马。

刚刚结盟，匈奴就挑起了侵略战争。这是视诚信为儿戏，是赤裸裸地欺负月氏。盛怒之下，月氏王想先杀了冒顿，然后再倾全国之兵跟匈奴军决战。冒顿得到这个消息，立即诚惶诚恐地跑到月氏王面前认罪，并运用巧言稳住了月氏王，暂时保住了项上人头。随后，冒顿又寻机偷了一匹千里马，连夜逃跑。

被头曼欺骗了，人质又偷跑了，月氏王气急败坏，率军猛追。冒顿死里逃生，侥幸逃回了匈奴。而月氏王率军与匈奴军激战之下，战败向西逃走，从此，对匈奴恨之入骨。

冒顿死里逃生，让头曼刮目相看：冒顿有勇有谋，大难不死，看来是太低估了他。

头曼不仅没有杀冒顿，而且从此打消了废立的念头，让他统领1万骑兵，并给他一块地盘，让他去守卫。

从谋略上讲，头曼这一做法相当失败。既然决定要借刀杀人，就应该狠心到底。事实上，头曼随便找个借口，就可置冒顿于死地，例如，擅自逃离月氏，破坏两国盟约等。退一万步讲，即使头曼不忍心杀冒顿，也不能让他统帅那么多军队。因为，以冒顿临危不乱的智慧，一番琢磨后，肯定能弄明白他为什么会被派到月氏去做人质。但是，由于匈奴有崇尚强者的传统，勇猛的人是不受责备的，是值得尊重的，头曼认为不该惩罚冒顿，而应该重用他。

冒顿被父亲重用，却没有半点喜悦之情，心里反而充满了刻骨铭心的仇恨。在他看来，头曼借刀杀人之举，是不英雄之举。草原人是马背上的勇士，是天生的战神，战死疆场，马革裹尸，才是光明正大的英雄之举，那种背后算计人的借刀杀人之举只能是懦夫的行为。冒顿发誓要让自己变得强大起来，要取代头曼做单于，让匈奴人焕然一新，成为真正的"天之骄子"。

但是，头曼掌握着匈奴的军队，是匈奴人公认的强者。冒顿要取代他，只有勇气还不够，最重要的是要提升自己的实力。于是，冒顿准备先把手中的1万骑兵打造成唯他马首是瞻、行动高度一致的铁军。等他能将这1万铁骑掌控自如时，再寻机袭杀头曼，剿杀那些反对他的贵族和将领，趁势收服匈奴各部。

冒顿开始有意识地训练部下绝对服从命令。他发明了一种叫"鸣镝"的响箭，用来训练和指挥他的军队。

冒顿对将士们说："鸣镝射击的目标，就是你们射击的目标，凡不跟着射击的，斩！"他宣布：这条军规立即执行。

有一次，冒顿率部围猎时，将鸣镝射向了野兽。有几个士兵没有跟着射，冒顿毫不犹豫地杀了他们。

过了一段时间，冒顿将鸣镝射向了他心爱的战马。左右的人见他平常异常珍爱此马，且马是匈奴人生活中最亲密的伙伴，就不忍心射杀。冒顿立即将他们斩首。

冒顿鸣镝射马

又有一天，冒顿将鸣镝射向了他爱妻。左右见状不敢射击，结果又被他砍了头。

从此以后，冒顿的手下再也不敢违背他的命令。无论目标是什么，他将鸣镝射向哪里，手下们就毫不犹豫地向哪里放箭。

有了绝对听从指挥的军队，冒顿就开始寻找机会实施报复计划。

一天，头曼率领部下出去打猎，冒顿率领手下们一同前往。在出猎途中，冒顿趁头曼不备，突然将鸣镝射向了他。部下们见状，谁也不敢迟疑，迅速射箭。一时箭如雨发，头曼被射成了刺猬。

头曼的手下见单于死了，一个个慌了手脚。冒顿振臂高呼："顺我者昌，逆我者亡！"有两个人不服，冒顿随即将鸣镝射向了他们。两人也很快身中数箭，其他人见此，哪里还敢说什么，纷纷下跪，表示愿意听从差遣。

冒顿立即率众回到单于庭，诛杀了他的后母和弟弟以及所有反对他的贵族和将领，自立为单于。这时他刚刚21岁。这一年是秦二世元年（公元前209年），秦始皇刚刚死了一年。巧合的是，这时秦二世胡亥也是21岁。

这时，秦朝正陷于天下反秦的浪潮中，陈胜、吴广起义爆发后不久，原关东六国诸侯的后裔纷纷趁势复国，中原打起来了；而北方茫茫大草原上也充满了血腥。冒顿那场血腥政变后，茫茫大草原也正在酝酿着一场政治格局重组。两个21岁的年轻帝王，将把自己的帝国带向何方呢？

把妻子送给东胡王

秦军撤出漠南草原后，漠南草原上出现了月氏、匈奴、东胡三强鼎立的局面。匈奴西边的月氏曾经因为人质事件，与匈奴撕破了脸皮，且被匈奴打败，被迫向西迁移了。匈奴回到漠南后，月氏被匈奴人的强悍所威慑，不敢主动生事。东胡一直活跃在漠南草原上。先前，匈奴人被蒙恬打败，被迫北迁漠北后，东胡人趁机占领了不少匈奴的地盘。现在匈奴人回到了漠南，东胡人却没有半点要归还的意思。这意味着东胡和匈奴的冲突不可避免。不过，这时的东胡远比匈奴强大，东胡王根本就没把匈奴人放在眼里，时刻准备再一次把匈奴人赶出漠南。但双方还没来得及开战，冒顿就杀死了头曼及他的反对者，自立为单于，成为匈奴的最高统治者。

东胡王听说冒顿弑父自立，想试探一下这位年轻的单于到底有多大本事。他派使者去匈奴，向冒顿提出了蛮横的要求："听说头曼单于在位时有匹千里马，现在他已死，千里马没有了主人，我们东胡王想得到它！"

东胡王想以此激怒年轻的冒顿。如果冒顿动怒或拒绝，就是不给他面子，他便以此为借口，出兵攻打匈奴，将匈奴逐出漠南草原。东胡国力强盛，兵强马壮，匈奴刚刚发生过政变，内部不稳定，双方打起来，胜负非常明显。如果冒顿给他宝马，就意味着匈奴向东胡低头认输，说明匈奴人好欺负，接下来，他可以继续向匈奴施压，最后实现不打仗而让匈奴屈服的目的。

冒顿能从月氏死里逃生，能从头曼那里夺过匈奴政权，并镇压反对者，足以说明他不是一介武夫，而是个很有谋略的人。东胡王的意图，他看得很清楚。

冒顿没直接答应东胡王的使者，而是召集群臣讨论，看看大家对此事的态度，让群臣一起感受被东胡欺辱的滋味，为以后同仇敌忾地打击东胡埋下伏笔。

群臣听说此事后，无论是出于真正爱国，还是出于个人对东胡王无理要求的义愤，都纷纷反对将老单于的千里马给东胡王。冒顿见此情景，心里非常高兴，但仍将千里马送给东胡王，并安抚群臣说："既然与别人做了邻国，我们何必要吝惜一匹马呢？"

得到千里马后，东胡王认为冒顿怕他，好欺负，便得寸进尺，继续欺压勒索。这一次，东胡王更蛮横无理，他派使者前往匈奴，对冒顿说："我们东胡王想得到单于的一位阏氏。"

阏氏是单于的妻子，相当于中原皇帝的皇后、皇妃。东胡王要冒顿把妻子送给他，对于匈奴国来说，这是把匈奴国母送给他，是对匈奴的侮辱；对于个人来说，连妻子都保不住，还算什么男人，是对冒顿的极大羞辱。东胡王认为，在这种屈辱面前，无论于公于私，冒顿都会动怒，继而起兵，以弱抗强，正中他的下怀。退一步讲，如果冒顿答应了，那说明匈奴从单于到臣民都是懦夫，都怕东胡，以后东胡就可以肆无忌惮地侵占匈奴的土地，索要匈奴的财物。

面对东胡王的无理要求，冒顿内心很气愤，但表面很坦然。他始终保持着理智和冷静。他心里很清楚，东胡王在逼他挑起战争，但此时发起战争，匈奴是打不过东胡的，匈奴将会面临着大灾，而他称霸草原的希望也会被掐断。他需要时间积聚力量，也需要借此事点燃匈奴人内心的怒火。只要匈奴上下同仇敌忾，打败东胡就有希望。

冒顿又把这件事拿到朝堂上讨论。群臣听说东胡王索要单于的阏氏，一个个义愤填膺，叫嚷道："东胡王无理取闹，竟敢索要阏氏，我等请求率军攻打它！"见群臣这等激愤，冒顿心里欣喜。他知道，此举已经激起了匈奴人的国仇家恨。不过，他认为还欠火候。于是，他平静地说："既然与别人是邻国，又何必在乎一个女人呢？"随后，冒顿下令将他最心爱的阏氏送给了东胡王。

在一般人看来，连妻子都可以送给别人的男人，肯定是窝囊透顶的男人。当冒顿将他的阏氏送给东胡王时，不仅东胡王认为他懦弱无能，匈奴内部也纷纷对他不争气的行为表示愤怒，认为他缺乏血性。但是，冒顿心里始终亮着一盏明灯。他知道，匈奴崛起的时间不远了，东胡灭亡的时间不远了。只要东胡王还敢继续肆无忌惮地向他索要，他就能一举灭掉东胡。

东胡王在接连得手后，认为冒顿不仅软弱可欺，而且异常窝囊，只要他想要什么，冒顿就不敢不给。

当时，东胡和匈奴之间有1000多里的边境无人区，是两国的缓冲地带，双方都在边界地区建立了哨卡。东胡王想吞并这块土地，将它据为己有。鉴于索要宝马和阏氏非常顺利，东胡王认为，要想侵占那部分土地，根本不需要通过战争。于是，他派使者对冒顿说："两国之间的那块缓冲空地，你们匈奴不能去，我们东胡想占有它。"

东胡王被狂妄自大蒙混了头脑，冒顿却始终保持着清醒。领土和主权神圣不可侵犯。如今，东胡王居然赤裸裸地索要土地，是可忍，孰不可忍。可冒顿没有直截了当地拒绝东胡使者，而是将这件事交由群臣决定。

冒顿已打定主意，要借这次事件整顿匈奴，将匈奴上下凝聚成一只铁拳，万众一心，共赴国难，趁东胡王狂妄自大、完全没有戒备心理的机会，给东胡致命一击，掀开称霸草原的序幕。

冒顿召集群臣，征求群臣的意见。大概因为冒顿前两次的软弱使一部分人对他失去了信心，或者认为他会继续答应东胡人的无理要求。有人说："那是一片被废弃的空地，没有多大用处，给东胡人算了！"他们满以为说出了单于想说而不方便说出的话是大功一件，将会得到单于的青睐和奖赏，没想到此举超越了冒顿的心理承受底线，为他们招来杀身之祸。

冒顿勃然大怒，说："土地是国家的根本，怎么能给予别人呢？"

那些人简直不敢相信，一向软弱的冒顿居然是这样强硬。在他们还没反应过来之时，冒顿就下令："来人啦，将不知天高地厚的东胡使者和主张给东胡人土地的卖国求荣之辈推出去斩首。"

随后，冒顿翻身上马，传令匈奴全国的军民：凡能爬得上马、拉得动弓的，不分男女老少，全部立即披挂出征，攻打东胡；有畏缩不前的，一律处斩；率先杀入东胡的人重赏。

匈奴的军民早已对东胡人满腔愤怒，恨之入骨。见单于下令征讨东胡，他们立即毫不犹豫地拿起砍刀，跨上战马，跟随单于连夜向东胡发起了攻击。

东胡王轻视冒顿，正满怀希望地等待冒顿奉上领土，根本想不到"软弱"的冒顿会绝地反击，因而没有采取任何有力的防范措施。等到冒顿率领匈奴大军压境时，他才被迫仓促应战，结果被打了个措手不及，兵败被杀。冒顿趁机把东胡领土、部分残余部众和牲畜并入了匈奴，并对他们进行了相应的管制和安抚。

东胡作为一个草原强国就这样昙花一现，消失在历史茫茫烟尘之中了。一部分残部逃到了山林草泽之中，但是，冒顿率军紧追不舍。这部分人为了生存又不得不向匈奴称臣，承担赋税和劳役，成为匈奴的部族奴隶。而逃到乌桓山和鲜卑山的两部分残部，几百年之后发展成了乌桓族和鲜卑族，盛极一世。乌桓为曹操所征服，融入了汉族；鲜卑成为"五胡乱华"主角，先后建立前燕、后燕、南燕、北燕、北魏、东魏、西魏、北齐、北周等王朝，因北魏时进行过两次汉化改革以及长期受汉族的影响，到隋朝时基本完全融入了汉族中。而鲜卑族留在长城外的少数部众后来分化成室韦族、怛达族、奚族、契丹族等。室韦族和怛达族又演变成了蒙古族；奚族被契丹族兼并，后和契丹族一起在金朝末至元朝初融入了汉族之中。其中，契丹族和蒙古族都圆了他们的远祖东胡人雄霸草原的梦想，分别建立了强大的大辽和元朝。这是千年以后的事，或许能慰藉一下高傲狂妄的东胡王的英灵。

匈奴称雄草原

曾经强大的东胡灭亡了，曾经懦弱窝囊的冒顿成为了新的草原雄主，匈奴人信心倍增，对冒顿肃然起敬，再也不怀疑他的能力和胸襟了，一个个唯他是瞻，坚定不移地执行他的命令。而冒顿也趁机施展他的雄才大略，实现了从草原雄主到草原旷世英雄、"千古一单于"的转变。

冒顿论功行赏，封赏有功将士，分兵镇守东胡各地，并继续攻打东胡的残部，不给东胡人任何喘气和东山再起的机会。当然他也没有给月氏以喘息之机。在经过短暂休整后，他亲自率军向西攻击月氏，准备趁胜消灭月氏，独霸草原。

月氏曾经被冒顿的父亲头曼单于打败过，被迫向西迁移。匈奴人重新回漠南草原后，匈奴就出现了父子相残、受东胡人欺压的一幕，月氏在一边幸灾乐祸。月氏王本想等东胡跟匈奴火并时，再出兵攻打匈奴，报仇雪恨，同时从东胡那里分得一杯羹。他根本没想到冒顿会在如此短的时间内突然崛起，还能一举灭掉东胡。当匈奴灭掉东胡国后，月氏王才意识到月氏大难临头了。匈奴大军压境时，月氏王自知不是对手，采取草原民族遇到强敌时的常用手段——跑。月氏王率领军民继续西迁，以躲避匈奴人的锋芒。

冒顿的战略目的是独霸草原。消灭月氏，占领月氏的领土，只是其中一个重要目标，因而在月氏西迁逃走后，他没有率军继续追击月氏人，而是将兵锋转向南部，率得胜之兵，突袭楼烦残部和河南白羊王部。这两部先前都曾经被秦军打败，实力尚未恢复，抵挡不住匈奴人的铁骑，被打得大败，被迫并入了匈奴。冒顿杀掉楼烦、白羊两家王族，封子弟为新王，将楼烦、白羊纳入匈奴，使之成为南下攻打中原的先锋军。楼烦部和白羊王部也与中原人有仇，因而对匈奴的兼并并没多大抵制。

随后，冒顿又派军收复原秦朝名将蒙恬所夺取的匈奴全部故地，将与中原的边界推进到原来的河南旧塞，直到朝那（今宁夏固原东南）、肤施（今陕西榆林县南鱼河堡附近）一带。此外，他还派军试探性地侵入燕、代等地。当时，秦朝已经灭亡，汉王刘邦正与项王项羽争夺天下，中原疲于内战，无暇顾及边塞小规模的外敌入侵。因此冒顿的几次袭击都没有遭遇大规模的反击。当然，冒顿也没亲自率军大规模南侵，只是派小股军队陆陆续续地侵占。

冒顿独霸漠南草原，攻占中原北部地区后，显得很理智，很快停止小股军队继续南侵的举动，更没亲自率军南下参与刘邦与项羽争夺天下的行列。冒顿没有忘记前几任单于的教训——中原人的战斗力是不可低估的，低估将会招来灭亡之祸，当然，更主要的是因为以下三个原因：

其一，匈奴北部还有一些小部落尚未被征服，在东胡被灭、月氏西迁的情况下，如果大举南下，那些部落可能趁机壮大，侵扰匈奴后方。要雄霸天下，先征服那些部落，建设稳固的战略后方，是最务实的。

其二，大举进攻中原的最佳时机尚还没有到来。中原人虽然长期内战，但在抗击外族上是一致的。如果匈奴军大举南下与刘邦、项羽角逐天下，那就可能招致刘邦和项羽的联合抗击。与其这样，不如让中原两虎相斗，静观其变，待其两败俱伤，坐收渔利。

其三，漠北旧敌尚在，且实力不强，这是将其消灭兼并的最佳时机。当年头曼单于率领匈奴人到漠北草原求生存时，遭到漠北诸部落的猛烈反击，匈奴几近亡国灭种，这血海深仇冒顿是牢记在心的。

于是，冒顿挥师向漠北草原挺进。这是一次复仇行动。匈奴人同仇敌忾，挟连胜之威，跨过茫茫大沙漠，以排山倒海之势向漠北草原各部发起猛烈的攻击。这时的匈奴军早已不是当年那支失魂的落难之师，而是集报仇雪耻、攻略土地、称霸草原为一体的虎狼之师，他们跃马扬鞭，挥舞着马刀，向浑窳、屈射、丁零、隔昆、新嚻等部落疯狂进攻。漠北草原各部纷纷溃逃，被逼到了西伯利亚苦寒之地，最后，他们向匈奴称臣投降，被迫并入匈奴，才免去了灭顶之灾。

冒顿留下将领镇守漠北草原，率领本部回到阴山，既牢牢控制着漠南草原，还密切注视着中原时局的变化，同时忙于巩固和加强对匈奴内部各部的管理和控制。因为这时匈奴的领土东起大兴安岭的乌桓、鲜卑山西界，西至中亚广大地区，北至蒙古高原以外的西伯利亚，南到长城，并非像之前那样好管理。

虽然冒顿拥有赫赫武功，在匈奴一言九鼎，是草原上前无古人的大英雄，匈奴贵人大臣心甘情愿臣服，被征服的各部也慑于威势而不得不服，但管理一个大帝国依然少不了一套与之相适应的制度。

冒顿回到阴山后，建立并巩固了匈奴的政治制度。匈奴最高统治者称为"撑犁孤涂单于"（简称单于）。在匈奴语中，"撑犁"代表上天，"孤涂"代表儿子，"单于"意味着广大，包罗一切。所谓"撑犁孤涂单于"，是说匈奴的最高统治者是上天的儿子，广大无边，代表上天主宰世界，雄踞草原。

单于下设左右贤王、左右谷蠡王、左右大将、左右大都尉、左右大当户、左右骨都侯。

在匈奴语中，称贤为"屠耆"，所以贤王又叫屠耆王，又以"左"为大，即左贤王在右贤王之上，一般而言，左贤王，即左屠耆王就是中原所说的太子，单于的法定继承人。

从左右贤王以下到当户，各有自己的部众，大官拥有一万多骑兵，小官也有数千骑兵。

"左"系王将率领他们的军队住在单于庭的东边，到上谷以东，和秽貉、朝鲜接壤；各"右"系王将率领他们的军队住在单于庭西边，到上郡以西，和氏、羌等部族接壤；单于庭在匈奴正中部，正好对着代郡、云中一带。他们各有自己的封地，逐水草而转移迁徙。其中，左贤王、右贤王、左谷蠡王、右谷蠡王4人的地盘最大。

左右骨都侯辅佐单于处理政事。此外，单于本部又设24长，分别率领单于庭的部众，每长统领1万人，号为"万骑"。在24长下面，还设置了千长、百长、什长、裨小王、相、都尉、当户、且渠等属官。

匈奴诸位大臣的官职都是世袭的，因而匈奴内部也出现了一些世袭贵族，其中，匈奴早期的呼衍氏、兰氏和后来的须卜氏三大姓最显贵，号称"三大贵族"。

按照匈奴习俗，每年正月，各位君长都要到单于庭聚会，举行祭祀活动，称为"小会"。每年5月，他们要在龙城举行盛大集会，祭祀他们的祖先、天地、鬼神，称为"大会"。到秋天时，他们又在蹛林（地名，今具体位置不详）大规模集会，举行秋社，考察和统计匈奴的人口和畜产的数目。

匈奴法律规定，企图杀人者只要刀拔出1尺，就要被处以死刑；犯盗窃罪的没收家财；如果犯了罪，轻者处以"轧"刑，重者处死。坐牢最长不超过十天，因而匈奴一国同时坐牢的人不过数人。

单于早上走出营帐后，要向东朝拜初升的太阳；傍晚时，单于要朝拜东升的月亮。

对于日期，匈奴人崇尚戊日和己日（中国古代天干地支纪日法）。他们安葬死人，有棺椁、金银和衣裘，但不立坟墓，不在葬地种树，也没有丧服一说。

匈奴人发动战争前，要观测星相，常以月亮的盈亏为准，月圆光亮就发动进攻，月亮亏缺则退兵。匈奴人打仗时，杀死了一个敌人，就能获得一大杯酒的赏赐，所缴获的战利品归他们所有，捉到的俘虏归他们所有，充当他们的奴婢。因此，匈奴人作战，人人都是为个人利益而战。他们善于诱敌深入，实施包围，在围歼过程中逼迫对方投降。

为了追逐战利品、获取最大利益，一旦开仗，他们就会像鸟一样从四面飞集，向敌人发起进攻；一旦战败，队伍就会土崩瓦解，烟消云散。战斗中，谁如果能将战死同伴的尸体带回，就有资格继承死者的全部家财。

经过冒顿十几年努力，匈奴成为一个体制完备的强大游牧帝国，军事超级大国。这是长期一盘散沙的草原的一种福音，但对长城以南的中原而言，则是一种空前的生存压力。

第二章
匈奴崛起，两代帝王决战长城

　　秦朝大败匈奴数年后灭亡，楚汉相争，汉王刘邦获取天下。抢在刘邦建汉之前匈奴迎来复兴，等刘邦掌控天下后，北方一支空前强大的匈奴军出现了。冒顿觊觎中原，刘邦为汉朝树立国威，也不得不迎战。他们俩亲自率军对阵。刘邦先胜后败，被困在白登山。冒顿以为稳操胜券，但却让刘邦溜走。刘邦脱险后，采取和亲政策，与匈奴停战。冒顿盘算利益后，同意了和亲，但他和刘邦背地又各怀心思，暗自较量。

长城，匈奴的第一道难关

匈奴成为军事超级大国，又趁中原内乱侵占了中原北部部分领土。对中原王朝来说，匈奴的崛起无疑是巨大的威胁。不过，匈奴入侵中原尚是小规模的。它之所以不敢大举入侵，除了上文提到的几点战略顾虑外，还有现实阻碍，一道横在中原与茫茫草原之间的屏障——长城。

长城是中国古代最伟大的工程，也是因为防御匈奴而产生的积极的战略防线。长城是春秋战国时期的产物。当时，各诸侯国相互混战，国家时刻面临着生存危机。一些实力强大国家便在边境山脉上修筑起预警作用的瞭望台，并通过城墙将各个瞭望台连接起来，这就是早期长城的雏形。

由于游牧部落往往全民皆兵，善于骑射，机动性强，在掠夺战争中，常常成群结队地冲过来，抢完了就走，并不会占领某地后长期驻扎下来。游牧部落尤其是匈奴人入侵中原时，像狼一样，形势有利就拼命抢掠，形势不利就四散逃跑，遇到中原男子就尽数杀掉，遇到妇女和儿童就抢走去当奴仆。中原军队每次主动出击，往往都因为他们时而结集时而分散，机动性强而没有办法达到出击的目的，边患便一年又一年地在秋冬季节重复着。而且匈奴人入侵有着较大的规律性——秋冬季入侵频繁，春夏季往往主动撤离到塞外。此种情势，逼着边疆各地的老百姓不得不修筑堡垒，结集而居，集体防御：在春夏季，大部分人从事生产，少数人利用堡垒监视匈奴人的动向；在秋冬季，所有人都武装起来，进入堡垒，准备同匈奴人作战。

在长期抗击匈奴等游牧民族的抢掠过程中，人们逐渐发现防御他们的最有效办法就是积极防御——在与北方游牧文明交界的山脉上修筑堡垒，设置烽火台，并将烽火台连接起来，派出一些人担任警戒任务。发现游牧部落进攻时，担任警戒任务的人就点烽火召唤附近的军民放下锄头，拿起武器登上长城防御和抵抗。没有发现游牧民族入侵时，除少数担任警戒任务的人外，大部分人可以安心投入生产。尤其是摸清楚游牧民族入侵的规律后，这些堡垒和烽火台的功效就更明显地彰显出来。而人们认清堡垒和烽火台既可以最大限度地阻止侵略，还能保障中原农耕区的生活和生产后，就不断地加以巩固和扩建，最终在中原与北方游牧民族交界的山脉上形成了规模宏大的长城。

战国时，与匈奴等游牧部落接壤的秦国、赵国、燕国都在自己北部边境修筑了长城。但三国之间的长城并不是一个有机整体，匈奴等游牧部落常常越过三国长城之间的空隙而入侵中原。长城的战略防御依然存在一定的漏洞。

在秦始皇将主要精力放在消灭东方六国时，匈奴的实力逐渐发展壮大起来。头曼单于趁着中原大战之机，占领了河套地区，屠杀了那里的秦朝军民，将那里当作牧场。秦始皇想打击匈奴，但心有余而力不足。

秦始皇统一六国后，就派名将蒙恬率领30万精锐秦军攻击河套地区的匈奴部落，利用强弓劲弩摧毁了匈奴精锐，迫使头曼单于向北迁走。这一战也震慑了其他的胡人部落，致使他们在此后10余年里，不敢南下牧马，更不敢翻越长城来抢掠。

秦始皇心里清楚，仅靠一两次战役来保护中原长期不遭受游牧部落抢掠是不现实的。为了阻止游牧部落进入中原抢掠，最大限度地保护中原郡县的安全，他决定将原秦国、赵国、燕国的长城加以修葺、完善，并连接起来，向东西延伸，在重点塞口驻兵，形成一个完整的积极防御体系。

秦始皇派名将蒙恬负责这件事。蒙恬从各地征召了30余万民工，修葺、连接、完善、延长原有的秦长城、赵长城、燕长城，形成了一道西起甘肃临洮，东到辽东的万里防线，史称"万里长城"。

万里长城是中国古代最伟大的工程，是中原农耕文明阻挡塞外游牧文明侵扰的坚固防线和顽强的战斗堡垒。在中华民族数千年历史长河里，只要长城牢牢地控制在华夏族人手中，民族就兴旺强盛。一旦长城失控或者部分失控时，华夏民族就会陷入多灾多难的境地。因此，从很大程度上来说，中原农耕文明能不能持久强盛，要看能不能守得住万里长城。

虽然冒顿杀父自立那年，秦始皇已经死了，但作为秦始皇彪炳史册的伟大工程——万里长城却已经修缮完毕。冒顿没有想到中原的千古一帝比他更有政治远见性，在中原农耕文明和塞外游牧文明之间设置了一道长达万余里的屏障。

虽然秦军名将蒙恬已被赐死，接替他的王离也被调走了，秦朝的边塞上没有让匈奴人胆寒的猛将镇守，但万里长城依然有相当部分将士驻守，匈奴骑兵依然不能大规模地越过长城。正因为如此，虽然刘邦与项羽打得难解难分，冒顿依然不敢大肆入侵中原，而把重点放在了征服草原其他部落上。

等到冒顿雄霸草原，统一漠南草原和漠北草原后，在长城以南的中原地区，刘邦也打败项羽，建立了汉朝。此时，新建立的汉朝历经连年战争，国力疲困，百废待兴，没有精力去经营北边的边疆，而新兴的匈奴却处在军队战斗力最强的状态。冒顿无时无刻不想着侵犯中原，为祖先报仇雪恨，抢掠中原的人口和财富。在冒顿看来，匈奴人惨败于赵国名将李牧、秦朝名将蒙恬的那一幕幕，都是血腥而不堪回首的记忆。如今匈奴强大起来，盛极一时，他发誓要向中原王朝讨回血债。但要讨回血债，冒顿就必须要率领匈奴人大规模翻过横在崇山峻岭之间的万里长城。

万里长城能挡住冒顿为祖辈报仇雪耻的步伐吗？

韩王信投靠匈奴

就匈奴的民族本性和当时强大的军事实力而言，无论万里长城能不能挡住匈奴人的前进步代，冒顿都要不惜一切代价去尝试。毕竟长城是死的，人是活的，任何坚固的防御工事，都有它致命的弱点，只要找到了这个弱点，就可以一举攻克长城。何况冒顿还是一个屡屡创造奇迹的人。

于是，冒顿下令匈奴军队沿着万里长城的各关口要塞开展试探性进攻，想通过这种方式为匈奴人大举进攻中原和抢掠中原而寻找突破口。

冒顿派匈奴军沿着万里长城进行试探性进攻，逐渐找准了万里长城的致命弱点——战线过长，所需人力过多。如果汉军处处防守，各处防守力量又趋于薄弱，这样的话匈奴就可以集中兵力强行突破；如果重点防守，汉军又会顾此失彼，而匈奴人就可以寻找到长城的薄弱点进行攻击。

经过一段时间的考虑后，冒顿认为，应该选准某个防守相对薄弱的关口，强力进攻，对汉军守军形成局部优势，强行突破万里长城。因为冒顿想利用强大的兵力告诉汉朝：即使万里长城修得固若金汤，匈奴骑兵照样能突破无疑。

他把最佳突破口选定马邑。马邑离匈奴单于王庭比较近，战略地位十分重要，只要突破马邑，匈奴军就可以长驱直入。而且选择马邑作为进攻突破点，可以出其不意，使马邑来不及汇集大量汉军就被攻破。

汉长城

于是，冒顿继续派匈奴军队频频侵扰长城的各个要塞，以分散汉朝守军的注意力，暗地里却将主要兵力集中起来进攻马邑。

这时，刚刚建立汉朝的刘邦对异姓诸侯王很不放心，正盘算着如何收拾他们。除了韩信、彭越、英布等人是他重点收拾的对象外，韩王信也进入了他的视线。

刘邦认为，韩王信强健勇武，而他的封地颍川北边挨着巩、洛，南边挨着宛、叶，东边挨着淮阳，汇聚了天下最精锐的军队，一旦反叛，将会给汉朝造成严重威胁。为了除掉这个潜在的威胁，公元前201年，刘邦改封太原郡为韩国，以晋阳为王都，作为韩王信的封国，让韩王信驻扎在那里，既便于控制，又能利用他防御匈奴。

韩王信何许人也？他是战国末期韩国韩襄王的庶孙，是刘邦打天下时的功臣，与同时代叱咤风云的楚王韩信同名，为避免把他二人弄混，史书一般称其为韩王信。韩国被灭后韩王信一直在韩国故地生活，后随张良入关任将军之职，不久又任韩国太尉，领兵攻取韩国故地，韩国平定之后受封韩王，之后刘邦撤出荥阳，留韩信和周苛等人守卫荥阳。等到楚军攻破荥阳时，韩王信先是投降了楚军，后寻机逃走，又投归刘邦，此后随刘邦击败项羽平定天下。

公元前202年，"垓下之战"前，刘邦为了动员各派力量合击项羽，把战略要地颍川划给了韩王信，作为他的封国。如今刚刚击败强敌，刘邦就将韩王信从土地肥沃的战略要地迁往了北部边塞，这种出尔反尔的做法让韩王信非常不满。不过，韩王信没有表露出来，他很高兴地去了。在他看来，去太原郡未尝不是一件好事。那里与匈奴接壤，反正刘邦对异姓诸侯王不放心，一旦刘邦对他动了杀机，他可以借助匈奴的势力对付刘邦。

为此，韩王信耍了一个心眼，上书刘邦说："韩国与匈奴接壤，匈奴人多次侵入边境，晋阳离边塞太远，致使边境防务空虚，为了加强对匈奴的防御，请求皇上允许我将王都设在马邑。"这个理由是站得住脚的，刘邦痛快地答应了。在刘邦看来，韩王信去帮他挡挡匈奴人也好，如果韩王信能死在匈奴人的刀剑之下，那更好。

但是，刘邦没想到，韩王信将韩国王都设置在边界马邑，竟为匈奴进攻汉朝提供了便利，引爆了决定汉朝和匈奴命运的一场大战。

公元前200年秋天，冒顿在派出几路大军佯攻长城其他关口的同时，集结重兵大举进攻马邑，将马邑团团包围起来。

韩王信认为，刘邦将他派到边境上来，无非就是想借助匈奴人的手除掉他。因此，他率军与匈奴作战时很不卖力，尽管他那支军队的战力完全可以与匈奴人一战。匈奴军包围马邑后，韩王信不是积极筹划作战方略，率军出奇制胜，击退匈奴军队，而是多次派人到冒顿那里请求和解。按惯例，两国一旦开战，一方如果没得到最高统帅许可，是不能擅自向另一方求和的，否则就难逃里通敌国、出卖国家利益的嫌疑。韩王信的意图很明显，他不想跟匈奴人打仗，他想保存实力。因为只有保存实力，他才有跟刘邦对抗的资本。

韩王信的反常行为让冒顿看到了汉朝并非铁板一块。他将计就计，进一步离间韩王信和刘邦的关系，以达到让汉朝内部阵营分化的目的。于是，他既不拒绝韩王信的谈判要求，也不撤军，冒着失却先机、遭致韩军围攻的威胁，对马邑采取了围而不攻的政策。他一方面促使刘邦怀疑韩王信，另一方面促使韩王信投降，以求达到不战而占领马邑、突破万里长城这道屏障的目的。

刘邦得知冒顿亲自率领大军包围了马邑后，非常吃惊。他知道马邑一丢，匈奴大军就可以长驱直入，后果不堪设想。但匈奴军只是围而不攻，局势还有得救。于是，他立即派人率军星夜增援马邑。

冒顿见汉朝援军到来，意识到他在战术上失误了，就主动撤离了马邑。但是，匈奴的这一举动无意间造成了匈奴军与韩王信默契配合的假象，促使刘邦和韩王信之间的信任彻底破产。

马邑之围解后，汉朝援军主将将前方的情况报告了刘邦。刘邦认为，这次军事行动是韩王信与匈奴人串通好的，要不然冒顿亲率大军前来，怎么可能不发生激烈的战事就主动撤退的？于是，刘邦便写信指责韩王信说："匈奴围攻马邑，你韩王的力量难道不足以坚守城池吗？你作为一个据守要点的将军，必须尽忠职守，才能保全性命。"

韩王信收到这封信，想到为刘邦打下汉朝天下的楚王韩信无缘无故地被贬为淮阴侯，又想到自己曾经投降过项羽，如今又和匈奴人私下有了往来……刘邦是绝不会放过自己的。韩王信越想越害怕，最后一狠心，反正他已经有过投降的臭名，现在不如把马邑献给匈奴人，与匈奴联手攻击汉朝，或许可以求得一线生机。

对冒顿来说，他眼看这次侵略战争即将空手而归正心生懊恼，没想到韩王信却主动献出马邑投降，简直就是直接给他送战利品。很快，冒顿和韩王信就达成了协议。

匈奴军越过万里长城后，冒顿让韩王信率军为先锋，匈奴军作为他的后盾，纵兵南下攻略太原郡。这次，匈奴军队一直打到了晋阳附近。他们从来没有如此深入中原、尽情抢掠过。冒顿非常高兴，对韩王信投去了感激的一瞥，希望他能再接再厉，为匈奴人当好开路先锋。

这时，万里长城不再是阻挡匈奴人的屏障了。匈奴军大举越过长城，给汉朝带来空前的压力和灾难，而如何应对和化解这场灾难，决定着汉朝的发展方向。

刘邦被围白登山

匈奴人越过长城，实现了他们进入中原抢掠的梦想。这对于中原百姓来说，是一场空前的灾难。不过，对于志在剿灭异姓诸侯王的刘邦来说，这既是一个危机，也是天赐的良机——一个树立皇威的绝好机会。

刘邦早就着手翦灭异姓诸侯王了。刘邦在册封功臣过程中，有意压制武将，抬高文官，将一直从事内务后勤工作的萧何列为第一功臣，并任命他为丞相；将建议定都长安的边疆小卒娄敬赐姓刘，并封他为奉春君，等等。对于那些武将，尤其是封王的武将，刘邦想方设法地打压，不是诬蔑他们谋反，就是逼他们造反，然后削夺其封国。例如，他指使人诬告楚王韩信谋反，削夺了韩信的楚王爵位和封国；逼燕王臧荼叛乱，然后又将他镇压，削夺了他的封国。

韩王信果然反了，这在刘邦意料之中。但他不是臧荼，不是一个人反，而是引来了外援——强大的匈奴人。这在刘邦意料之外。有了匈奴人的支持，韩王信率军南下，一路攻到了晋阳，中原震动。

消息传到长安，刘邦宣布御驾亲征，以樊哙、陈平、周勃、灌婴、夏侯婴等为将军，率领30万大军征讨韩王信，准备顺便把支持韩王信的匈奴军队也消灭掉。

汉军经历过秦末战争、楚汉争霸战争，具有丰富的作战经验和顽强的战斗意志，这次随皇帝亲征，抗击外族，剿灭民族叛徒，自开战以来，个个争先恐后，奋勇杀敌，连连得胜，给匈奴人造成了巨大的压力。先是完胜韩王信，后是击溃左右贤王，汉军强大的战斗力让冒顿心里生寒。不过，他天生就是不服输的人。他必须要打赢这场战争，不能让前几任单于的悲剧重演。因为一旦匈奴战败，他们将再次失去水草丰美的河套平原，退出大阴山，接受新征服部落背叛的现实。这些对匈奴来说，无异于灭顶之灾；对于他个人来说，则会使他之前建立的功业毁于一旦。

两个诞生不久的军事强国，一个代表着游牧文明的军事强国，一个代表着农耕文明的军事强国，都动用了各自最精锐的部队，双方最高统治者都御驾亲征，摆出要与对方一决高下的态势。这是中国历史上规模空前的一次农牧文明的大决战。这次决战的结果直接关系到两个帝国的生死存亡，影响着历史的发展方向。那到底是老谋深算的刘邦胜呢，还是年轻力壮的冒顿胜呢?

前几场汉军都打了胜仗,进攻气势正盛,而吃了败仗的匈奴军只有还手之力,根本无力进攻。出现这种情况,主要是因为经过秦末战争和楚汉战争的洗礼,汉军对阵地战和攻坚战运用非常娴熟,在中原攻城作战时充分发挥了他们的长处;而匈奴骑兵的长处则是打野战和围歼战,短处正是打阵地战和攻城战,汉军打败匈奴军是以长搏短的结果。

冒顿意识到这一点,决定改变战法,向汉军示弱,诱敌深入,将汉军诱出堡垒,引到旷野之地,使之失去堡垒屏障,然后利用匈奴骑兵超强的机动能力,对孤军深入的汉军实施包抄,围而歼之。

当冒顿率军屯驻代谷时,在晋阳全面指挥汉军作战的刘邦得到了消息。刘邦正想像当年蒙恬一样一举击溃匈奴精锐骑兵,从而避免深入草原,劳师远征,浪费人力和物力。如今匈奴单于亲自到了前线,正是他一举击溃匈奴和树立皇威千载难逢的良机。刘邦之前在乌江逼迫西楚霸王项羽自刎,统一中原,现在如果能在代谷击杀冒顿,把塞外草原纳入汉朝统治之下,就可以一劳永逸地解决边患问题。集如此赫赫武功,他完全可以超越秦始皇,成为千古一帝。

当然,要擒杀冒顿并不容易,需要精心策划,切实准备。为了争取时间和麻痹冒顿,刘邦先派出大批通好使者,前往代谷求见冒顿,说两国交兵十分不利于两国百姓,不如罢兵言和,和平共处,匈奴在塞外放牧,汉朝在塞内农耕,井水不犯河水,千秋万代友好。

刘邦派人通好是假的,而派人秘密观察匈奴军的动静和战斗力才是真的。不过,刘邦此举并不高明。两个强大帝国决战前夕,处于优势和进攻态势的一方主动提出言和却不提苛刻条件,是有悖于常理的。冒顿通过一系列的政治斗争和军事斗争才当上了单于,雄霸草原,他的谋略绝非一般人可比。因而冒顿立即看出了刘邦派出使者的意图。

高手决战,不仅仅是在战场,双方比拼的还有战场下面的谋略。冒顿见汉使一个接着一个前来，假装不知道刘邦的目的，他将计就计，命令精兵远离营地隐蔽待命，同时将肥壮的牛羊藏起来，不让汉使看见。

汉使们来到匈奴营中，发现匈奴兵全是老弱病残，牛羊瘦骨嶙峋，据此推算，匈奴军的战斗力不强，后勤补给也很差，这样的国家，这样的军队，没有任何战斗力可言，也不需要畏惧。

汉使为表象所迷惑，没有深入分析，回去后把所看到的一切告诉刘邦，说匈奴军的战斗力已经到了极限，补给困难，经不起消耗战。刘邦相信了，因为他是这样判断的：汉使一批接着一批，看到的情况相同；自开战以来，汉军连连得胜，匈奴接连溃败，损失惨重，匈奴人本来就不多，经不起接二连三的溃败，几经惨败后，只剩下一些老弱残兵是正常的。相反，如果看到到处是强兵悍将就不正常了。

刘邦擒杀冒顿心切，也不顾及什么天时地利，也来不及冷静深入分析，就命令32万人马迅速北上，进攻匈奴。

但在进军途中，汉军遭遇了严寒，风雪数日不止。因为事前没有准备相关装备，汉军士兵经受不住冻寒，冻死、冻伤者非常多，行动十分迟缓。汉军越过句注山时，遇到不久前派往匈奴的使者刘敬。

刘敬原名娄敬。刘邦夺取天下后，原本想定都洛阳，娄敬以布衣身份求见，建议定都长安，此举得到了张良等人支持。最后，刘邦定都长安，赐娄敬姓刘，任命他为郎中，号"奉春君"。刘敬早年曾来往汉匈之间经商，后来又在边境当兵抗击匈奴，对边塞的环境气候非常了解，对匈奴人的情况也耳熟能详。见汉军大举北进，刘敬急忙求见刘邦，劝他停止前进，避免不必要的损失。

刘敬说："两国交战，按常理，应该炫耀自己的长处才是，臣到匈奴，看到的是瘦弱的牛羊和老弱的士兵，臣认为，这是匈奴故意自暴其短，想引诱我们冒进，而以伏兵袭击我们。臣认为不可以攻打匈奴！"

刘敬当初是靠献计定都长安才当上官的，没有什么军功，如今竟在刘邦面前谈起了军事，阻止大军前进，刘邦觉得刘敬不知轻重，龙颜大怒，骂他满嘴胡言乱语，败坏军心，下令将他打入大牢，留待日后处置。

刘邦是太过自信，太不了解冒顿了。事实上，冒顿是示弱的老手。几年前，他通过示弱，麻痹了东胡王，一举消灭了东胡。如今，他再次向汉使示弱，等的就是汉军倾城而出，大举深入，便于他围歼。

就在刘邦想如何擒杀冒顿时，冒顿也在谋划如何擒杀刘邦。

当时，刘邦率领的30多万军队主要由燕、赵、齐、梁、楚5地的步兵、车骑兵临时集结而成，其中，步兵占绝大多数，其主要任务是攻城；车军占少数，主要用于冲锋陷阵；骑兵最少，从属于步兵，主要用于侦察敌情和快速机动行动，比如偷袭敌军运粮部队，发动奇袭等。

刘邦志在必得，认为步兵行动太慢，索性把所有骑兵集中起来，作为前军，步兵和车兵作为后军。怀着满腔自信，刘邦和夏侯婴、陈平等人率领骑兵轻兵前进，步军随后跟进。堂堂汉朝皇帝居然充当了先锋，率军走在最前面。这除了自信，更多的是轻敌。

刘邦率领的前军进展神速，很快到达平城。这时，他与步兵和车兵拉开了至少好几天的行军进度。

冒顿征集全国的精兵猛将，原本是要对付刘邦30多万大军的，没有想到刘邦率领少部分骑兵先期进入了他预设的战场。得知这一消息，冒顿大喜，立即命令40万匈奴骑兵从四面合围，围歼刘邦。

很快，汉军被团团围住。一场惨烈的战斗开始了。双方激战，杀得天昏地暗。汉军凭借久经战阵的经验和超水平发挥的战斗力，在付出不小的伤亡代价后，占据了平城西面的白登山，并抢先在白登山上修筑了防御工事。

冒顿挥师将白登山围困起来。刘邦站在白登山上俯瞰山下，只见围困白登山的匈奴军西面一色白马，北面一色乌骊马，东面一色青龙马，南面一色赤黄马，阵势威严，将白登山围得如铁桶一般。他这才明白派往匈奴的那些使都看到的全是假象，才后悔没采纳刘敬的建议。

匈奴骑兵轮番发起攻击。刘邦是守城的老手，当年荥阳被项羽围困月余，弹尽粮绝，几乎败亡，最后还是让他死里逃生。他下令骑兵下马充当步兵，加强防御工事，准备好檑木、滚石。匈奴骑兵每次发起攻击，汉军就用檑木、滚石往下砸，用弓箭居高临下射杀他们。

白登山之围

匈奴骑兵纵横于广袤的草原，是当之无愧的"天之骄子"，但不善于山地战，骑马朝山上仰攻，马遇到檑木、滚石一受惊，人便落马。这样，守在山上的汉军，只要少量檑木、滚石，或者射出少量箭，就能让匈奴骑兵阵型大乱，自相践踏。连续几次攻击，匈奴骑兵都被居高临下的汉军用弓箭、檑木、滚石打得人仰马翻，死伤累累。

冒顿见骑兵无法上山，立即下令匈奴骑兵下马，朝着白登山发起进攻。但是，匈奴骑兵离开了战马，威力顿时大减。他们拿着弯刀，在没有先进攻城器材的情况下，继续向白登山进攻。步战是汉军的强项，见匈奴人弃马登山，汉军连弓箭、檑木、滚石都不用了，挥舞着长枪大刀，从山上冲杀下来。匈奴人很快被砍杀了一大片，败下阵去。

冒顿见攻山也不行，只好下令将白登山团团围住，企图将汉军困死在白登山，等到汉军断水断粮、战斗力全无时，他们再上山擒拿刘邦。毕竟汉军是简装轻进，没带多少粮食，且山上地势高，那么多军队退守山顶，饮水比较困难。

果然，汉军的形势极不乐观。白登山城小人多，被匈奴兵围困数天之后，山上的粮草和饮水渐渐都成了问题。

时间一天天过去，刘邦渐渐失去了自信，此刻才知道冒顿的雄才大略绝不在他之下。当务之急是考虑突围、脱离险境，而不是考虑如何与匈奴骑兵作战。因为匈奴有40万骑兵，无论进攻白登山失败多少次，只要采取轮番作战，拖延几天，刘邦就必败无疑，而万一这次失败了，影响将是灾难性的。

对刘邦来说，这时只要能活着逃离白登山就是胜利。那么，在40万骑兵团团包围之下，刘邦能活着逃离白登山吗？

陈平妙计解围

刘邦能打败项羽，并不在于他比项羽会打仗，而在于他会用人，即将各种人才用到合适的岗位上去。他在总结夺取天下的原因时说，论治国、提供后勤保障，他比不上萧何；论运筹帷幄、决胜千里，他比不上张良；论决胜于两阵之间、连百万之军，攻必取、战必胜，他比不上韩信。但这三位人中豪杰都被他用上了，所以他打败了项羽。

刘邦如今身陷白登山，但是，萧何留在长安辅佐太子监国，韩信被贬后幽禁在长安，张良修仙去了，他还能用谁呢？

幸好刘邦身边从来就不缺能人，关键看他愿不愿意用。危急时刻，刘邦想到了陈平。陈平这时就在军中任护军中尉。在刘邦的文臣武将中，陈平是个杰出的阴谋家，他的谋略可以跟张良相比。在楚汉战争期间，刘邦之所以能成功地络拢住韩信，陈平没少出力。此外，陈平还用反间计成功地离间了项羽和范增的关系。汉朝建立后，燕王臧荼、颍川侯利己反叛，刘邦采用陈平之计，不费吹灰之力就平定了叛乱。刘邦希望陈平这次同样能扭转乾坤，力挽狂澜。

刘邦问陈平有什么脱困之计。陈平想了想，对刘邦说："我愿前往游说冒顿。陛下身上带了什么宝贝没有？"

刘邦见陈平那样说，便立即解下玉带，取出一双白璧，交给陈平，说："军中哪有什么宝贝，只有这些！你要，全部给你！"陈平又指了指刘邦的帽子，说："陛下帽子上还有一颗夜明珠！"刘邦马上抠下夜明珠，递给陈平："都给你！"

陈平看了看手里的三样东西，叹气说："这些东西送礼确实有点少，但对匈奴人来说还是很稀罕的！我且去匈奴军营一趟，说服匈奴的阏氏！"刘邦点头答应了。

刘邦的最大优点就是知错就改和在危急时刻绝对信赖能人。此刻，刘邦无计可施，便将这件事委托给了能想出办法的陈平，以便借助陈平的智慧解决危机。

陈平做了简单准备后，向刘邦要了三四个亲兵，一个翻译，手持节杖，飘然下山，去了匈奴军营。

山下到处都是匈奴骑兵，陈平自称是汉朝皇帝的使者，特来求见大单于。那些匈奴兵倒也没有为难他。匈奴的千夫长命人将陈平带往冒顿大营。陈平从怀中掏出几方罗帕分给引路的士兵，说："我听说阏氏在军中。我想先去拜见阏氏，烦请诸位引见！"罗帕在中原人眼中不算什么贵重东西，可在匈奴人眼里，可是稀罕之物。几个士兵接了罗帕，拿了好处，不好意思拒绝，就把陈平领到了阏氏帐中。

"外臣陈平见过阏氏，有玉带一条、白璧一双、夜明珠一颗敬献。"陈平恭敬地将礼物送给阏氏。

阏氏随冒顿前往前线，目的就是等打败汉军，抢掠到财物后，能挑选几件称心如意的东西。居住在草原上的人的确太寒碜了，除了牛羊马不缺，有肉吃、有奶喝外，其他器物和生活日用品、奢侈品少得可怜。如今有人主动将如此贵重的东西送上门来，阏氏哪有不高兴的道理？

陈平见阏氏喜欢那些礼物，便趁机对她说："因为在军中，来不及准备更多礼物。像这种东西，在我们长安城里堆积如山，不计其数。如果阏氏喜欢，我马上派人到长安给您运几车来。但求您为我引见单于。"

阏氏笑了笑，说："你要见单于就见去见，找我做什么呢？"

陈平说："我大汉皇帝想和单于讲和，想用财物赎身，这事阏氏不出面成功不了。迫切希望阏氏成全这件事，我大汉皇帝和我绝不忘您的大恩，愿意送赎金一半数额的礼物给您！"

阏氏有些为难。她知道，作为女人，她不应该去干预国家军事。

见此，陈平又取出一副美女图，献给阏氏。阏氏问此是何意。陈平说，这是我大汉皇宫中的绝色美女，如果阏氏不愿帮这个忙，匈奴军再围困下去，汉朝只有将此美女送给单于，请求他退兵，到那时，恐怕阏氏的地位就保不住了。

阏氏出于自身利益的考虑，最终答应了陈平的请求。她让陈平先等着，她先去劝劝冒顿。

阏氏求见冒顿，对他说："匈奴和汉朝是天下最大的两个国家，两国国君更不应该互相围困对方。现在汉朝皇帝被困在山上，汉人怎么肯就此算了？必然会拼死相救。就算我们打败了汉人，夺取了他们的城地，也会因为水土不服，无法长住。万一灭不了汉朝皇帝，等救兵一到，内外夹攻，那样我们就不能共享安乐了。"说到这里，阏氏泪如雨下。冒顿一时也不知怎么办才好，已经围了好几天，攻不上去，双方僵持在这里，也不是个办法。于是，冒顿问："那该怎么办呢？"

阏氏说："汉朝皇帝被围困了7天，军中却没有出现慌乱，想必是有神灵相助，虽有危险，最终会平安无事。你又何必违背天命，非得将他赶尽杀绝呢？不如放他一条生路，以免有什么灾难降临到咱们头上。"

冒顿将信将疑，沉吟不语。

有了阏氏这番铺垫，陈平就有底气了。

不一会儿，他前往单于大营，让人通报，说有汉使求见。

冒顿以胜利者的姿态接见了陈平，一副高高在上的样子。

陈平神态自若，并不把冒顿放在眼里，直接说："单于将我大汉皇帝包围在白登山，究竟是什么目的呢？我大汉皇帝出征时，已安排了太子监国。他一旦遇到了不测事件，太子就立即登基。到时候，大汉所有人将视单于为不共戴天的仇人，而单于却什么也得不到！"

冒顿盯着陈平，一脸高傲，随即发出一阵怪笑，说："这么说，汉朝皇帝是想让我放掉他？"

陈平朗声回答："单于错了！今天这种形势，只能算是单于偷袭得手，不能说胜负已定。我大汉皇帝决意在山上坚守一个月，拖住单于的大军，大汉军民现在已经知道了皇帝被围困在白登山，正火速地从四面八方赶来救援。只要援军来了，我们里应外合，必定能一举打败匈奴大军。想必单于也已经知道了，周勃等人正率领数十万大军日夜兼程地朝平城方向赶来！我大汉军队久经战阵，他们的战斗力，单于想必已经领教了吧！"

听了这番话，冒顿没有吭声。因为，陈平说的是实话，探马回报，汉朝大部队正星夜朝平城进发，计算他们的行程，不过三两天就能到了。自开战以来，汉朝军队的战斗力的确令人胆寒，不说别的，就说被围困在白登山的这些汉军，人数虽然不多，却是一副兵来将挡的架势，让他头疼不已。

见冒顿默不作声，陈平缓和了一下口气，说："虽然我大汉皇帝性格刚烈，想集中原的人力和物力与单于拼个鱼死网破，但作为臣子，我必须要分析利弊、评判得失。我劝我大汉皇帝说，匈奴单于得到塞内的农民无法役使，陛下得到塞外的牧民也无法管束，彼此争战，有什么好处呢？如果双方相持不下，或者两败俱伤，让月氏等国趁机得利，难道不是在自己祸害自己吗！经过我再三劝谏，我大汉皇帝才勉强同意了双方言和，各守疆界，永不相侵的条件！"

这一席话说到了冒顿的软肋上。比人力物力，匈奴远不能与汉朝相提并论，匈奴所有人口加起来，不及汉朝的一个大郡，物产的悬殊更是不用言说。一旦双方火拼起来，无论刘邦是死是活，匈奴都会跟汉朝结下血海深仇，更致命的是，匈奴西面还有月氏正密切关注着汉匈之间的战局，一旦匈奴失利，他们很可能要趁火打劫。毕竟月氏人受够了匈奴人欺负，对匈奴人恨之入骨，而且，在茫茫草原上，它是仅次于匈奴的一支强大的游牧力量。而更让冒顿揪心的是，先前他与韩王信的部属王黄、赵利等约定在此共击汉军，但久久不见他们率军前来。他们是不是和汉军合计好了，共同对付匈奴？冒顿心中充满了疑虑。

考虑到这些不利因素，冒顿就对陈平说："双方和解可以，但我匈奴大军越过长城，浩浩荡荡而来，此行花费不少，我们不能空手回去！"

陈平说："我大汉地大物博，物产丰富。匈奴举国人口，不如我大汉一郡，若两国能以兄弟关系和睦相处，我大汉每年拿出九牛一毛就足够贵国日常开支了。"陈平顺势给冒顿铺好了台阶。

冒顿顺势而下，接受了刘邦的求和，不久就将包围圈撤去一面。刘邦命令所有将士持弓拉满，两边护卫，他与陈平等人居中，一溜烟冲下山，逃往平城方向，并很快进入了平城。随后，汉朝援军陆续到达，匈奴也只能撤军而去。这就是历史上有名的白登山之战。

和亲，不得已的选择

刘邦在白登山被冒顿围困7天，回到平城，原本想一战而活捉冒顿的雄心壮志早已化作一缕青烟飘去。他认为，凭目前汉朝的实力根本不能把匈奴怎么样，这次能成功脱险已经是奇迹，汉朝当务之急是恢复经济，巩固政权，而不是在边疆上与匈奴旷日持久地征战。战争需要庞大财力作支撑，需要政通人和，只要汉朝经济实力强大了，国内稳定了，人口增多了，战马增多了，有了大规模的骑兵部队和先进武器，到时再解决匈奴问题，就水到渠成。刘邦决定，暂停汉匈之战，命令樊哙留下，平定代地，修缮长城，加强守备，抵御匈奴，自己率军回到长安。

冒顿听说刘邦回到长安，也率军回到单于庭，他任命韩王信为将，统领一支骑兵，经常去侵扰长城边塞。虽然汉军守备森严，他们攻不下长城，但也让汉军疲于应付。他要让刘邦时刻感到害怕。

经过短暂休息后，冒顿又派人攻打赵国故地，朝着代郡发起了进攻。代王刘喜（亦称刘仲）是刘邦二哥，听说匈奴大军前来，心想三弟如此了得，尚且被围困在白登山达7天之久，凭他那点本事，哪里是匈奴人的对手？没等匈奴大军攻到代郡城下，他就弃守封地，逃回了长安。汉军群龙无首，不战自溃。匈奴军趁机发起进攻。这一战，匈奴又占据了云中、雁门、代郡等53个县。

一番烧杀抢掠后，冒顿不得不考虑起如何处理这些土地的问题。这些地方地处长城内侧，是农耕区，匈奴人不便在这里放牧，否则会遭到当地老百姓的反抗和汉军的猛烈反击。更要命的是匈奴人长于野战、运动战，不善于守城，汉军反击，匈奴骑兵势必又要弃长用短与汉军战斗，那样将会给匈奴军队造成重大损失。不过，这些要塞之地又不能弃之不守，否则下次翻越长城就会付出更大代价。冒顿思来想去，决定扶植中原傀儡，将新夺得的土地交给韩王信、王黄、赵利等人，让他们向匈奴上交贡赋，一旦匈奴想南侵，又可让他们充当开路先锋，可谓一举两得。

匈奴人频频地在边境骚扰，如今又侵占云中、代郡、雁门等地数十县，这让刘邦很揪心。他知道，这时用军事手段解决边疆问题很不现实，当务之急是改变频繁发生战争的局势，让双方的关系缓和下来，留出时间，积蓄财力、物力，逐渐建立强大的骑兵部队，增强战斗力。但是，如何才能让双方的关系缓和下来呢？

此时刘邦想起了刘敬。从白登山解围回到长安后，刘邦就下令将刘敬释放，封他为关内侯。刘邦召来刘敬，问他匈奴频频侵扰，可有什么办法对付。

刘敬想了想，想到了和亲的办法。他建议刘邦把吕后唯一的女儿鲁元公主下嫁给冒顿，跟匈奴结成姻亲，为休养生息争取时间。听了刘敬的话，刘邦点了点头，说要召集群臣商议此事。

单于和亲印

刘敬明白刘邦的用意，他知道任务还没完成，必须在朝廷上说服众大臣，此事才能最终定下来。

不久，刘邦将众大臣召集起来，说匈奴屡屡犯边，此事该如何处理。

刘敬准备充分，抢先发言，主张与匈奴和亲。

他的话音刚落，立即遭到一部分大臣的坚决反对。

刘敬据理力争说："和亲不是畏战，而是争取时间，发展国力。公主到匈奴必然被立为阏氏，生子必为太子，如此则冒顿在，为子婿；冒顿死，则外孙为单于。哪有外孙与外祖父相抗衡的道理？我认为，和亲之策可以不战而让匈奴臣服。"

叔孙通当即反驳："大汉一统海内，威震天下，平城之战只能算是平手，将来争战，谁胜谁负或未可知。现在无缘无故地送公主给匈奴，岂不贻笑后世？况且，冒顿豺狼成性，杀他的父亲，娶他的后母当老婆，刘敬所谓必然重视汉朝公主之说太天真。冒顿之子将来必然以冒顿为榜样，他的父亲可以杀他的祖父，又怎么能指望他尊敬他的外祖父？将来，他若以外甥的身份要求皇上分封他中原一块土地，朝廷又如何应对？"

叔孙通说到了要害之处，其他大臣纷纷附和。

但是，这些人并不知道，刘敬的言论事先已得到了刘邦认同，代表皇帝的意思。刘邦见那么多人攻击刘敬，忙替刘敬解围，说："贪婪是人的本性。匈奴人虽然贪婪，但没什么见识，很容易满足。如果能用一个女儿去争取二三十年和平发展的机遇，朕也不惜一女儿。在没有找到更好的解决办法前，刘敬所说的，也不失为一种办法。"

叔孙通生性耿介，接过刘邦的话说："从冒顿灭东胡这件事上看，这个人一贯擅长给别人下套，怎么会轻易上别人的套？事实终将证明，和亲虽能解一时之急，但不能从根本上解决边患问题！"

刘敬反驳说："叔孙通博士的话不无道理，但眼下匈奴气焰正旺盛，大汉刚从战乱中诞生，试问，你们谁对匈奴有必胜的把握？我补充一句，我主张和亲，并不认为两国从此就会相安无事，摩擦是难以避免的，但我相信，这必然能为两国边境带来相对安宁。我们可以抓住时机修复边防，发展国力，待等到国力强盛，时机成熟，再予以匈奴致命反击，一举解决边患。和亲只是权宜之计，不是永久之策！"

刘敬这话说到了刘邦的心坎儿上。这时，汉朝所要做的事情很多，国力恢复问题，解决异姓诸侯王问题，都需要时间。

但尚武的樊哙却不以为然，他豪言愿率军出征，收拾匈奴。一时之间，群臣议论纷纷，难以决断。刘邦只好以毋庸置疑的口吻说："既然没有更好的策略，就暂取和亲之策。诸位爱卿以和亲为耻是对的，朕也认为这是奇耻大辱，但身为人主就要敢于受国之垢，朕必须忍辱负重，也希望大家知耻而后勇，同心同德，把大汉的国力提升上去，积蓄力量，以求将来一战成功，扫除边患。"

樊哙心有不甘，回家后继续唠叨。樊哙的妻子是吕后的亲妹妹，听说要把鲁元公主嫁给冒顿，立即进宫将和亲之策告诉了吕后。

吕后是个很强势的女人，心想，男人们都解决不了的事，却要让她唯一的女儿去解决，太不公平了，立即跑到刘邦那里哭闹不止，刘邦没有办法，只好在宗室中选了一位貌美女子，将她册封为公主，嫁给冒顿。

和亲政策决定了，还必须派人前往匈奴促成此事。既然刘敬是和亲政策的策划者，那就让他去完成这件事情吧！于是，刘邦派刘敬作为和亲大使，出使匈奴，招冒顿做女婿。

各怀心思的较量

冒顿利用韩王信等人劫掠中原，收获颇丰，囤积了一大批财物，在塞外养精蓄锐，以逸待劳，等着刘邦再次来与他厮杀。不过，他没有等来刘邦率军前来，却等来了汉朝使者刘敬。

冒顿以为刘敬是以议和为名前来刺探匈奴军情的，没想到刘敬带来的却是和亲的消息。他没有想到，也觉得不可思议。

可冒顿是何等聪明的人，他当然不会拒绝刘邦的"好意"。既有美女侍候，又不用上马征战，就有人主动送上供奉单于庭开销的物资，这种买卖太值了。至于做汉朝皇帝的女婿，也不是什么丢人的事，他的年龄比汉朝皇帝要小近30岁。再说，娶谁家女儿不做人家女婿呢？

　　冒顿答应了和亲条件，让刘敬回长安告诉汉朝皇帝准备嫁妆，过段时间将公主和嫁妆送过来，并警告刘敬：如果耍花样，他将率领匈奴大军去长安迎娶公主。

汉高祖刘邦像

　　韩王信、王黄、赵利等人得知和亲消息，意识到如果两国真的结成友好邻邦，他们免不了"兔死狗烹"的下场，便鼓动阏氏和他们一起去见冒顿，劝说冒顿不要被刘敬的花言巧语所迷惑。他们说，堂堂单于要女人匈奴内可以随便挑，要财物，他们愿意充当先锋，南下中原去抢。

冒顿哈哈大笑，告诉韩王信等人："你们以为本单于是傻子？告诉你们，他送女人，我照收不误；送钱财，照收不误；南下中原，照旧进行不误。和亲不能阻挡我越过长城！"

韩王信曾经长期跟随刘邦，知道刘邦不会轻易服输，和亲无非是缓兵之计，为将来大规模反击战争争取时间。他对冒顿说："我们不能被和亲的政策所迷惑，要积极主动地分化汉朝的力量，将汉朝内部反对刘邦的诸侯势力拉拢过来。"

冒顿觉得有道理，命韩王信负责去分化瓦解和拉拢汉朝的各诸侯。韩王信告诉冒顿，代王刘喜被吓跑后，刘邦册封尚未成年的儿子刘如意为代王，后来又改封刘如意为赵王，改封刘恒为新代王，任命陈豨为相，统率代郡的军队防御匈奴，可以派人去策反陈豨。冒顿同意了韩王信的建议。

不久，刘敬将汉朝公主送到草原，还带来了丰厚的嫁妆，说汉朝皇帝以后每年都会送给匈奴大量粮食、丝绸和钱财，并要求与匈奴缔结为"兄弟之国"。冒顿对文字条约没有什么兴趣，对实际利益更为关注，看到如花似玉的汉朝公主和丰厚的嫁妆，当即签订了汉匈友好协定，同意双方休战。

刘邦暂时缓和了与匈奴的关系，开始集中力量加强内部统治，恢复生产，发展国力，剿灭异姓诸侯王。异姓诸侯王人人自危，反叛接二连三。可刘邦不辞辛苦，一次次征战，一一将他们消灭。

刘邦剿灭异姓诸侯刺激了陈豨的神经。客观地说，陈豨身为代相，在北部边疆防御匈奴是卓有成效的，无论是韩王信还是冒顿，都不敢大举进攻代郡。但是，当他看到刘邦消灭了一个又一个异姓诸侯，除掉了一个又一个功臣，就开始担心自己的命运。毕竟他也位居列侯，与淮阴侯韩信私人关系不错。这时，投降了匈奴的韩王信又多次派王黄等人潜入长城内，对他晓以利害，希望他识时务。陈豨权衡利弊后，决定起兵造反。

公元前196年8月，陈豨举起造反大旗。

第二年春，韩王信征得冒顿同意后，率领匈奴骑兵到参合陉，接应陈豨的叛军，并派部将王黄、曼丘臣等人率军直接去援助陈豨。由于汉匈已经和亲，冒顿不便出面，就留在单于庭，幕后指挥。

刘邦原以为忍辱和亲，可以换得几年和平，没想到冒顿玩两面手段，表面上与汉朝和亲、结为兄弟之国，暗中却怂恿汉朝的反叛分子暴动，分化和肢解汉朝。

气愤之余，刘邦决定同样采取两面手段对付冒顿，一边维持表面的汉匈和睦关系，一边毫不手软地镇压叛臣，加强边防建设。于是，他不顾年老体衰，下诏亲征陈豨。

出征前，刘邦做出了理智的判断：陈豨叛变是匈奴和韩王信挑唆的结果，要打击陈豨，也要打击匈奴和韩王信，但匈奴强大，汉军暂时无力与之决战，要尽量避免与匈奴军交锋，而要集中力量消灭韩王信。

刘邦率军大张旗鼓地前去攻打陈豨，同时派柴武率军前往参合陉迎战韩王信，双方展开了激战，柴武率军攻下了参合陉，斩杀了韩王信。

得知韩王信被杀，刘邦立即率军向陈豨发起了进攻。陈豨实力不强，加上失去了韩王信的支援，打不过刘邦大军，大败而逃。侯敞、王黄、张春、曼丘臣等叛将相继被擒杀，陈豨率领残部逃入山林。刘邦令樊哙率军紧追不舍。第二年冬天，樊哙斩杀了陈豨。

刘邦以为，平定陈豨之乱后，针对异姓诸侯王的军事行动可以告一段落。但是，他没有想到陈豨之乱会牵扯出另一个异姓诸侯王，一个和他交情非常好的诸侯王——燕王卢绾。

卢绾是沛县丰邑人，与刘邦是同乡好友，两人同一天出生，儿时在一起读书，关系很好。刘邦做泗水亭长时，因为私自放走了戍卒，四处躲藏，逃避官司，卢绾追随在他身边，从不相离。刘邦在沛县起兵后，卢绾以宾客身份相随，此后一路升迁。至楚汉战争时，卢绾官至太尉，封长安侯。卢绾可以随时出入刘邦的寝宫卧室，与刘邦的亲密程度远远超过了萧何、曹参等人。

公元前202年，燕王臧荼谋反被刘邦镇压。随后，卢绾被封为燕王。

公元前196年秋，陈豨在代郡造反。刘邦亲率大军至邯郸，从南向北攻打陈豨。燕王卢绾也率军自东北方向攻打陈豨。陈豨抵敌不住，派遣王黄向匈奴人求救。卢绾也派张胜出使匈奴，并在匈奴境内散布流言，说陈豨已经战败。他的本意是让匈奴不要发兵援助陈豨，可没想到原燕王臧荼的儿子臧衍也逃亡到了匈奴，还趁机策反了张胜。

他说："您之所以能在燕国得到重用，是因为燕国与匈奴接壤，您通晓匈奴的语言和习俗。燕国之所以能够长久存在，是因为有其他诸侯屡屡造反，天下征战不休。您为了燕国而消灭陈豨，但陈豨被消灭以后，下一个被灭亡的，就该轮到燕国了。为何不让燕国暂时放过陈豨，并且和匈奴联合起来呢？如此一来，局势和缓，燕国就能长期存在；即使朝廷想强力削夺燕国，燕国也有安全保障。"

张胜见他言之有理，就暗中劝匈奴帮助陈豨攻打燕国。张胜的意图是留下陈豨，在陈豨、匈奴以及卢绾之间造成"连兵不决"情势，迫使汉朝不敢对燕国采取军事行动。

卢绾不知其中的原因，怀疑张胜勾结匈奴谋反，上书朝廷，请求灭张胜的九族。

不久，张胜从匈奴赶回，向卢绾说明了他那样做的原因，卢绾才如梦初醒，于是又上书刘邦，说是其他人想谋反嫁祸张胜，张胜是被冤枉的。从此，张胜往来于匈奴和燕国之间，成为卢绾和匈奴人之间的线人。

与此同时，卢绾又派范齐出使陈豨，劝陈豨不要与刘邦进行阵地战，用运动战与刘邦周旋，四处骚扰，与燕国"连兵勿决"。不久，陈豨一个部将投降了刘邦，将此事和盘托出。

刘邦就派使臣传召卢绾，卢绾称病不去。刘邦又派辟阳侯审食其和御史大夫赵尧传召卢绾，并借机调查他的部属。卢绾十分恐惧，闭门谢客。他对近臣说："现在不是刘姓而做王的，只有我和长沙王吴芮。去年春天，朝廷族灭了淮阴侯韩信，夏天又诛杀了彭越，都出自吕后的计谋。现在皇帝有病，政事皆决于吕后。吕后这个妇人，专门想找借口诛杀异姓诸王和有功大臣。"近臣将这些话透露给了审食其，审食其回去将此事报告给了刘邦。这时，刘邦又从投降汉朝的匈奴人那里得知了张胜在匈奴活动的情况，就判定："卢绾果然造反了！"

公元前195年3月，刘邦以樊哙为将军，率军攻打燕国。随后，刘邦命令周勃取代了樊哙的职位。

卢绾得知汉军前来征讨，不愿与汉军交锋，将他的宫人、家属、步骑数千徙居到长城下。这时，刘邦已经病重，卢绾想等刘邦病好之后，亲自入朝谢罪。但是，一个月后，即公元前195年4月，刘邦病逝。卢绾知道吕后不会放过他，就率军逃到了匈奴。

这时，冒顿扶植的陈豨、韩王信、王黄、曼丘臣等人已死，正愁找不到在中原的代理人，见卢绾来降，心中大喜，封他为东胡卢王。

但卢绾在匈奴过得很不开心，经常为蛮夷所侵夺，思归心切，却又归途无门，在匈奴待了一年多，便郁闷而死，终年63岁。

第三章
匈奴铁骑，汉朝边界的虎狼之师

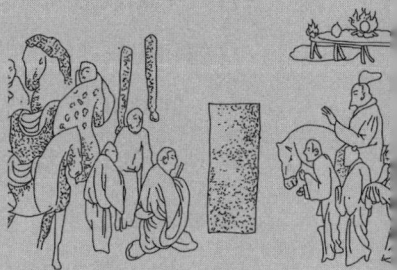

　　刘邦先冒顿而死，冒顿趁机恫吓和勒索汉朝。汉朝无力对匈奴作战，只好忍辱继续与匈奴和亲。冒顿的儿子老上单于重用汉朝叛徒宦官中行说，对汉朝内幕了如指掌，强势压制汉朝，征服西域各国，从几个方向对汉朝构成战略优势，并逼迫汉朝和亲送真公主。汉朝几代皇帝忍辱负重，一边继续对匈奴和好，满足匈奴敲诈勒索，一边积蓄财力和物力，想方设法让汉朝富强起来。匈奴的老上单于及继任者军臣单于尽享称霸快感。

千古一帝死了

刘邦是带着遗憾死的。他一生是传奇的，从小小泗水亭长到君临天下，打败了无数强大的对手，却无法打败匈奴，不得不采取和亲政策。他死了，汉朝和匈奴之间的博弈却还在继续，且汉朝局势有恶化的趋势。

刘邦死后，刘盈继位，即汉惠帝，但朝政掌握在吕后手中。吕后排挤刘氏宗亲，提拔吕氏家族成员，这引起了忠于刘邦的大臣不满，汉朝统治阶层出现了裂痕。这让一直密切关注着汉朝的政治走向的冒顿认为，挑起战争的时机到了。他打败不了刘邦，但打败刘盈还是十分有把握的。

不过，冒顿是汉朝女婿，直接跟丈母娘翻脸说不过去。他想了想，决定"先礼后兵"，将匈奴的习俗和制度加到汉朝身上。公元前191年，冒顿给吕后写了一封求婚信，大意是：你死了丈夫，我也孤单寂寞，我们何不凑在一起过日子？

吕后何曾受过这种奇耻大辱，她勃然大怒，立即召见陈平、樊哙、季布等大臣，准备发兵征讨匈奴。樊哙听说要跟匈奴人打仗，脑子一热，当即表示自己愿意带兵横行匈奴。

他慷慨激昂地说："我愿率领十万大军，横行匈奴！"

但樊哙的话音刚落，就遭到了季布的厉声呵斥："樊哙该杀！平城之战中，樊哙为将军，32万大军都归你掌握，你却不能解白登之围，现在妄言以十万人马横行匈奴，这不是狂妄，就是欺君！"

季布随后摆事实，讲道理：国家历经战乱，满目疮痍，高祖刚刚驾崩，国基不稳，这时候跟人开战，会动摇国本，何况匈奴人形同禽兽，本来就不会说人话，听到他们的好话不值得高兴，听到他们的恶语也不值得发怒。一席话让吕后和樊哙如醍醐灌顶，冷静下来。

于是，吕后命大谒者（官名）张泽以她的名义写了一封回信，又送去一个宗室女和一些财物。信中说自己年老色衰，怕玷污了单于，不敢前去侍奉，汉朝没有什么得罪单于的地方，希望单于原谅汉朝。我这里有两辆御车，两匹马，送给单于，权当是在单于身边侍单于。

见汉朝太后如此卑躬屈膝，又送来了美女和财物，冒顿的感觉好极了，不但打消了南下念头，反而觉得有些不好意思，赶紧派使者带着马匹等礼物回赠吕后，并致歉说："我生长在塞外，不知道中原的礼仪，有冒犯的地方，希望岳母大人原谅。"冒顿认为，他给汉朝下马威和索取财物的目的达到了，"解释"下，不仅可以为此后索取财物打下基础，还能显示他和平的诚意。

双方都给了对方面子，汉匈之间得以继续维持微妙的友好邦交。

在此后十几年里，匈奴没有大规模侵扰，中原地区相对安宁。但是，这不意味着匈奴人抢掠的本性变了，更不意味着他们不想南下。这仅仅是冒顿出于对吕后的敬畏，不敢轻易毁掉和亲局面。他要维持对汉朝的高压势态，他在等待机会再次敲诈一笔——一旦汉朝内乱或者陷入分裂，他就率军越过长城，抢掠中原。

公元前180年，吕后去世，周勃、陈平等人发动政变，除掉了把持朝政的吕氏诸王和新立的傀儡皇帝（刘盈此时已死），迎立代王刘恒为皇帝。公元前179年，刘恒正式登基，即汉文帝。

刘恒做代王时，他的封国与匈奴接壤。他对匈奴人的本性非常了解，害怕匈奴人趁他登基初期根基不稳，挥师南下，就继续举起和亲大旗，选了一位宗室女，将她册封为公主，嫁给冒顿，送去大量嫁妆。同时，他也不忘整肃边防，加强防御。

冒顿接受了和亲，却没打消南下的念头。自从跟汉朝和亲以来，汉朝政治稳定，经济发展，国势蒸蒸日上。冒顿原以为，汉朝会像秦朝那样，只要刘邦一死，国家就会陷入内乱，没想到汉朝国力越来越强盛。这时，冒顿已年近60岁，所剩时日无多，看到汉朝有崛起迹象，有些坐不住。他决定试探一下刘恒，给他一个马威，打击他领导汉朝崛起的信心，让汉朝人从内心恐惧匈奴，同时保持匈奴对汉朝的强大威慑，获取一些利益。

公元前177年，冒顿命令右贤王率军在河套平原抢掠。

这时，河南地区为匈奴占领。按说右贤王在自己领地上自由活动，无可厚非，关键是其动机在"盗"，越过了边境，侵掠了汉朝农耕区。这显然是在向刘恒示威：你以前做代王时，我们敢进入代郡攻掠你；你现在做了皇帝，我们同样敢入侵你！

这时，刘恒已经不是当年的代王。当年作为藩王，他必须要收藏锋芒，因为他不是刘邦的嫡子，不是吕后所生的。现在，他是汉朝皇帝，必须为汉朝的万里江山着想，必须在群臣面前树立皇威，彰显英明贤能。匈奴右贤王率军大举侵掠边境，正是他树立皇威、彰显才干的机会。于是，刘恒不顾一众老臣的劝阻，决意御驾亲征，最后还是刘恒的母亲薄太后出面劝阻，刘恒这个大孝子才同意不亲征。但是，刘恒依然想狠狠教训一下匈奴人。他命丞相灌婴为统帅，征发8万5千名车兵和骑兵前往高奴，迎击右贤王，自己则亲自巡幸太原，检阅吏民，以为后盾，同时写信谴责冒顿违背和亲盟约，摆出一副绝交开战的架势。

右贤王见汉朝大军前来，不敢硬碰，赶紧带着抢掠的财物逃跑。灌婴率领汉军紧追不舍。他想越过长城，继续追击。不巧的是，这时济北王刘兴居造反，刘恒不得不回到京城，他命令灌婴停止追击，部队也被抽调遣散。

而汉朝派往匈奴的使者见了冒顿，理直气壮，严厉谴责右贤王破坏了和亲政策。冒顿理屈词穷，继而恼羞成怒，索性将汉使杀了。他满以为汉朝皇帝新立，根基不稳，好欺负，这次匈奴大军南下，必所斩获，没有想到很快就传来了右贤王为汉军所逼、狼狈逃回塞外的消息。冒顿这才意识到，刘恒不是那么好惹的，有血性，雄风不减其父，就暂时取消了继续南进的计划，决定趁有生之年彻底解决草原上的遗留问题，增强对汉朝保持高压势态的能力。

冒顿命右贤王率军向西突袭月氏。月氏根本不是匈奴人的对手，又一次遭遇惨败，不得不再一次西迁，退到了伊犁河流域。匈奴人完全占据了河西之地。

河西之地在今天甘肃、内蒙古西部一带。它的南面有一座高山，像一面屏风，从山上流下的雪水清冽甘甜，汇流成为疏勒河、弱水、卢水等多条小河，滋润着河西大地。听说右贤王打下了河西，冒顿亲自前往那里。他向着南面的高山祭拜，将此山命名为祁连，意为天山。

很快，楼兰、乌孙等西域26国纷纷献上财物、美女，投降匈奴。从此，西域诸国成为匈奴臣属，划归匈奴右部日逐王管辖。日逐王后来设立了僮仆都尉，定期巡视西域各诸国，收取贡品，打击不服者。

至此，匈奴独霸了整个北方草原，控制了西域，从东北、西北、正北三个方面对汉朝形成了战略进攻态势。

冒顿单重新将目光转移到了汉朝身上。这一次，他没有来硬的——军事进攻，而是来软的——战略恐吓，即将匈奴在西域的辉煌战果向汉朝展示一番，威逼汉朝继续和亲，送公主，送财物。

公元前174年，冒顿致信刘恒，大意是说皇帝继续和亲政策，这对汉匈双方都是有利的，前番背盟不是我们的本意，主要是汉朝边境的官吏侵扰、侮辱了右贤王，右贤王情绪失控，没有请示单于，却听信了后义卢侯难氏等人的挑唆，同汉朝官吏发生冲突，破坏了匈奴单于与汉朝皇帝缔结的友好条约，离间了汉匈之间的兄弟关系，作为惩罚措施，本单于特地命他率军向西攻打月氏。托上天的洪福，我们匈奴官吏威猛，士卒精良，战马强壮，因而顺利地灭了月氏，杀掉了一切敢于反抗和不服的人，降服了普通百姓，又平定了楼兰、乌孙、呼揭等26国。这些国家的人民都成了匈奴的臣民，草原上凡是能弯弓射箭的人都成了一家。如今，我匈奴境内安定祥和，本单于愿意与汉朝停战，修养士卒，喂养战马，消除以前的不愉快，恢复先前的盟约，使两国边疆百姓安宁，少年人能够成长，老年人能够平安地生活，世世代代和平安乐，友好相处。

冒顿让右贤王进入河南地为盗，却将责任推给汉朝边境的官吏；右贤王擅自违背两国之间的和约，冒顿却说是他受到了手下的挑唆；右贤王破坏两国友好条约，理应受到惩罚，但惩罚的方式却是让他去攻灭月氏，征服西域。他给刘恒的这封信，本质上就是炫耀赫赫战功的檄文，是一种武力威胁：和亲是我们破坏的，但本单于现在想重新和亲，你们愿不愿意，自己看着办。

不仅如此，冒顿在派使者前往长安的同时，还在阴山设立兵器厂，制作弓箭。一旦汉朝不接受"解释"，不愿意继续和亲，他将以此为基地进攻汉朝。

接到冒顿的信，刘恒立即召集群臣，商议对策：是继续和亲，还是与匈奴人开战？

公卿们普遍认为匈奴刚刚打败月氏，挟胜利的余威，军队的战斗力正强，这时发兵与匈奴交战，对汉朝不利，况且匈奴的土地都是些低洼的盐碱地，即使打胜了，占领了匈奴的土地，也不能用于农耕居住，还是继续和亲更有利。

经过冷静考虑后，刘恒答应了匈奴的和亲请求，派使者给冒顿单送去书信。信中认可了冒顿所说的是右贤王破坏了汉匈友好关系，也认可了冒顿对右贤王的荒唐惩罚，对其要求和平的举动表示嘉奖，同时也指出，汉朝与匈奴约为兄弟，每年送给单于的东西很多，而匈奴却总是背弃盟约。

刘恒的信看似温和，其实一点也不含糊，挑明了说，就是不管你冒顿怎么狡辩，汉朝没有对不起匈奴的地方，破坏盟约的就是你们匈奴人，希望你从今以后，约束好匈奴的官吏，谨守信用，不要违背盟约。

汉匈双方重新回到了和亲的轨道上来。遗憾的是，冒顿收到信后不久就死了，他儿子稽粥继位，即老上单于。

和亲宦官的报复

老上继位之初，汉匈两方正处于书信往来、冰释前嫌之际，刘恒将原本嫁给冒顿的公主送给了老上。

不过，这次和亲，汉朝损失巨大。这倒不是因为失去了一位宗室女和大量财物，而是因为和亲队伍中出现了一位汉奸。他熟知汉朝的底细，死心塌地投靠匈奴，辅佐老上带领匈奴进一步强大起来，给汉朝带来了巨大威胁。

汉朝送嫁给匈奴单于的公主虽然是宗室女册封的，不是皇帝的亲生女儿，但出嫁的礼仪排场跟皇帝的亲生女儿出嫁无异，每次随公主去匈奴的宫女和宦官必须按礼制配备。毕竟汉匈习俗不同，饮食起居、自然环境有很大差异，总不能让公主孤零零的一个人在匈奴。于是，一批垫背的奴婢也要跟着和亲公主去草原。当时，草原上的生活条件非常艰苦，连和亲公主都免不了有少年夭折的，那些奴婢的命运就可想而知。

这次随公主和亲的奴婢中有个太监叫中行说。按照常理，太监是皇家奴仆，皇帝安排你干什么，你就干什么，没有任何条件可讲。但中行说不是一个服服帖帖的人，当领头太监安排他随公主出塞时，他当即表示不去。领头太监说不去不行，这是皇帝的命令。

中行说反驳，你不要拿皇帝的命令来吓唬我，派谁去不是你一句话吗？既然你拿皇帝的命令来压我，那我也告诉你，如果真要我去，我无话可说，但你听好了，我将来会成为汉朝的心腹大患，你真逼我去，我一定会让你付出代价的。领头太监没有在乎他的狠话，坚决要中行说随公主去匈奴。

中行说认为他被逼到了绝境，便下决心要报复汉朝。到匈奴后，中行说马上就投靠了老上单于，替他出谋划策，对付汉朝。老上单于从父亲那里继承了匈奴，正愁无法更有效地对付汉朝，现在有长年在汉朝皇宫、熟悉汉朝一切的中行说主动替他谋划，老上单于视之为"天赐"，非常宠幸中行说，视他为心腹。

当时，匈奴人没有文字，没有书籍，许多事都靠口头转达约定，个人的智慧和知识主要来自于见闻和老一辈的口口相传。而中原人除了这些，更多的是通过阅读古人的书籍，广泛地吸取前人的智慧来丰富自己的见闻，提高自己的见识。因此，中原人在智慧，尤其是在谋略上往往比匈奴人更有优势。

中行说在汉朝皇宫里做太监时，读了不少书，精通谋略权术，对汉朝人的行事和思维方式非常熟悉。如今，他一心要帮助匈奴压制汉朝，对匈奴单于来说，当然无异于天赐福音。

在老上支持下，中行说开始在匈奴推行改革，强化了匈奴的民风和优秀传统。

当时，匈奴经济文化十分落后，日用物质非常缺乏。匈奴人见了汉朝制造的那些精美物品，一个个叹为观止，因而在物质上崇尚汉朝的习气在匈奴很快蔓延开来。他们穿着汉朝进贡来的锦衣，吃着具有浓厚中原风味的美食，喝着中原的美酒佳酿，很多人恨生在塞外，一心向往中土。很显然，汉朝通过和亲，每年送给匈奴大量财物，腐化了匈奴贵族，汉朝在日常生活方式上正同化着匈奴人。这种趋势是汉朝愿意看到的。只要他们养成了中土的生活方式和习俗，再辅之以教化，把匈奴人变成汉人不是没有可能。

对匈奴来说，这是个危险的信号。虽然短视的匈奴贵族们浑然不觉，但中行说一语点醒了梦中人。

中行说对老上说："匈奴的人口不如汉朝的一个大郡多，之所以能保持强大，全在于服饰、饮食与汉朝不同，在经济上不必依赖汉朝，如今单于改变匈奴旧俗，推广汉朝的饮食服装，这些东西在匈奴人看来很珍贵、也很多，但是，对于地大物博的汉朝来说，不过是它总数的十分之一二而已，根本伤不了他们的元气，长此以往，匈奴人就会人心思动，早晚要归化于汉朝。中原人通过和亲同化游牧民族，是常用的一种手段。例如，以前中原的晋国和戎狄结亲，用美酒佳肴和女乐换取戎狄的马匹、毛皮等东西，让他们享受这种腐化生活，结果几十年后，戎狄成了晋国的附属，心甘情愿地出人出力替晋国打仗卖命。汉服不适合在马上穿，美酒佳肴吃了就没了，对匈奴没什么好处。相反，匈奴人日渐沉迷于中原的锦衣玉食，会逐渐丧失自己的优势……"

老上采纳了中行说的建议，开始采取措施，阻止匈奴人汉化。他按照中行说的建议，让士兵穿着汉服在荆棘丛中策马奔驰，结果丝织的汉服变成了破布条，以此向匈奴人证明汉服不及匈奴的服装坚固完美；又将汉朝的食物全部扔掉，以证明匈奴的饮食更方便美味。随后，老上宣布："得汉食物皆丢弃之；得汉衣物皆撕裂之。"

为了帮助匈奴人提高民族认同感和自信心，中行说还在汉匈双方的书信往来上做文章。以往汉朝皇帝在致匈奴单于信的开头都要写上一句："皇帝敬问匈奴大单于无恙"，而中行说则要求匈奴致汉朝的国书要比汉朝的长一寸，所用的封印全部加大，在国书的开头傲慢地写上"天地所生、日月所置的匈奴大单于敬问汉朝皇帝无恙"后，再写其他内容，以此显示匈奴单于比汉朝皇帝高贵一等，提高匈奴人的自尊心和民族认同感。

汉朝使者来到匈奴，只要想一展辩才，中行说就会正告他们："只要保证汉朝送给匈奴的礼品量足数够、品种齐全、质量优良就行了，何必要多费口舌呢！如果品种不齐全、质量粗劣，等到庄稼成熟时，匈奴铁骑就要放马奔驰，践踏你们的庄稼，夺取你们的财物。"

为了帮助匈奴富国强兵，中行说不惜将汉朝的管理经验传授给匈奴人。在匈奴，每年秋季，单于与各部落酋长要会面，举行秋社，核查各部落一年户口增减和牲畜繁殖情况，以便核实军队数目和征收赋税。中行说将汉朝先进的赋税计算和征收、管理知识传授给匈奴官吏，这样匈奴人也掌握了中原的一些先进数学知识。他还帮助匈奴完善司法体系，树立单于的权威，建议老上加强对匈奴贵族的约束，进一步加强王权。在每年的龙城大会上，各路官吏都要向单于禀报这一年来自己辖区的各项事宜，包括各位贵族是否有越轨谋叛的嫌疑等。

这一系列的改革措施巩固了老上的统治，使匈奴的实力蒸蒸日上。中行说又建议老上先威胁一下汉朝，索要一些好处，然后集中力量进攻老冤家月氏，积蓄力量，最终与汉朝决战。

公元前166年，老上亲自率领14万匈奴骑兵，大举南侵汉朝。匈奴军进攻朝那、萧关，杀死了汉朝北地郡都尉孙卬，掠走人口、牧畜、财物无数，还纵兵焚毁了刘恒的回中宫。此外，匈奴的斥候率领骑兵还攻到了汉朝的雍州、甘泉，迫近了汉朝首都长安。

刘恒大惊，连忙以中尉周舍、郎中令张武为将军，率领千乘战车、10万骑兵守护长安，又任命昌侯卢卿为上郡将军、宁侯魏修为北地将军、隆虑侯周灶为陇西将军、东阳侯张相如为大将军、成侯董赤为前将军，征发战车骑兵前往迎击匈奴大军。

老上在塞内留居一月有余，见汉军大举前来，不想跟汉军决战。待汉军快到前线时，他就率领匈奴人退到了塞外。汉军虽然追出了塞外，却不敢深入追击，只好无功而返。

这一战，老上算是开心地耀武扬威了一把：匈奴人所获颇丰，又全身而退，十分惬意。此后，他们又屡屡

汉文帝刘恒像

进入汉朝边境，杀掠非常多。汉朝的云中郡、辽东郡受害最深，被杀虏的有1万多人。

刘恒深以为患，却又没有其他更好的办法，只好一边派人加强边塞防守，一边派使者前往匈奴示好，许以和亲和"岁贡"。老上接受了汉朝讲和的要求，汉匈奴双方正式相约以长城边塞为界，互不侵犯。

公元前162年，刘恒又派人将和亲公主送到老上那里。汉匈双方暂时又进入了和平期。

知恩不报的狼孩儿

月氏是匈奴的宿敌，虽然多次被匈奴打败，但仅仅是被赶走，它的主力犹存。月氏被匈奴从漠南草原一步步赶到西域伊犁河流域后，因西域各国实力较小，月氏反而获得了更大的生存空间，有了复兴的苗头。月氏复兴，对匈奴来说绝不是什么福音。老上要想征服汉朝，首先要征服月氏，避免将来在战场上两面受敌。因此，他乐意接受汉朝和亲，跟月氏复兴有一定关系。

公元前177年，匈奴右贤王入侵河南后，受到一定挫折，转而向西进攻月氏。那一仗，月氏战败，继续西迁，来到了西域。而当时西域诸国已经归附了匈奴。

月氏虽然打不过匈奴，但和西域诸国比，它仍是一个超级强国。来到西域后，月氏趁匈奴兵力撤回之际，出兵向西攻打乌孙。乌孙是西域小国，哪里是月氏的对手，没有怎么交手，就被月氏人打败了。乌孙昆莫（即国王）难兜靡被杀，他的领地全被月氏占领。

乌孙被攻灭后，部众离散。难兜靡的继承者猎骄靡年仅1岁，由忠诚的大臣傅父布就翎侯抱着逃往匈奴。这位傅父布就翎侯的本名叫布就，傅父是保护人的意思，翎侯则是他的官位。乌孙是匈奴的属国。他们逃难到了匈奴，冒顿收留了他们。

猎骄靡在逃往匈奴过程中，发生了一件神奇的事，以至冒顿都认为他是个不同凡响的人，决定亲自将他养大，并将收罗到的乌孙残部交给他统领。

原来，躲过月氏追杀的布就把猎骄靡藏在草丛中后，转身去寻找食物，找了很远才找到了一些吃的。布就心里想，这下可惨了，小主人恐怕饿得哇哇叫了。等返回草丛时，布就却赫然发现有只母狼正在给猎骄靡喂奶，另外还有乌鸦叼着肉在一旁飞翔。

布就认为这是上天的神迹，到了匈奴后，就神乎其神地讲给冒顿听。

匈奴人以狼为图腾，认为自己是狼的后代。听说猎骄靡在逃亡途中得到了母狼眷顾后，冒顿认为猎骄靡是天之骄子下凡，决定要好好抚养他，帮助他复国。冒顿死后，老上继续抚养猎骄靡。

转眼十几年过去了，猎骄靡长大了，担任了流亡匈奴的乌孙昆莫。猎骄靡一天也没有忘记国仇家恨，要求匈奴单于派兵帮助他攻灭月氏，实现复国梦想。

在西域扶植一个代理人，同时打击宿敌月氏，这正是老上处心积虑想干的事。他同意了猎骄靡的请求，在与汉朝讲和后，就立即着手策划征服西域的战争。

公元前161年，17岁的猎骄靡随同老上率军向月氏发起了进攻。在匈奴铁骑面前，月氏人经受不住攻击，损失惨重，月氏王被杀，老上将他的头盖骨制成恐怖的骷髅酒杯。

这一战之后，月氏残部在月氏王后的率领下继续西迁，来到中亚，而乌孙昆莫猎骄靡则成为了匈奴在西域的代理人。他率军帮助匈奴平定了西域各国，成为匈奴最忠实的奴仆。

老上继冒顿之后再次征服西域各国，确立了匈奴在西域的霸权，扩大了匈奴的势力范围。遗憾的是，平定西域没多久，老上就死了。他儿子军臣单于继位。中行说继续侍奉军臣单于。

这时，乌孙昆莫猎骄靡已占据了月氏人留下的伊犁河流域的牧场，势力强大起来。猎骄靡尊重老上，却不拿军臣当回事，军臣继位不久，他就宣布独立，摆脱匈奴的控制。军臣大怒，立即派兵偷袭乌孙。猎骄靡从小在匈奴长大，在匈奴生活了十几年，对匈奴人的那一套太熟悉了。他一点也不惊慌，利用地理优势，将匈奴军打得惨败。

军臣这才想起猎骄靡的身世传奇，认为他是狼孩儿，匈奴军惨败纯属天意，不敢再派兵前去进攻乌孙，何况乌孙只是一个小国，不会对匈奴构成大的实际威胁，匈奴的最大敌人是南方的汉朝。

逼汉朝送真公主

军臣继位后，汉朝继续和亲政策，于公元前160年，给军臣送去了和亲的公主和大笔嫁妆。

中行说煽动军臣说：要给汉朝一点颜色看看，不然，汉朝会轻视单于。

军臣在进攻乌孙失利后，急于挽回面子，树立权威，就接受了中行说的建议。

公元前158年冬天，军臣宣布断绝与汉朝的和亲关系，率军大举入侵。

匈奴兵分两路，每路3万人，分别入侵上郡和云中。匈奴军队所到之处，一片狼藉，他们烧杀掳掠，将战火烧到了刘恒的行宫甘泉宫，汉朝百姓死伤无数。等刘恒从各地调来援兵，准备与匈奴军决战时，匈奴军已在内地蹂躏了一个多月，随即带着抢掠的财物、牲畜、人口，浩浩荡荡地返回了匈奴。汉军照例追至边塞止步。

这时，汉军确实没能力出塞攻击匈奴，刘恒只好再次忍气吞声。他所能做的是继续加强边境防御，不断从内地向边境充实人口，实施屯垦，大力鼓励养马，以备军用。而让刘恒担心的不只是匈奴，还有汉朝众多的藩王，有的藩王在属国经营多年，已经形成非常强的地方势力，暗地里和朝廷对抗。

刘恒想先解决藩国问题，再集中全力对付匈奴。

但是，上天没有给他太多时间，解决藩国和匈奴这两件事，他一件也没有做成，就带着遗憾死了。

公元前156年，刘恒驾崩。就在他临死前一个月，军臣又率领匈奴军入侵。垂危中的刘恒不得不派御史大夫翟青到匈奴求和，双方继续和亲。军臣傲慢地答应了。当然，他不知道刘恒即将去世，否则不会轻易答应。

刘恒死后，刘启继位，即汉景帝。公元前155年秋，刘启派人将和亲公主送到匈奴。军臣照样笑纳。

这时，中行说又发话了。他对军臣单于说，汉朝的经济实力最近几年恢复很快，即使和亲，也要时刻想办法削弱汉朝的实力，使它没有反击能力。

军臣心领神会，一方面接受汉朝公主和丰厚的嫁妆，另一方面不停骚扰汉朝边境，源源不断地从中捞取好处。对此刘启却无可奈何，对于他来说，他的当务之急不是如何对付匈奴，而是忙着"削藩"，对付那些公然与朝廷对抗的诸侯。

汉景帝刘启像

公元前154年，七大诸侯国为避免被"削藩"，打着"清君侧"的旗号，联合出兵反叛朝廷，史称"七国之乱"。双方大打出手，形势一度对朝廷极为不利。其中，赵国与匈奴接壤，赵王刘遂想引狼入室，共同对付刘启，就致函军臣，邀请他出兵一起攻打刘启。军臣早就想像当年冒顿那样"愿游中国"，当然不会放过这个机会，立即率领大军越过长城，大肆抢掠，挥师南进。

遗憾的是，造反的王爷们实在不争气，从起事到败亡只用了3个月时间，7个诸侯王1个被杀，其余6个自杀。汉军士气旺盛，再度赶往边境，迎击军臣率领的匈奴大军。眼看错失了千载难逢的机遇，军臣气得不行，却又无可奈何，只好退军而去。

军臣咽不下这口气，下令匈奴军不断侵扰长城边塞，能抢的尽量抢，即使不能南下中原，也不能让汉朝消停。

刘启对军臣的流氓行为痛恨至极，却又拿他没有办法，不得不在公元前152年再送去一位和亲公主。

军臣立刻举行大婚。但是，度完蜜月，他就派使者去跟刘启说：汉匈之间的关系破裂了，你们要承担责任。

刘启很纳闷，问道："此话怎讲，我大汉诚心和亲，刚送去新娘，你们单于就想变卦吗？"

使者说："既然是结为姻亲，就要拿出诚意来。你们汉朝自和亲以来，一直拿宗室女充当公主，没和亲诚意，这次送过去的也是假公主，骗了我们天地所生、日月所置的几代单于这么多年，原来我们的单于居然是你们诸侯王的女婿，这个账该怎么算才好？"

不用说，军臣突然纠缠这个问题，肯定是中行说撺掇的。之前和亲，匈奴从没在意过公主的真假。毕竟宗室女也是高贵的女人，且每一位宗室女都在行前接受过册封，公主身份毋庸置疑。中行说之所以要军臣这么做，无非是想通过无赖的外交逼迫、威胁汉朝就范，再送些好处来，在汉朝皇帝面前维持强者姿态，要刘启向匈奴服软。

这时，刘启刚从"七国之乱"的梦魇中清醒过来，正在想方抚平战争创伤，稳定国内秩序，不想节外生枝，与强大的匈奴翻脸，只好忍痛割爱，答应把亲生女儿嫁过去。就这样，刘启15岁的亲生女儿南宫公主泣别长安，踏上了不归之旅。

当然，此举也堵住了中行说的口，他再也无法拿公主的真假说事。

为了平息军臣的怒火，刘启又给他送去大批财物；为了表达友好诚意，刘启还命在汉匈边境开通关市，双方做起了生意。这令匈奴上层贵族十分满意，毕竟和亲得到好处的是单于本人，而关市开通使他们可以用马匹、牛羊去和汉人交换日常生活用品，从而能享用中原丰富的物产和各种精美的制品。

在此后10余年时间里，匈奴再也没有大规模入侵，双方相安无事。因为通过汉朝送给匈奴的财物以及关市的贸易，匈奴贵族的生活水平大幅度提高了，没有以前那种急迫抢掠的劲头儿。

突然崛起的刘启

公元前148年春，军臣在安静了十几年后，又忍不住手心发痒，想派兵翻越长城实施抢掠。但当他来到长城脚下，却惊奇地发现汉朝边境已悄然发生了变化：长城边塞上驻屯了一批很有战斗力的军队，更有一批让匈奴军队畏惧的名将坐镇。

原来，刘启含泪送别亲生女儿后，就发誓要改变这一现状，不能匈奴一南下，就忙着送公主过去。他一边积极发展经济，积蓄实力，一边着手培养和提拔一批战将驻守边塞。结果，一批名将脱颖而出，例如，李广、程不识和郅都等人都是名垂青史的名将。

郅都出任雁门太守，整军经武，严加防备。匈奴兵每次进犯雁门，必遭迎头痛击，惨败而去。匈奴兵对他畏惧如神，以致他去世后，匈奴人也不敢进犯雁门。匈奴人只敢在草原上用树枝扎成郅都的人像，用乱箭飞射泄愤。

李广更是留下了"飞将军"的千古美名。当初，匈奴入侵上郡时，李广率百余骑兵与匈奴数千骑兵相遇。汉军士兵想掉转马头往回奔，李广阻止他们说："我们离自己的大军有数十里之遥，现在如果以百骑逃走，匈奴人追上来，万箭齐发，我们立刻就会毙命。我们不如留下来，匈奴人必然以为我们是汉朝大军抛出的诱饵，引诱他们上钩，不敢攻击我们。"

于是，李广率部不退反进，一直走到离匈奴不到2里的地方才停下来。匈奴军队看见这一小股汉军竟然敢跑到自己面前下马解鞍躺在草地上休息，实在是摸不着头脑。

李广像

想来想去，他们果然如李广所料，认为面前这些汉军是汉朝大部队抛出的诱饵，后面必然有埋伏。

见匈奴人不敢前进，李广心里有底了，这时，一名骑白马的匈奴将领出阵瞭望，李广飞身上马冲上去，立即将那名匈奴将领射杀，然后镇定自若地回到队伍中休息。

这时天色已晚，匈奴士兵始终不敢进攻。到第二天早上，李广一觉醒来，才发现匈奴兵已经在夜里逃走。

除了培养和提拔将领外，刘启做得最出色的一件事，就是继续刘恒时期的政策——招募、徙民充实边地，大力发展养马业。在汉朝和匈奴和平的十几年里，汉朝的军马养殖颇具规模，属于官府的马匹就达到了40万匹。也就是说，汉朝可以组建起一支规模庞大、成建制的骑兵部队。有了庞大的骑兵部队，汉朝对付匈奴人就有底气了。

刘启非常重视骑兵建设。他将骑兵分为轻骑兵和重骑兵，有重点、有针对性地进行训练。轻骑兵基本无甲，武器以弓箭为主，骑乘较矮小灵活的战马；重骑兵身着铠甲，武器以戟、矛和环首刀等近战武器为主，骑乘高大健壮的战马，用于冲锋陷阵。这是汉军与匈奴军长期战争学习匈奴骑兵的成果。

十几年前，军臣将汉朝玩弄于股掌之间，对刘启咄咄逼人，而刘启不得不低声下气与他和亲休战。如今军臣和他的匈奴依然强大，但刘启不再理会他，一副兵来将挡的架势。汉军将士依托长城，严阵以待，一个个脸上布满了杀气。军臣这才意识到汉朝已经不是先前的汉朝，刘启已经不是十多年前的刘启。军臣率领匈奴大军在长城边上逗留了一阵，见无机可乘，只好退兵而去。

通过开关市，很多匈奴贵族已经习惯了使用汉朝的物品，向往汉人的生活，而中行说那一套不准用汉人的服装、不准吃汉人的饮食，让他们非常难受，觉得在匈奴生活非常压抑，因而一些人非常向往中原，渴望到中原定居。

公元前147年，不满军臣统治的匈奴徐卢、仆黯、范代和邯郸等小王和部落首领率众归降了汉朝。刘启忍辱负重十几年，总算有了点收获。连一些匈奴贵族都认为汉朝比匈奴更有前途，刘启怎能不兴奋呢？他不仅很大度地收留了那些昔日屠杀汉人的匈奴贵族，还封他们为列侯，让他们享受更为豪华奢侈的生活。

刘启这样做，只是想借此向匈奴贵族展示仁慈和大度，希望有更多的匈奴贵族脱离军臣，投奔汉朝。

越来越多的匈奴贵族离开军臣，投向了汉朝的怀抱。军臣很恼火，立即采取严厉的措施，加强对匈奴贵族的控制，但怎么控制也阻止不了匈奴贵族投降汉朝的脚步。

公元前145年，匈奴东胡王卢他归降了汉朝，被封为亚谷侯。卢他就是被刘邦逼反、逃入匈奴的前燕王卢绾的孙子。

匈奴贵族接二连三地投靠汉朝，这是匈奴由盛转衰的危险信号。

军臣不得不重新评估汉朝的实力，以制定有针对性的策略，挽回匈奴的颓势。但经过乐观评估之后，他不由得流了一身冷汗。以前，匈奴人之所以不把汉朝军队放在眼里，是因为汉朝没有成建制的骑兵部队，军队以步兵为主，而匈奴每个人都有马骑，甚至一个人有好几匹战马，因此匈奴军队能凭着超强的机动能力，出其不意、攻其不备，弄得汉军防不胜防，疲于奔命。如今汉朝"庶众街巷有马，阡陌之间成群"，属于官方的马匹就达数十万之多，且不说民间尚待征发的马匹。汉人的马甲和马鞍也得到了充分改良，他们在日常生活中也崇尚骑射，这意味着汉朝能组织起与匈奴骑兵同样优秀出色的骑兵部队。正因为如此，如今他们在匈奴人面前才有了空前的底气，而这种底气的膨胀，就意味着汉朝人要雪洗当年的耻辱，向匈奴人报仇雪恨。

军臣不肯坐以待毙，决定将敌人扼死在骨骼尚未健壮之前。在匈奴东胡王卢他投降汉朝后，军臣精心准备了一年，于公元前144年亲自率领匈奴大军大举进攻了上郡的汉军养马场，企图夺取汉朝的战马，让汉朝建立强大骑兵部队的希望落空。

这一战非常激烈。汉军死了2000多人，但军臣没有达到战略目的。汉朝援军很快赶来，摆出一副和他决战到底的样子，他只好撤军而去。

但军臣不死心，公元前142年又率军攻进雁门郡。雁门军民奋起抵抗。这场战斗同样惨烈，雁门郡太守冯敬战死，匈奴人也付出了重大伤亡，虽然攻克了雁门，终因无力继续南侵，不得不屠城泄愤后撤走了。

虽然两次入侵都没达到战略目的，但军臣还是有收获的。他发现，汉军虽然英勇，誓死作战，但大批援军到来后，战马成群，却无力向北追击。他认为，匈奴在军事上继续对汉朝保持着优势。毕竟汉人是农耕民族，并不是有了战马，就能成为优秀的骑兵。

匈奴人才是天生的骑兵，汉朝士兵要想成为优秀的骑兵，还需假以时日。因此，刘启没有看到汉朝骑兵马踏塞北的那一天。

公元前141年，刘启带着遗憾死去，他16岁的儿子刘彻继位，即汉武帝。

给匈奴送去小公主

刘彻继位之初，继续推行和亲政策。公元前137年，他派时年63岁的公孙弘出使匈奴，与匈奴结下友好关系。

汉朝皇帝很年轻，汉朝接下来会对匈奴采取什么政策，军臣心里没底，就决定利用公孙弘来访之机试探一下。

公孙弘见到军臣后，照例重申刘彻将延续先皇定下的和亲政策，继续与匈奴和平共处。军臣要求将刘彻的女儿送来匈奴和亲。公孙弘说皇帝很年轻，公主年龄太小，等成年后一定送来。同时，公孙弘又提出，刘彻打算恢复因军臣背盟而撤销的关市，每年继续赠送匈奴大批如金帛、丝絮等贵重礼物，数量甚至可以加倍。

在公孙弘面前，军臣非常傲慢，中行说也对公孙弘多方刁难，但公孙弘逆来顺受，低调应答，处处迁就，凭借其渊博的学识和儒雅的风度，将刁难一一化解。

军臣无奈。他已经过了血气方刚的年龄，暴戾之气减少了不少，况且，公孙弘说得头头是道，他也不得不正视现实。刘彻才十几岁，公主是个小孩子，让人家现在就送来，说不过去。这几年，互市关闭之后，汉朝又不给钱财和生活用品，匈奴人想越过长城去抢，又被守军阻击，难遂心愿，日子过得很窘迫，尤其是那些习惯了享受汉朝奢侈品的匈奴贵族很不适应，颇有怨言，恢复互市也好，至少可以缓和匈奴贵族的不满情绪。基于这样的考虑，军臣同意继续与汉朝和亲休战。

为了表示和亲的诚意，军臣表现得空前积极，不时派人带着几匹骏马来到长城要塞，由胡巫祈祷祝福后，送进关内转交刘彻，以示善意。当然，匈奴人抢掠的本性没有变，在和亲期间，匈奴军队仍不时小股侵扰长城边塞，弄得汉朝边境的军民群情激愤。

公孙弘带着军臣恢复和平的答复返回了长安，向刘彻复命。但是，他在匈奴的言行举止很不符合刘彻的心意。刘彻正值血气方刚的年龄，认为在傲慢无礼的军臣和百般刁难的中行说面前，公孙弘的言行太宽容迁就，丢了汉朝的脸面，就免了他的职务。

刘彻即位后，志在征讨匈奴，为先辈报仇雪耻，主和的老臣一个个被他冷落，一批主战的大臣受到了重用。他一面继续和匈奴和亲，一面开始为征讨匈奴进行军事准备。他让投降汉朝的匈奴人秘密训练汉朝骑兵，使汉朝骑兵的训练质量有了突飞猛进的提高。

在进行军事准备同时，刘彻又展开了外交攻势，从结交西域各国入手，削弱匈奴的实力。

当时，西域主要是指敦煌、祁连山以西，葱岭以东和天山南北的广大地区。西域分为两路，天山北麓是天然的优良牧场，已被匈奴占有，属匈奴右部，归右贤王和右将军管辖。天山南麓气候干燥，可耕种地区狭小，且难以放牧，在汉朝初形成了36国，多以农业为生，兼营畜牧业，有城离庐舍，故称"城离诸国"。36国从其地理分布看，由甘肃出玉门、阳关南行，傍昆仑山北麓向西，经且末、于阗至莎车为南道诸国。出玉门、阳关后北行，由姑师沿天山南麓向西，经焉耆、轮台、龟兹至疏勒为北道诸国。在南北道之间，是一望无际的塔里木大漠。西域的居民主要有氐、羌、匈奴、月氏和塞人等各族部落，人口总计约30余万。

在刘彻登基之前，天山南路诸国也被匈奴征服，归属常驻焉耆的匈奴僮仆都尉管辖。僮仆都尉往来于诸国，征收粮食和羊马，把焉耆变成了匈奴在天山南路的补给站。而葱岭以西的大宛、乌孙、大月氏、康居、大夏诸国由于距匈奴较远，尚未直接沦为匈奴的属国。

如果能联络西域各国，结成军事联盟一起夹攻匈奴，那么可以分散一些匈奴的兵力，战胜匈奴的把握就会更大一些。退一万步讲，即使不能与西域各国结盟攻击匈奴，只要能分化它们与匈奴的关系，让它们保持中立，就对汉朝征讨匈奴非常有利。

公元前138年，刘彻接到一份由匈奴叛逃到汉朝的人的奏报：当年老上击破月氏，将月氏王的头盖骨制成酒杯，月氏人一直立志报仇却苦于没有盟友相助。刘彻立即决定派人前往月氏，与其结盟，共击匈奴。在刘彻的授意下，年轻的张骞率领100名随从从长安出发，沿着河西走廊，向西进发，出使月氏。

张骞出使西域图

前往月氏，要途经匈奴境内。在经过匈奴辖区时，张骞等人被匈奴人抓获了。军臣得知张骞是出使月氏的使者，愤愤地说："月氏在我国北边，汉朝人怎么能往那儿出使呢？请问，如果我想派人出使南越，汉朝肯任凭我们的人经过吗？"

生气归生气。军臣也没怎么为难张骞，将他幽禁起来，还把一个匈奴女子嫁给了他，企图以此软化他，让他像中行说那样为匈奴人服务。

不过，刘彻此举还是让军臣有些担忧，因为扣留了张骞，难保刘彻不会派其他使者前往西域。中行说趁机煽动军臣断绝与汉朝和亲，趁早教训一下刘彻，让他打消对匈奴的异心。于是，军臣决定在和亲问题上大做文章。

公元前135年，军臣派使者前往长安，催促汉朝赶快送和亲公主。这时，刘彻才21岁，亲生女儿连10岁都不到。军臣这种做法，与当年冒顿要娶吕后的做法如出一辙，目的就是要激怒对方，挑起战争。他认为，刘彻年轻气盛，容易被激怒。

刘彻确实被激怒了。不过，他没有失去理智。他召集文武大臣，商议如何对应匈奴这次催亲。为此，主战派和主和派展开了针锋相对的辩论。

大行王恢平日里负责接待匈奴等各国使者，受尽了匈奴人的窝囊气，他劝刘彻与匈奴决裂，不必再送公主去塞外受苦。因为匈奴人毫无信义可言，这么多年来，他们总是在和亲后背盟，而汉朝为了求和，又不得不加倍送给他们钱财。这样反反复复不仅消耗了国力，而且让匈奴人变得更贪婪，总有一天，他们的要求会超过汉朝所能承受的极限，那时候，双方照样要决裂开战。况且，匈奴人口不过数十万，抵不上汉朝一个大郡，如果现在下决心一战，一定能打败匈奴。

但是，御史大夫韩安国提出了两个现实性问题：第一，汉朝从来没打赢过与匈奴的大规模战争，不能将一些边境上的小规模战术性胜利视为必然能战胜匈奴的例证。当年高祖皇帝率领身经百战的将士，尚且奈何不得了冒顿，更何况长期远离战争的我们。第二，匈奴人口是少，而且居住分散，与汉朝人口根本不成比例，但他们是游牧民族，没有固定的居住地，汉军出塞后，很难捕捉到他们的主力，与之决战，而匈奴人则能凭借他们超强的机动性，随时可以集结大军报复。汉人是定居的农耕民族，人民被土地拴着，不能离开故土，如此一来，谁的损失更大，还用说吗？

韩安国不是主和派，从军经验比王恢丰富，他这一席话赢得了绝大部分朝臣认可。年轻气盛的刘彻也意识到这时对匈奴作战没多大胜算，只得暂时按捺住雄心，将年幼的公主送了过去。

这是耻辱！他发誓要雪洗耻辱！

军臣见刘彻服软了，将公主送来了，又怀疑汉朝送来的公主是假的，想方设法欺凌和折磨公主，以激怒刘彻，挑起战争。他深信，目前匈奴对汉朝在军事上依然处于优势，汉朝实力正在崛起，只要挑起战争，就可以防止汉朝崛起，让它继续对匈奴低三下四。

第四章
乾坤逆转，匈奴丢城失地

对匈奴来说，刘启是个软蛋，但他却生了个"匈奴大克星"的儿子刘彻，并给刘彻留下了大量积蓄。昔日霸主军臣不敌刘彻，其继任者也不敌刘彻。刘彻一改对匈奴的和亲政策，派出大军攻打匈奴。卫青、霍去病、赵破奴等一改李广、程不识等人的防御战略，主动出击，利用骑兵对匈奴进行打击。匈奴损兵折将，大漠惨败，失去了河南地，丢失了阴山，丢失了河西地，丢失了西域属国，一连换了几任单于，都无法遏制败局。

在马邑燃起的战火

世上没有不透风的墙，军臣欺凌和折磨小公主的事被在汉匈之间从事贸易的聂壹知道了。聂壹告诉了王恢。王恢是主战派，聂壹是他借贸易之名派去刺探匈奴情报的。王恢的算盘打得很精，通过聂壹去匈奴贸易，既能从中获利，又能源源不断地获取匈奴的情报，一旦汉朝与匈奴绝交开战，他就有建功立业的资本。

王恢得知公主在匈奴受到虐待，非常气愤。聂壹也想建功立业，从一个走私商变成朝廷命官，从体制外进入体制内。他向王恢献计说，匈奴因为刚和亲不久，对汉朝的警惕心不高，而且对边民很信任，如果将公主受虐一事上报朝廷，说服朝廷下定决心用武力抗击匈奴，由他去引诱军臣率领匈奴人进入边境，届时汉军在边境设下埋伏，可将他们一举歼灭。

王恢上次在朝廷辩论中输给了韩安国，内心有些不服气，见聂壹出了这样一个好主意，他心里很高兴，决定轰轰烈烈地干一场，以图青史留名。

在朝廷上，王恢通报了公主在匈奴受虐一事，痛斥军臣野蛮无礼。这激起了满朝文武的愤慨。主战大臣们纷纷要求给匈奴人一点颜色看看，王恢趁机向刘彻推荐聂壹。

聂壹讲了公主在匈奴的遭遇，还有他在匈奴的见闻。他对匈奴的习俗、上下关系、人事纠纷、军队建制、战斗能力、作战方式等如数家珍，这些都是刘彻感兴趣的。最后，他悲愤地请求刘彻征讨匈奴，他愿意为国出力，尽其所能。

刘彻没有当场表态，事后私下找来王恢和聂壹，对他们说："你们说要打匈奴，这个仗该怎么打？"王恢提出了在马邑设伏的方案：现在汉朝正与匈奴和亲，匈奴必无防备，如果在马邑设置伏兵，让聂壹引诱军臣率军进入马邑，可一举击杀匈奴。

刘彻想了想，又征询了身边重臣的意见，觉得此计可行，就着手实施。

公元前135年6月，刘彻任命御史大夫韩安国为护军将军，统辖诸将；任命卫尉李广为骁骑将军；太仆公孙贺为轻车将军；太中大夫李息为材官将军；大行王恢为将屯将军，总计征发30余万车骑兵，前往马邑附近，准备伏击匈奴大军。

根据刘彻的授意，韩安国将汉军分为5路：韩安国、李广、公孙贺三人各率领一队人马，分别埋伏于马邑旁边的句注山中，负责伏击匈奴大军的主力；王恢和李息各率领一队人马潜伏在代郡，负责在伏击战打响后截击匈奴人的辎重，配合追击匈奴败兵。

部署军队的事情完成了，剩下的事情就看聂壹能不能将匈奴大军引诱到伏击圈了。

聂壹前去拜见军臣，军臣对他并不陌生。先前，汉朝关闭边境互市，导致匈奴贵族日常使用的奢侈品奇缺，贵族们很不满，多亏了类似聂壹这样的走私商人及时帮助他解决了这个问题，大家的情绪才得以平息下来。因此，军臣对聂壹是心存感激的。军臣见了聂壹，问他这次带来了什么宝贝。

聂壹说他是来寻求保护的，汉朝打击走私，马邑县令和县丞平时对他搜刮盘剥，拿了他很多

汉武帝刘彻像

好处费，现在却不给他提供保护，导致他手中的一大批货被扣在马邑。家人也被扣留，他是只身逃出马邑城的，请求军臣收留他，帮他报仇雪恨。聂壹说，他是一个商人，不关心两国政治，一心只想发财，汉朝对他无情，他也对汉朝无义，他愿意潜回马邑，杀死马邑县令和县丞，将长城关隘打开，放匈奴人入关，然后杀向长安。

军臣见聂壹说得那样悲情，丝毫没有怀疑。他有一段时间没有进入中原了，现在手头也紧，能趁机去抢一把也是件好事，如果能打到长安，把汉朝一举征服，那就再好不过了。

于是，军臣派聂壹潜回马邑刺杀马邑县令和县丞，他召集了十多万骑兵，悄悄地向马邑周边聚集，只等聂壹将马邑县令和县丞杀掉后打开长城关隘，匈奴人就从马邑进入长城内，大肆侵犯汉朝。

聂壹回到马邑，杀了一名囚犯，将囚犯的脑袋挂在马邑城头，派人对匈奴说马邑县令和县丞已被刺杀，他已经完全控制了马邑，专等匈奴大军到来。

为了防止军臣中途变卦，不按照他的预期设想进入伏击圈，聂壹又叫人把马邑的牛羊马等牲畜全放到野外作为诱饵。

军臣率领十余万匈奴骑兵南下，悄然向马邑靠近。很快，匈奴大军就来到离马邑100多里的武州塞。军臣见牛羊遍野，却无人放牧，心里大喜。因为，这意味着聂壹杀死马邑县令和县丞后，城里一时陷入混乱，牛羊没有主人，成群地跑到野外吃草。不过，大喜之后，他还是有些怀疑。毕竟成群的牛羊一下子逃到百里之外，还是让他有些难以理解。于是，军臣下令大军停止前进，派出小股部队前去侦察。

凑巧的是，匈奴兵抓获了正在巡视的汉朝雁门尉史。军臣见他是汉朝的巡逻官员，想杀了他，没想到这个尉史为了活命，将汉军在马邑埋伏的情况和盘托出。军臣大惊，于是他赶紧下令撤军，直至走出边境，他才惊魂未定地说："我得到尉史，这是天意，是上天让他把这个情况报告我的。"于是，他封那个尉史为"天王"。

由于之前汉朝军队之间有约定，单于进入马邑城后，再纵兵士攻杀。如今单于未到马邑，马邑附近的汉军无一出击，而汉朝将军王恢的军队埋伏在代郡，负责攻击匈奴的辎重，追击败兵，听说单于大军已回，兵卒多，也没有率部出击。

刘彻认为，王恢是这次伏击战的主要划策者，看见单于大军退却却不敢出击，贻误了战机，因而杀了王恢。

脱险后，军臣单于回想起这件事，对刘彻恨得咬牙切齿。不过，愤恨之余，军臣也有几分欣慰和自信：伏击我匈奴大军这样的军国大事，居然让一个小小的雁门尉史知道得一清二楚；派人来诱骗我，居然找了个忽视放牧细节的外行人。看来刘彻并不比他的先辈们强。想到这些，军臣决定寻机率军翻越长城，狠狠地教训一下刘彻。

刘彻与军臣的虎狼之争

客观地说，比起冒顿、老上两位单于的雄才大略来，军臣要略逊一筹。在与汉朝博弈中，他不如前两任单于游刃有余。因此他在接受和亲政策后，基本与汉朝保持了和睦相处的关系，尤其是在刘启时代。这恰恰是他最大的失策。因为匈奴的人口基数太少，游牧生活方式无法使匈奴人像汉朝那样在几十年里就能将人口和国力翻上几番，与汉朝和睦相处，休养生息，等于是让汉朝这只"病虎"恢复元气，并急剧强壮起来。

强壮起来的汉朝是猛虎，而匈奴始终是狼。狼群的机动性再强，终究不能将老虎怎么样。对此，中行说一直保持着清醒的头脑。他经常劝说军臣不要让汉朝休养生息、缓过劲儿来，要对它保持进攻势态，不断骚扰，阻止它崛起。但是，军臣贪图汉朝的美女和财物，虽然认为中行说的建议很对，但并没有将他的建议贯彻到底，致使汉朝在刘启在位期间人口和财富急剧增长，民间和官方蓄养的战马不断攀升。

看到汉匈之间实力的此消彼长，中行说忧心忡忡。在他看来，照这样下去，匈奴迟早会在与汉朝的博弈中败下阵来。而汉朝的马邑伏击战虽然没能取得成功，但还是让军臣惊出一身冷汗，也让中行说重新得到重用。不过，这时匈奴与汉朝的国力差距实在太悬殊，虽然中行说竭忠尽智，但汉匈之间的格局和大势已经不是凭他一己之力所能改变的了。

马邑事件之后，军臣一气之下，断绝了与汉朝的和亲关系。匈奴军侵入汉朝边境抢掠的频率史无前例地提高。在渔阳和上谷两地，有成千上万的汉朝官吏军民被杀。匈奴人焚烧城镇、践踏庄稼、破坏田园。军臣企图通过不断骚扰，让汉朝军队疲于奔命，削弱汉朝实力，然后再寻机大举进攻中原腹地。

对于匈奴人的报复，刘彻早有心理准备。但由于内部诸侯问题尚未摆平，他无法集中全力对付匈奴。

公元前130年，江都王刘非上书，请缨率军出击匈奴。刘非是刘彻的同父异母弟弟。对于他的报国热情，刘彻不置可否。这时，刘彻正在琢磨如何削藩，加强中央集权，自然不想再给各诸侯接触兵权的机会。不过，他知道各诸侯属下的将士们是可用的。于是，刘彻下诏立法："雍阏求奋击匈奴者，格明诏，当弃市。"也就是说诸王敢压制属下出击匈奴的，格杀勿论。

于是，各诸侯手下将士为了升官发财，纷纷表示愿意为朝廷抗击匈奴。刘彻顺势封他们为将，调离王国，加以笼络，将他们收归在自己的旗下。这不但削弱了诸侯王的实力，更增强了刘彻叫板匈奴的底气。

军臣虽然不时下令匈奴骑兵侵扰汉朝边境，但并未做好与汉朝完全决裂的准备。毕竟匈奴在盐、铁等战略物资上，完全依赖于汉人，加上匈奴贵族喜欢汉朝的丝帛等奢侈品，所以他们一边与汉朝交战，抢掠人口和财富，一边又与汉朝在边地的关市通商。

刘彻敏锐地捕捉到了潜藏在关市中的战机，决定借关市通商之利，打击匈奴人。他下令对上谷（今河北怀来县）、代郡（今内蒙古蔚县）、雁门

（今山西省右玉县）、云中（今内蒙古托克托县）等地来关市通商的匈奴人进行大规模袭击，切断匈奴的战略物资来源，并且在公元前129年采取了一次大胆的军事行动。

这次军事行动大出军臣的意料，因为，历次汉军行动都是在长城内侧调兵遣将，进行防御作战，而这一次，汉军竟主动越过长城，向塞外发起了进攻。也就是说，汉军与匈奴的博弈从战略防御开始转变为战略进攻了。

骠骑将军公孙敖率领1万骑兵从代郡出发，攻击匈奴，遇到了匈奴骑兵，被匈奴人打得大败，伤亡了7000骑兵。

骁骑将军李广率领1万骑兵从雁门出发，深入匈奴境内，与匈奴军主力相遇，寡不敌众，战败被俘，幸好在被押解去见军臣的途中瞅空抢了一匹好马，得以逃回京师。

卫青像

轻车将军公孙贺率领1万骑兵从云中出发，一路上没有遇到匈奴人，无功而返。

车骑将军卫青率1万骑兵从上谷出发，一路杀到匈奴龙城（今多伦附近），斩杀了700匈奴骑兵，终因找不到匈奴的主力军，不得不撤回。

汉朝的首次主动出击，虽然以失败告终，但意义重大。

对汉朝来说，卫青脱颖而出，让刘彻看到了战胜匈奴的希望。而这次军事行动对匈奴人的震撼更是巨大的，因为龙城是匈奴人每年集会祭天的地方，是匈奴人的圣地，汉军屠杀了龙城，让匈奴人产生了不祥之感。军臣清楚地意识到，汉匈双方的战略态势已经发生了逆转。刘彻虽然在战略筹划上略显稚嫩，但他霸气十足，汉匈之间的对决已经不可避免。

这次大战后，军臣迅速做出反应，决定加大对汉朝边境的骚扰力度，让汉朝人疲于应付。这年冬天，彪悍的匈奴精锐骑兵频繁进入渔阳，大肆烧杀抢掠。边疆告急的消息不断地传来，刘彻不得不将老成持重的韩安国派到那里驻防。

匈奴仍然是悬在汉朝头顶的一把利剑。刘彻和他的将军们所要做的是趁这把剑还没有落下来时，斩断匈奴人的双臂。

汉朝君臣们在紧张而有序地筹措着，这时，匈奴却露出了不稳定的苗头。军臣已老迈虚弱，时日不多，谁将在军臣之后继承单于的宝座成了一个令人头疼的问题。他很想传位于心爱的儿子於丹，但是，他弟弟伊稚斜很成气候，国人纷纷向着他。他想除掉伊稚斜，又怕引起匈奴内部震荡，给汉朝人以可乘之机。匈奴上层开始出现分化，支持於丹的人和支持伊稚斜的人分成了两派。在汉朝磨刀霍霍的关键时刻，匈奴内部剑拔弩张，杀气腾腾。

就在这时，原本被匈奴人幽禁的张骞逃出了匈奴，到达了月氏。遗憾的是，月氏王对张骞并不热情。原来，月氏被老上攻灭后，月氏王后率领月氏残部西逃，征服了大夏国，在新的土地上另建家园。他们有了新的乐土，逐渐忘记了对匈奴人的仇恨，不愿再与汉朝结盟抗击匈奴。张骞在月氏待了一年多，虽然没有说服月氏王，但成功拉拢了西域的大宛、康居以及被月氏驱逐的大夏等国，摸清了西域诸国的人文、地理、民俗等情况。经过细人分析后，一个新的目标在张骞心中逐渐清晰起来——西域新兴强国乌孙。张骞前往乌孙，说服了乌孙王。

张骞不愧是天才的开拓者和宣传家。在他的努力下，西域被匈奴奴役和压迫的民族和国家纷纷表示愿意与汉朝通好。张骞带着成功的喜悦返回汉朝，不幸的是，在途经匈奴境内时，他再次被匈奴人抓获。军臣见到张骞，非常气愤，下令将他关押起来，不过，仍然没有杀他。重新抓获张骞是军臣不幸中的万幸，如果让他这时返回长安，让汉朝趁热打铁，联合西域诸国进攻匈奴，匈奴就惨了！

老迈的中行说依旧跟随军臣左右，帮他出谋划策。汉匈双方都一派忙碌。

在卫青成功突袭龙城几个月后，刘彻派能言善辩、谈吐幽默的枚皋出使匈奴。这是汉朝放出的和平烟幕弹，军臣对此心知肚明，当然不会被枚皋所忽悠。枚皋回去后，军臣立即着手筹划军事进攻汉朝的计划。

刘彻也在策划一场战争，并将矛头指向了河南地。

匈奴丢失河南地

河南地，即今天的河套平原，是夹在贺兰山、阴山和鄂尔多斯高原之间的平原。大河贯穿其中，这里地势平坦、土壤肥沃、水草丰美，宜耕宜牧，是汉匈双方都志在必得的战略要地。这里出入北地、上郡非常方便，更重要的是，这里距长安不足千里，匈奴骑兵一两天就可直入关中，使长安处于匈奴的威胁之下。对于汉朝来说，匈奴人占据河南地，就好比是在背后插了一把锋利的尖刀，让人寝食难安。汉朝要大规模反击匈奴，首先必须收复河南地。

刘彻还在仔细盘算着如何收复河南地，没想到军臣就主动打上门来了。

公元前128年秋，军臣命令匈奴兵分三路，同时突破长城，大举入侵。东路大军2万骑兵猛攻辽西郡，杀死了辽西太守，抢掠了辽西百姓2000余人。中路军攻击渔阳郡，击败了渔阳太守所部人马1000余人，随后围攻汉朝名将韩安国所部。韩安国手下只有1000多名骑兵，几乎全部战死。幸好燕王及时领兵来救，才保住了渔阳。军臣亲率西路大军攻击雁门郡，打败了雁门校尉，杀死了汉军1000余人。

一时间，汉朝北方边境同时告急，匈奴大军大有攻破长城、直捣长安之势。军臣看到如此振奋人心的局面，欣喜异常，心想：刘彻这回该服输了，该会迅速派使者送公主来和亲，带上丰厚嫁妆，赔礼道歉。

但是，军臣没等来刘彻服输，相反，刘彻派卫青率军前来应战。在北方边境全面告急之时，刘彻想到了卫青。

卫青是何许人也，刘彻为什么如此信任他？卫青是刘彻的郎舅。他跟姐姐卫子夫原本是刘彻姐姐平阳公主的家奴，他在平阳公主府中专门负责养马，有空就练习骑马、射箭，喜欢舞刀弄枪，练就出了一身好武艺和马上功夫。

刘彻在平阳公主府中看中卫子夫，将她迎入宫中纳为妃，后来皇后陈阿娇失宠，卫子夫随之被立为新皇后。而此时的卫青也已经成为英俊的小伙子，他武艺高强，头脑灵活，被寡居的平阳公主看上，招做了驸马，摇身一变，既做了刘彻的郎舅，又是他的姐夫。

卫青从奴隶到皇亲国戚，需要建立点功勋树威，而刘彻需要懂骑马打仗的人率兵去攻打匈奴。卫青不负众望，他军事素质过硬，第一次率领小队人马出征，就在众多汉朝将领中脱颖而出——在第一次出塞攻击匈奴的战争中一枝独秀，让匈奴的龙城蒙羞，让其他名将黯然失色。刘彻深信，卫青这次同样能创造奇迹。于是，他把汉朝骑兵中最精锐的3万兵马交给了卫青，下令他率军火速赶往雁门郡，同时，他又命李息率兵出代郡，声援渔阳。

接到刘彻的命令后，卫青率领汉朝的精锐骑兵，日夜兼程，以必死的决心向匈奴军队发起了攻击。卫青冲锋在前，将士们哪敢落后？一个个表现得特别英勇，匈奴大军很快就倒下了数千人。

军臣目睹了卫青率兵冒死拼死的一幕，第一次有了胆寒的感觉。眼看匈奴大军抵挡不住，为了保存实力，他下令撤退。他的如意算盘打得很好，引诱卫青率军追击，等到了草原深处，将他围而歼之。出乎意料的是，年轻的卫青并未率军追击，在击退匈奴主力后，他下令军队进入塞内，严密防守。

眼看形势一片大好，却被卫青搅局挫败，军臣羞愤难当，发誓要挽回面子。公元前127年正月，趁着汉朝人正沉浸于新年喜悦之中，军臣命匈奴左贤王率军攻击汉朝东北部的上谷、渔阳二郡。汉朝名将韩安国率领700余人出战，负伤败阵，只好退守不出。匈奴掳掠了1000余百姓及无数牲畜。

刘彻此刻正在加紧谋划夺取河南地。为了迷惑军臣，隐蔽战略意图，刘彻一面命韩安国屯兵右北平（今辽宁凌源西南），防御匈奴突破东北防线；一面实施大迂回作战方针，以主力攻击匈奴右部。

而年迈的军臣对刘彻的计谋毫无所察，他依然采取老套路，将进攻重点放在汉朝东北方向。那里远离汉朝统治中心，匈奴入侵时，汉军及时援救困难，这里一旦突破，前方就是广阔的平原，物产丰富，要攻击要抢掠都很方便。

军臣将兵锋指向了渔阳、上谷二郡，韩安国受命艰难地进行抵抗，不惜一切代价顶住了匈奴的骑兵攻击。同时，刘彻命令卫青和李息率领5万精锐骑兵经过榆溪旧塞，向北离开云中，然后向西北急进，沿着外长城直指高阙（今内蒙古航棉后旗西北），再向南折回，架桥渡过北河，接着又沿黄河和贺兰山麓折回陇西，完成了对河套及其以南的战略包围。

整条进军路线呈马蹄溜形状。卫青和李息之所以要采取马蹄形的行军路线，就是为了截断驻扎在高阙以北的右贤王主力，使他不能援救白羊和楼烦两部，从而能够集中力量，一举歼灭白羊部和楼烦部。当卫青和李息完成对河南地的迂回包围时，此地的匈奴军队尚未结集起来。卫青和李息趁机率军向匈奴白羊王和楼烦王发动了大规模进攻。

白羊王和楼烦王率领匈奴军慌忙迎战。卫青和李息带着对匈奴的仇恨，率领5万精锐骑兵奋力拼杀，猛烈冲击。他们一举击溃匈奴大军，活捉了匈奴官兵5000余人，牛羊百余万头，杀死匈奴军民不计其数。白羊王和楼烦王仓皇向北逃跑。卫青和李息率军追击，全部收复了河南故地，取得了自汉朝建以来，汉军对匈奴之战的前所未有的胜利。这一战不仅解除了匈奴军对汉朝统治中心的威胁，还一扫之前汉朝内部的"恐匈症"，提高了民族自信心。

河南之战后，卫青凭着显赫的战功被封为长平侯，卫青的校尉苏建被封为平陵侯，张次公被封为岸头侯。

整个汉朝沸腾了，民众奔走相告，一扫汉初以来数十年的屈辱。他们热血澎湃，激情高涨，一个个深信：大汉天威远扬，从此不用害怕匈奴人了！

从此，无数热血男儿辞别亲人，离开家乡，奔赴边关，加入攻打匈奴的行列中。中国民间的尚武精神在这时达到了一个高峰。

为了扩充军队，刘彻恢复秦朝开创的惩罚犯罪官吏和商人从军的制度，并扩充为"七科谪"，即犯罪的官吏、逃犯、上门女婿、商人、有市籍（经官府准许在特定市区内营业的商人的特殊户籍）者、父母有市籍者、祖父母有市籍者都要无条件从军打仗。

于是，汉朝军队的编制空前庞大起来。众多人怀着保家卫国、立功封侯的决心，积极参军，形成了对匈奴作战的强大合力。

收复河南地后，刘彻采纳了主父偃的建议，在河南地、朔方地区设立朔方郡，移民屯田，他先令汉将苏建征发10万人修筑朔方城，并修复了蒙恬遗留的要塞和防御工事，又招募了一些流民来防守。

朔方郡的设置宣告河套正式成为汉朝的一部分，也意味着汉朝结束了自开国以来的消极防守政策。

刘彻扬眉吐气的快感是可以想象的，军臣的震惊更是可以想象的。他知道失去河南地意味着什么，他所要做的就是：复仇，复仇，再复仇，夺回河南地！

军臣立即组织军队对汉朝进行反扑。他命令数万匈奴骑兵猛攻汉朝的代郡、雁门和定襄三地，实施疯狂的烧杀抢掠。由于河南地属于右贤王管辖，夺回河南地的任务自然也落到了右贤王身上。右贤王怀着报仇雪耻的心态率军猛攻朔方郡。

面对军臣的疯狂报复，刘彻命令太行山以东所有郡县都大规模征发人力、物力支援前线，国库耗费达数千万钱，以致多年积蓄为之一空。同时，为了达到保卫朔方郡这一战略要地的目的，他下令放弃上谷的造阳，以收缩防御战线。匈奴人顺势夺取了造阳。

双方僵持了一段时间，匈奴人始终无法攻破朔方郡。军臣逐渐由最初的愤怒恢复了冷静。他知道和汉朝拼消耗，是拼不起的。虽然匈奴可以继续对汉朝进行分批次的突袭和骚扰，但此举无法逆转整个战略优势。

军臣不得不重新考虑如何恢复和提升匈奴的实力，而一旦他放弃袭击，又等于给了汉朝更多休养生息的机会，更要命的是，很多匈奴贵族把失去河南地的责任也归咎于军臣，越来越怀疑他的领导能力，一股反对他的力量正在蠢蠢欲动。军臣在悲愤之余，第一次对匈奴的前途感到了悲观和失望。

阴山，匈奴永远的痛

刘彻收复了河南地后，顶住了匈奴人的疯狂报复，稳定了边疆。但他没有就此打住，又把下一个攻击目标指向了阴山地区。

阴山在河南地北边，由西向东横亘，是一条庞大的山脉。那里山谷绵延，水草丰美，是匈奴的生息繁衍之地。匈奴单于的单于庭就设在阴山南麓。据史籍所称，匈奴失掉阴山后，过之者无不痛哭。可见阴山对匈奴生存的重要性。

河南地本是阴山南麓的屏障，如今河南地为汉人所夺取，匈奴单于庭就等于直接暴露在汉军的攻击矛头之下。失去河南地之后，匈奴之所以立即发动了大规模报复行动，一是想夺回河南地，二是想打乱汉军部署，阻止他们大举进攻阴山。不过，这并不能从根本解决问题，汉朝已经崛起，而且变得异常强大，而风烛残年的军臣已经不再有力挽狂澜的机会了。

公元前126年冬，军臣在忧愁和愤懑中死去，而他的长子左贤王於丹还未来得及登基、接掌他的单于之位，就得到了得到敌军逼近的消息：他的叔父左谷蠡王伊稚斜谋反了。於丹根本不是伊稚斜的对手，经过一场混战，忠于於丹的匈奴军队被击败，於丹在悲愤中率领残部投靠了汉朝。

刘彻见匈奴内讧，又见於丹来投降，心情大好。刘彻知道於丹是匈奴正统，留下他，汉朝对匈奴作战，可以视为替於丹恢复单于之位而战，更多几分正义，可以进一步分化和瓦解匈奴人。于是，刘彻痛快地接纳了於丹，封他为涉安侯。可惜刘彻的如意算盘还没来得及实施，於丹就死了。好在被关在匈奴的张骞等人，趁着匈奴内乱之际顺利逃回了汉朝，并带回了西域各族人民与汉朝通使结盟的愿望。这也让刘彻大受鼓舞。

伊稚斜得到了很多匈奴贵族的支持，当上单于之后，立即着手树立他作为卓越统治者的英雄形象。他下令匈奴军队准备向汉朝发起大规模进攻。

公元前125年夏、秋，匈奴数万骑兵先后攻入代郡、雁门，杀了代郡太守共友，造成两地汉朝军民死伤被掳各1000余人。

第二年，匈奴又分别派遣3万骑兵攻入代郡、定襄、上郡，汉朝军民又损失了数千人。

面对伊稚斜的进攻，刘彻不得不重新衡量对手，部署兵力。他暂时放弃了征服西南夷的计划，倾全国之力与匈奴较量。他改变策略，决定全面防御，重点反击。

在匈奴各部的进犯中，右贤王表现最积极。于是，刘彻把重点反击的目标对准了右贤王。

公元前124年，刘彻任命卫青为统帅，率领汉朝精锐计10余万人去偷袭匈奴右贤王部。

为了麻痹匈奴人，卫青派李息和张次公率军从右北平出发，进攻匈奴左贤王的领地，实施战略牵制，他本人则率领主力直接进攻匈奴右贤王部。

右贤王因为在前不久攻掠汉朝时抢夺了不少人口和财物，此刻心情特别放松，他认为汉军虽然敢进入匈奴境内作战，但仅仅是限于边境不远的地方而已，他的王庭距离汉朝边境有700里，足以保证安全，再加上这时气候不佳，不是用兵的季节，汉军不可能在这个季节深入匈奴境内发动进攻。

但是，不可能的事情变成了现实。卫青率领汉军悄悄地朝着右贤王的大帐靠近。右贤王安然醉卧在帐中，直到半夜时分才被左右摇醒。左右告诉他：汉军已经包围了王庭！右贤王大惊失色，脱口而出：跑！

他带上一名爱妾，率领数百精锐骑兵，趁着主力与汉军酣战之机，突围溜走了。

右贤王逃走后，匈奴官兵群龙无首，乱作一团，最后一个个丢掉武器，举手投降。这一战汉军共捕获了匈奴男女15000余人，其中有右贤王下属的裨王（小王）10余人，至于财物兵器，更是不可胜数，仅牛羊牲畜就达数百万头之多！匈奴右翼从此一蹶不振。

卫青率军凯旋。刘彻派人手持大将军印前往军中，任命卫青为大将军，统管北方边塞的诸将，增封卫青的食邑8700户，卫青三个儿子也被封为列侯。那些跟随卫青出战的将领，只要有擒王之功的，全都封了侯。

但是，在辉煌的胜利背后，汉朝经济也趋于恶化。在连续几年的征战中，汉军的人员损失虽然不是很大，但马匹消耗惊人。优良战马损失了10余万匹，而由内地转运到前线的兵甲、粮食等战略物资也花费非常大。

为了保持作战能力，刘彻大刀阔斧地进行了经济改革。他将盐、铁收归国家专营；改革币制，铸造不易假冒的新五铢钱；改革税收和进贡制度，实行均输平准制，将贡物运至售价高的地区，来回倒卖赚钱后，再采购中央政府所需物资，运至京城；实行算缗、告缗制度。算缗是政府向工商业主征收的财产税。为了打击逃税，刘彻宣布，凡隐瞒不报或报而不实者，一经查出，处罚戍边一年，没收全部财产，并鼓励知情者检举揭发，规定凡揭发者，奖给所没收财产的一半，叫做"告缗"。通过经济改革，刘彻解决了军费问题，使汉军又具有了与匈奴持续作战的能力。

右贤王主力被摧毁，对伊稚斜打击很大。为了挽回不利局面，伊稚斜不得不采取高频率的小规模突袭，迫使汉朝改变作战计划。

他亲自指挥万余骑兵进攻代郡，杀死了汉朝代郡都尉朱英以下千余人。汉朝的都尉是仅次于将军的军官，属于两千石以上级别。在伊稚斜看来，这一次出击的战果还是不错的。

刘彻意识到汉军在阴山一线的胜利并不牢固，如果不能尽快对匈奴进行有力打击，那么汉军的优势很快会消失殆尽。

公元前123年春，刘彻命令大将军卫青率领大军直捣匈奴的单于庭。

卫青亲自率军从定襄出发，向匈奴国境内发起进攻。伊稚斜得知汉军进攻匈奴的消息，也不示弱，立即率领本部人马迎战。不久，伊稚斜率领的匈奴主力与卫青率领的3万汉军主力相遇。两军展开恶战。卫青指挥汉军奋勇拼杀，杀死了3000多名匈奴人。伊稚斜见状，决定拼全力剿杀卫青，命令匈奴人全力向卫青压过去。卫青见匈奴单于的主力人数远胜于己，就撤到定襄云中一带，依托堡垒要塞，积极防守，寻机出击。

由于匈奴军不善于攻坚战，伊稚斜无奈，只好撤回了阴山地区，积极做好再次抗击汉军的准备，同时结集全匈奴的兵马，寻机向卫青发起攻击。他心里很清楚，卫青是汉军的灵魂，所部为汉军精锐，只要能打败这支汉军，杀死或者擒拿了卫青，才能真正地震慑汉朝。而这种主力决战是匈奴扭转不利局势的最有效途径。

卫青率领骑兵在堡垒要塞里修整了一个多月，又率领汉军从定襄出发，向匈奴腹地推进。到达阴山地区时，他们遭到了伊稚斜率领的匈奴主力军的伏击。

卫青从容镇定，下令汉军接战。双方都认为这一战为决定性的一战，因此都拼死搏杀，战况异常激烈。

这时，匈奴左贤王率领匈奴大军从东北方向前来支援伊稚斜，汉军的前军赵信和右军苏建被匈奴军里外夹击，处境相当不妙。卫青当即命令赵信与苏建合兵一处，以确保主力右侧的安全。

匈奴左贤王率军参战的目的就是与单于的军队两线夹击，歼灭汉军的主力，当然不会让汉军前军和右军会合。左贤王下令匈奴军全力阻止。

鏖战数日后，汉军前右两军伤亡了3000多铁骑。赵信原为匈奴降将，降汉朝后被封为翕侯。这时，他见其军死伤过半，竟然率领800骑兵投降了匈奴。左贤王非常高兴，接纳了赵信，并加强向苏建所部进攻。苏建所部只好苦苦支撑。

卫青得知赵信率领800骑兵投降了匈奴，苏建正率军正与匈奴左贤王部苦战，立即让部将打着他的旗号，统率大部队与伊稚斜继续鏖战，亲自率少数精锐骑兵前去援助苏建。卫青很清楚，苏建所部能不能战胜左贤王，决定着这场决战的胜负，而苏建所部是难以阻挡左贤王的，只有他亲自前往打败了左贤王，才可能赢得最终的胜利。

卫青率援军对匈奴左贤王所部发起猛攻。左贤王所部的匈奴军不知汉军援军有多少，又听说是卫青亲自率部来援，顿时没有了底气。在卫青率部进攻下，左贤王大败而逃。卫青救出了苏建等人后，随即回师，与主力合兵一处，全力对付伊稚斜。伊稚斜听说左贤王已经败退，意识到决战取胜的希望不大，也只好撤兵而去。

这一战，汉军前后共杀死和俘获匈奴人19000多人，而汉朝也损失了两位将军和他们统领的3000多骑兵。不过，伊稚斜率领的主力尚未受到重大损失，他得到了赵信及他率领的800骑兵，对汉军也是一种打击，因而并不气馁，依然有信心与汉军决战。

这赵信本是匈奴小王，降汉之后在卫青的军队中担任前将军，熟知汉朝政治、军事、经济形势，为了笼络他，伊稚斜封他为"自次王"，又把姐姐嫁给了他。赵信非常感动，也全心全意地为伊稚斜出谋划策，他告诉伊稚斜，匈奴必须改变策略，避免与汉军主力决战，只需长年保持侵扰汉朝，持续消耗汉朝，让汉军疲于奔命，再好好利用它的国内矛盾，因势利导，汉朝就会重蹈秦朝灭亡的覆辙。

霍去病像

伊稚斜闻言大喜，决定暂避汉军锋芒，率领匈奴主力离开阴山，徙居漠北，以逸待劳，等待时机。同时，他留下少数精锐部队不时入侵抢掠，骚扰汉军，使他们疲于应付。

然而，伊稚斜还未实施那些战略，就传来了噩耗：单于庭被端了！原来，卫青属下年仅18岁的霍去病率领手下800精锐骑兵长驱直入匈奴后方数百里，一连斩杀了2028人，捕获匈奴的相国、当户等高官，杀死了伊稚斜的外祖父行籍若侯产，把他的姑父罗姑比也抓走了。

不过，大政方针已定，当然不能动摇。噩耗传来，伊稚斜悲痛了一阵，就毫不犹豫地率领匈奴的主力退到了漠北。

汉军这一战虽然没达到歼灭匈奴主力的目的，但巩固了汉军在阴山一带的防线，还发现了霍去病这个天才将领。不久，刘彻封霍去病为冠军将军，着手筹划新的战争。

伊稚斜将匈奴单于庭迁徙到漠北，重走当年头曼单于的老路，他能依托漠北，实现复兴匈奴的梦想吗？

伊稚斜再失河西地

伊稚斜听从赵信的建议，将匈奴的单于庭迁到漠北，一则为了避免与汉军主力决战，二则想诱敌深入，借此逼试图速战速决的汉军追击，等到汉军深入疲乏时，进行包围歼灭。可没想到刘彻并没命令汉军尾随跟进，转而将兵锋指向了河西。看来，他低估了刘彻的战略眼光。

所谓河西，即河西走廊。在甘肃祁连山南麓，有一块东南—西北走向、长约2000里的狭长谷地，因地处黄河以西，故称"河西"。它连接着内蒙古高原和青藏高原，土地肥沃，水草丰美，战略地位非常重要。

张骞从西域归来，虽然带回了月氏人无意和汉朝夹击匈奴的消息，但同也带回了西域诸国的相关消息。他建议刘彻经营西域，取得西域，不仅可以"广地万里"，获取"天马"、"奇物"，还可以断匈奴的右臂。漠南之战结束后，匈奴主力北逃，汉朝北部战场的压力骤减，经营河西之地，打开通往西域的大门是难得的机遇。

当时，河西之地被匈奴浑邪王和休屠王分治。浑邪王居河西的西部，即今甘肃酒泉一带；休屠王居河西的东部，即今甘肃武威一带。匈奴占据河西地，西控西域诸国，南制西羌诸部，成为汉朝西北的边境大患。

公元前121年3月，刘彻发动了打通河西走廊的军事行动。这一次，他没派卫青率兵出征，而是派霍去病去。霍去病前不久建立了奇功，且是皇后卫子夫大姐的儿子，是卫青的外甥，刘彻的姨侄，既能干又能充分信任。于是，刘彻封霍去病为骠骑将军，命他率1万骑兵去打通河西走廊。

霍去病率军自长安出发，沿着渭水河谷向西挺进，在今兰州一带渡河，然后出陇西向前挺进，快速翻过乌鳖山，沿着乌鞘岭北坡急进，绕过匈奴的脩濮部落，接着渡过狐奴河（今石羊大河），之后转战了6天，接连扫荡了天水陇西一带匈奴的5个部落。

紧接着，霍去病率领汉军翻过了焉支山（今甘肃山丹县内），向西北长驱直入千余里，与匈奴的浑邪王和休屠王率领的匈奴大军相遇。双方短兵相接，结果，匈奴军大败，死伤8900余人，匈奴的折兰王和卢侯王被杀，浑邪王子、匈奴相国、都尉等多人被掳。此外，汉军还夺取了休屠王的祭天金人。这一战，匈奴浑邪王和休屠王的军队损失了七成。霍去病挥师追击他们的残部，一直到了敦煌，才班师回朝。

这次出兵，刘彻本是让霍去病锻炼锻炼，没想到霍去病如此骁勇善战，带兵转战数千里，战功如此煊赫，且发明了长驱深入的机动闪击战这一有效对付匈奴的战术，信心受到极大鼓舞。战后，刘彻加封霍去病2200户，开始策划对匈奴更大规模的战争。

同年夏天，在匈奴完全没料到情况下，汉军难以置信地消除了骑兵部队作战对季节的依赖，又一次集结数万骑兵，兵分两路，由骠骑将军霍去病及合骑侯公孙敖分别率领，对匈奴发起了袭击。霍去病率领右路骑兵从北地（今甘肃省宁县西北）出发；公孙敖率领左路骑兵从陇西（今甘肃省临洮西北）出发，两路大军计划在祁连山会师。

为了牵制伊稚斜率领的匈奴主力，刘彻同时命令博望侯张骞和郎中令李广率军从右北平出发，分两路攻打匈奴左贤王部。

面对汉军的攻势，伊稚斜当然不能袖手旁观。他率军入侵代郡和雁门，试图把战火推向汉朝境内，迫使汉军从东西两面回师。汉匈之间在东西长达数千里的战线上展开了较量。两大帝国的最高统治者在这次战争中都表现出了"狭路相逢勇者胜"的胆略和勇气。

霍去病率军从北地出发，在灵武（今宁夏银川西北）渡过黄河，然后翻过贺兰山，穿越浚稽山的沙地（今巴丹吉林大沙漠），到达居延海，然后转兵沿着额济纳河南下，攻到了小月氏（今酒泉），在张掖城下举行了阅兵，挺进2000里后，达到了祁连山及合黎山一带。可到了那左等右等，却没等来理应前来会合的公孙敖所率军队。因为后者此时正迷失在茫茫大漠之中。

没有办法，战机不能贻误，霍去病只好破釜沉舟，独自承担进攻匈奴的重任。他率军对匈奴发起了猛烈进攻，击破了阻击的匈奴大军。紧接着，他又率军向西攻打诸羌部落，凭一己之力打通了河西走廊。

这一战，霍去病战果辉煌，斩杀匈奴30000多人，活捉匈奴的单桓王、酋涂王、稽且王、脩濮王、呼子耆王等王、阏氏和王子共59人，俘虏匈奴相国、将军、当户、都尉共计63人，匈奴都尉相国率众投降的达2500人。

东线右北平方面，李广率领4000骑兵先行，不料被匈奴左贤王部4万余骑兵所包围，而张骞也未能如约而至。在此种危急时刻，李广尽显"飞将军"本色，命他的儿子李敢率数千骑兵直冲敌阵，从匈奴阵营左右部间穿越而过，归来后高呼："胡虏易于耳！"汉军士气大振。接着，李广让部下结为

月氏国金币正面

月氏国金币反面

圆阵，士兵手持弓弩向外。

匈奴连续发起冲击，汉军箭如雨下，战况极为惨烈。汉军死伤过半，弓箭将尽，而阵列始终保持完好。李广令士兵持弓弩引而不发，自己则以大黄连弩射杀匈奴大将，连杀了数人。匈奴惊恐，攻势稍缓，战至日暮，士卒皆面无人色，而李广依旧意气自如。

第二天，张骞率军赶到时，李广所部的战力也消耗到了极限。

伊稚斜率领匈奴主力进攻代郡和雁门，汉军凭借坚固的长城与之鏖战。匈奴人不善于攻城，一时进展非常小。不久，伊稚斜接到匈奴军在河西惨败的消息，而左贤王又在右北平一带受阻，眼看败局已难以挽回，伊稚斜只好撤兵回到了漠北，保存实力。

回朝后，大获全胜的霍去病部将领都受到嘉奖，李广部军力损失殆尽，幸好匈奴方面伤亡更多，功过相抵，而贻误战机的公孙敖和张骞被削职为民。

公元前121年秋，伊稚斜想借大会匈奴各部之机，追究河西之败的责任，借此除掉浑邪王和休屠王，整顿匈奴的军纪，提高匈奴军队的凝聚力和战斗力。

伊稚斜派使前往休屠王和浑邪王所部，通知两人前往单于庭汇报战况。两人被霍去病打得一塌糊涂，明知前去必死无疑，哪里还敢到单于庭去汇报？思来想去，决定率部投降汉朝。

刘彻大喜，立即命霍去病率部前去接应，准备的车仗有2万辆之多。如此隆重的迎接规格，既是为了显示汉朝对这次投降的重视，同是也是为了防备浑邪王和休屠王诈降，趁机攻击汉朝。不得不说，刘彻很有先见之明。

汉匈两军相接之际，果然不少匈奴部众纷纷逃走，因反悔不降被杀的匈奴部众近8000余人，连休屠王也临时反悔，最后被无路可退的浑邪王宰杀。

最终受降仪式有惊无险，一共有4万多匈奴人归顺了汉朝。

刘彻没有食言，厚待了那些投降的匈奴人。浑邪王被封为漯阴侯，他部下4个裨王也都被封为列侯。他在河南地安置了投降的匈奴人，将他们分为5个属国，分别拱卫汉朝边境5个郡的故塞。为了防止他们背叛，刘彻又安插了不少忠于汉朝的匈奴人与汉人前往5个属国任职监督。

浑邪部和休屠部投降了汉朝，震惊了匈奴。匈奴不得不重新考量境内其他部落国的忠诚度。

浑邪部源自义渠，本是原秦国北方的"西戎八国"之一。当义渠国被秦国消灭后，大部分义渠人融入了秦国；一部分义渠人则向北迁徙，由半农耕半游牧民族退化为游牧民族——浑邪部。当匈奴兴起时，浑邪部落被征服，成为匈奴一部分，部落名保留，而浑邪王则由匈奴贵族担任，部众主体还是浑邪人。

休屠部的情况与浑邪部相似，也不是正统的匈奴人，而是匈奴的别种。

像浑邪部和休屠部只是屈从于匈奴的武力，并非对匈奴有多么忠诚，同时，他们对当时的汉朝没有什么感情，也不了解，误认为汉朝人像秦朝人那样"凶恶"，因此才一直依附于匈奴。

看到浑邪部和休屠部投降后所受到的优待，匈奴其他的别部也心动了。第一个心动的是乌桓。乌桓本是东胡的后裔，东胡被匈奴灭亡后，它的一支残部跑到乌桓山，最后臣服于匈奴。他们与匈奴有国仇，只是迫于武力才栖身于匈奴的羽翼之下。现在，汉匈形势逆转，乌桓不得不考虑前途。看到浑邪部和休屠部投降后受到优待，他们认为投降汉朝是最好的出路。于是，乌桓王也率部趁着匈奴左贤王败退之机，脱离了匈奴，归顺了汉朝。刘彻将乌桓安置在上谷、渔阳、右北平、辽西和辽东5郡的外侧，替汉朝侦察匈奴动向，提前为汉军防御匈奴入侵提供预警，并设置了乌桓校尉，监督他们，使他们不得再暗中联结匈奴。

匈奴已经失去了河南之地，接着又失去了河西之地，不得不退回到祁连山、焉支山以北。失去两地后，匈奴人作哀歌："亡我祁连山，使我六畜不蕃息；失我焉支山，使我妇女无颜色。"再加上一些别部的投降，使匈奴的处境更如雪上加霜，他们的牲畜和人口大量减少，生存空间被压缩到了漠北的苦寒之地。

震惊匈奴的漠北之战

自迁徙到漠北之后，伊稚斜听从赵信的建议，依靠大漠这一屏障，将匈奴的主力集结于漠北，休养生息，积蓄力量。伊稚斜在阗颜山修筑了赵信城，作为对赵信的奖励。两人在漠北日夜筹划，伺机骚扰和反击汉军。

公元前120年秋，伊稚斜经过精心准备，派出数万匈奴骑兵大举入侵右北平和定襄。这两个地方的汉军防守相对薄弱，匈奴军在杀掠了数千军民后，抢掠了大批财物撤走。

刘彻决定彻底解决匈奴问题。

公元前119年春，刘彻在河西已定的情况下，与群臣商议征讨漠北。大家认为，降将赵信深受伊稚斜宠信，他对汉军的作战特点颇为熟悉，以他的观点汉军深入漠北必定不能久留，如果要发兵攻打匈奴单于的本部，只能速战速决，一战定乾坤。刘彻君臣商量的结果是，出其不意，攻其不备，集中兵力、深入漠北、寻歼匈奴主力。

远征漠北有难度，但再难也要打，因为不打垮匈奴，汉朝边境将永远不得安宁。

为了打赢这场战争，刘彻进行了总动员，集中人力财力，确保军需供应，命令数十万步兵负责辎重及军需补给，又从民间征发了14万匹战马，确保骑兵作战需要。这一战，他同时动用了汉军最优秀的将领——卫青和霍去病。

刘彻将汉军骑兵主力分为左右两路，分别由卫青和霍去病统领。

卫青统领的右路大军包括李广部、孙敖部、赵食其部、曹襄部、常惠部、遂成部。霍去病统领的左路大军包括赵破奴部、安稽部、卫山部、李敢部、因淳王复陆之部，楼专王伊即靬部、路博德部以及渔阳太守解部。左右两部各率5万精锐骑兵，其中最精锐的，即"敢力战深入之士"，都在霍去病麾下。这一战，刘彻志在全歼匈奴单于庭的主力军，期盼卫青和霍去病能再次创造奇迹。

根据先前所得情报，刘彻判断匈奴的主力在西边，打算派霍去病率精锐从定襄出发攻击匈奴的西部，卫青率军从代郡出发攻击匈奴的东部。

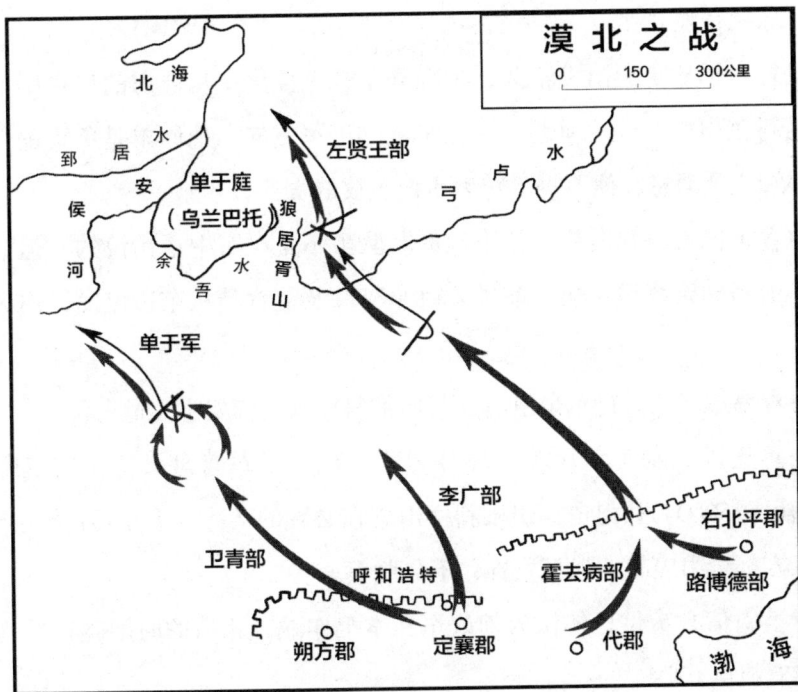

漠北之战路线图

但是，霍去病在出发前，抓到了几个匈奴人。这几个匈奴人供述说伊稚斜在匈奴的东部。刘彻竟然听信了这几个俘虏的口供，改变了原来的作战部署，让卫青和霍去病换位，由霍去病率军从代郡出发，寻找匈奴的主力决战；卫青率部从定襄出发，负责牵制和打击匈奴援助单于的军队。也许是天意，正是刘彻临时改变战略部署，导致了汉军功败垂成，给匈奴留下一线生机。

伊稚斜得知汉军大举北征，也召集诸将商议对策。赵信说："不必担心，汉军即使越过了大漠，也势必人马疲乏，我们以逸待劳，可以全部俘虏他们。"伊稚斜认为赵信言之有理，立即下令集中匈奴的精锐部队在漠北以逸待劳，等待汉军一出大漠，就迎头痛击，同时命令将匈奴的辎重都转移到北部。到时，匈奴军即使俘虏不了穿越大沙漠的汉军，也可以将他们困死、饿死、冻死在漠北。

卫青率军从定襄出发不久，也抓到了几个俘虏。从俘虏的口供中，他得知伊稚斜在匈奴西部的漠北。这正是他的进军方向。他原本是负责配合策应的，得知这个消息，他不得不转为承担主攻的责任。

卫青不愧是一代名将。他率领的军队虽不是汉军中最精锐的，但他没有退缩，他当即亲率精兵快速前进，改令李广及赵食其从东边出发，作为大军的掩护。

卫青率军向北急行千余里后，与伊稚斜率领的匈奴主力遭遇。

卫青先以武刚车（兵车）环绕为营，稳固汉军营盘，防止匈奴骑兵突袭，然后派5000骑兵出击。伊稚斜摆出志在必胜的架势，下令1万骑兵出阵迎战。双方都全力应战，战至黄昏，不分胜负。

伊稚斜信心十足，他认为匈奴军在本土作战，相持的时间越往后拖，匈奴就越有机会获胜。

双方鏖战正酣，突然狂风大起，沙砾击面，两军对阵，却相互看不见。卫青见状，一边命令将士们坚持进攻，一边又派出两队骑兵从两翼迂回，包抄伊稚斜的大本营。

天气变化太突然，汉军骑兵迂回包抄更迅猛，伊稚斜几乎没一点心理准备。当发现被包围时，他刚才的雄心壮志一下子烟消云散。他丢下前边正在鏖战的大部队，率领数百精锐骑兵向西北突围逃走。突围之后，伊稚斜又马不停蹄，继续向西奔逃。

当时风沙太大，能见度太低，伊稚斜逃走后，汉军并不知情，认为伊稚斜还在军中，一个劲儿进攻。匈奴军渐渐乱了章法，各自为战，败下阵来。直至深夜，汉军才从捕获的俘虏口中得知伊稚斜已经在黄昏时分逃走的消息。卫青立即派轻骑兵趁夜追赶，并亲自率大军随后跟进。

到第二天天亮时，汉军已斩杀匈奴官兵19000人，追了200多里，还不见伊稚斜。于是，卫青率部继续向北挺进，攻克了窴颜山的赵信城，夺取了匈奴的辎重军粮。休整一天后，卫青下令带走一部分军粮辎重撤回汉朝境内，将剩余部分全部烧毁。

卫青率军撤回到漠南时，李广和赵食其才率军由东道前来会师。卫青责备他们迟到了，贻误了战机，致使大批匈奴人逃脱。李广羞愤难当，拔剑自杀。

伊稚斜向西北突围后，因有汉军轻骑兵追击，他东躲西藏，与部众失去联系达十几天之久。当时，匈奴内部一片混乱，都认为伊稚斜已死，于是，右谷蠡王自立为单于，统领余下的部众。伊稚斜复归后，右谷蠡王取消了单于的称号。

正在伊稚斜忙于收集残部时，又传来了左贤王部几乎全军覆没的消息。

原来，霍去病率军从代郡出发后，不带粮食，轻装前进，在兴城（在今多伦附近）与博德部及渔阳太守解部会师。随后，霍去病率军向北挺进2000余里，与匈奴的左贤王部相遇，展开激战，大败左贤王军。

汉军穷追不舍，越过鸡侯山，渡弓庐水，到达狼居胥山（今外蒙古乌兰巴托以东）。之后，霍去病在姑衍祭拜了天地，登临瀚海（今呼伦贝尔湖）后，凯旋而还。

这一战，霍去病所部汉军北征2000余里，杀了北车耆王，抓获屯头王、韩王等3人，杀了将军、相国、当户、都尉83人，杀了匈奴官兵70400人，匈奴左贤王部百分之八九十的力量被消灭。

这次出征漠北，汉军取得了史无前例的重大胜利。匈奴骑兵战死近十万，大批平民投降了汉朝，损失的牲畜不计其数。左贤王部几被全歼。这一战之后，匈奴的势力从东到西都退出了漠南，整体龟缩在漠北苦寒之地，面临着空前的生存危机。

唯一让伊稚斜感到欣慰的是，刘彻论功行赏时，因为卫青未能擒杀伊稚斜而没得到封赏，手下将士被封赏的寥寥无几；而霍去病不但又得到了5800户食邑，而且被封为大司马，随他出征的将领几乎个个封侯。跟随卫青出征的将士很寒心，军队里出现了派系分化。更重要的是，汉军这一战的损失也很惨重，尤其是战马损失数以万计。伊稚斜据此判断，汉朝在相当长一段时间将不会再次深入大漠攻击匈奴。

伊稚斜的判断没有错，汉匈双方都已筋疲力尽，不得不进入休战时期。

双方都无力向对方进攻，但刘彻作为战胜方，没有主动求和的意思。他认为，汉朝对匈奴已经拥有绝对优势，即使短期内不能再向漠北进攻，也要先把已经取得的胜利成果巩固下来。漠北之战后，他派人修筑了光禄城（今内蒙古乌拉特中旗）、居延城（今宁夏居延县）、今居城（今甘肃省民勤县），并开沟挖渠，在三处设置了官吏，又招募五六万关东贫民向北屯田，以此为基地，再向北蚕食匈奴的领土，同时慢慢准备向西发展。

伊稚斜虽然在漠北之战中遭遇了惨败，但他的生命力十分顽强。脱险后，他很快收集了匈奴残部，赵信也大难不死，回到了他身边。经过整顿之后，匈奴竟然又有了实力恢复的气象。不过，实力再怎么恢复，和漠北之战前相比，还是大打折扣，因为匈奴总共只有几十万人口，漠北之战，战死者就超过十万，何况还有大批平民投降。

鉴于这样的情况，赵信向伊稚斜建议：暂时向汉朝请求和亲休战，争取时间，恢复国力。伊稚斜没有其他办法，只好派人去长安请求和亲。

刘彻召集群臣商议。有的大臣认为战争打了这么多年，双方都筋疲力尽，汉朝的国力耗损严重，主张答应匈奴的要求，和亲休战，争取和平的环境，集中力量发展经济；有的大臣则主张趁战胜的余威逼迫匈奴投降，让匈奴做汉朝的属国，接受汉朝的监管和统治。

刘彻综合两派意见后，宣布：匈奴要和亲可以，但前提条件是臣服于汉朝。他派丞相长史任敞出使匈奴，向匈奴传达他同意和亲的条件。

和亲只是伊稚斜表明的一种态度，他从来就没有想过要向汉朝投降，更不能容忍刘彻以投降为和亲条件。因此，当任敞到达漠北单于庭传达刘彻的旨意时，伊稚斜大怒，下令将任敞扣押了起来。

刘彻见伊稚斜败得如此狼狈，还那样傲慢霸道，扣押了汉朝的使者，也非常生气，也扣押了在长安的匈奴使者，同时策划再次深入漠北打击匈奴的战争。然而，他的计划尚未进入实施阶段，天才将领霍去病就暴病早逝。

汉朝开国以来，能战善战、敢于不带粮草辎重远距离长途奔袭、攻必取、战必胜、纵横大漠、所向披靡的将领，除了霍去病以外，再也没有第二人。霍去病的死让刘彻非常伤心。他不得不从长计议。

就这样，伊稚斜的和亲计划被拒，刘彻也放弃了再次进攻漠北的计划，双方处于不战不和的僵持状态。

不过，僵持只是表面现象。刘彻不想让伊稚斜消停，把进攻矛头指向了西域各国。它们是匈奴的附属国，只要把它们拉过来，匈奴就彻底孤立了。

汉匈在西域的博弈

公元前119年，刘彻重新启用被削职为民的张骞，派他率领300人出使西域，联络乌孙等西域各国，共同抗击匈奴。

张骞率领着300名随从，赶着数以万计的牛羊，带着价值数千万钱的丝绸、漆器、玉器和铜器等贵重物品向西域进发。张骞认定，胡人"贪汉物"，也"恋故地"，只要送上厚礼，再劝他们回到祁连与敦煌之间的故土，一定可以成为汉朝靠得住的"外援"。

西域36国之间的实力悬殊，大国的人口有数十万，最小的国家人口不过1000余人。在这些国家中，乌孙是人口多、军事实力强盛的大国，曾经打败过匈奴，是张骞这次出使重点争取的对象。

这时，乌孙复国已经42年，昔日的英雄猎骄靡已经成了白发苍苍的老人，早已不复当年抗击匈奴的锐气和勇气。他看到汉朝送来的礼物，两眼放光，欣喜不已，但当他明白张骞前来的意图后，却无法作出令汉朝殷切期盼的回应。因为，他并不了解汉朝，汉朝对西域人而言遥远而陌生。猎骄靡虽然曾听说汉朝打败了匈奴，但他也曾经打败过匈奴人，再加上这时乌孙内部矛盾重重，除了猎骄靡本人统帅的军队外，他二儿子大禄统率有1万多骑兵，他大孙子军须也统率有1万多骑兵，二儿子和大孙子不和，经常闹矛盾。乌孙国出现了裂痕。因此，他任何一个决定都要小心翼翼，以免引起乌孙国内震荡。

张骞见乌孙昆莫难以做决定，就将副手们分别派往西域的其余35国，尽可能多地争取盟友。西域那些小国从没见过如此慷慨丰盛的礼物，对汉朝留下了深刻的印象。大宛因在张骞第一次来到西域时就有过接触，所以这次表现得分外客气，派出使者携带着宝马随同汉使一同前往长安。当然，猎骄靡也派出了几十名使者带着宝马等礼物随着张骞回访了汉朝。

公元前115年，张骞带着西域各国使者回到了长安。各国使者见识了汉朝的富庶和强盛，而西域各国送来的宝马也让刘彻眼前一亮，这不正是汉朝战胜匈奴的利器吗？他决定不断派人到西域求购好马，以改善汉朝战马的质量，提高汉军骑兵的作战能力。

这时候，被刘彻关闭和亲之门的伊稚斜在漠北苦寒之地异常郁闷：他有心复兴匈奴，可是身处苦寒之地，匈奴的人口和马匹发展都极为缓慢，限于自身的实力，他既害怕汉军再次深入漠北对匈奴实施远距离袭击，又不敢派兵南侵汉朝实施抢掠，赵信虽然继续为他出谋划策，但计谋无一例外地一次次流产，这使他对赵信也产生了怀疑。

伊稚斜越来越心灰意冷，加上又上了年纪，身体每况愈下，很快死了。公元前114年，他不到30岁的儿子乌维继位，匈奴进入了乌维时代。乌维很低调务实：躲避汉军的锋芒，集中力量去解决西域问题。

张骞第二次出使西域的消息传到了匈奴。西域各国派出大批使者，送去大批宝马回访汉朝，更是一个危险的信号。一旦他们认可了汉朝，就很有可脱离匈奴，投入汉朝的怀抱。乌维当然不能坐视不管，因为匈奴联络西域各国比汉朝更有地利优势。只要控制住西域各国，匈奴就可以分散来自汉朝的军事压力。

于是，乌维决定联络羌人以及西域楼兰、车师等国，共同打击汉军。他派出密使，前往羌人部落，相约于公元前113年合攻河西之地；又令西域楼兰、车师二国拦截汉朝的使者，抢掠财物，破坏汉朝使者在西域的外交活动。

河湟一带的十余万羌人如约造反，挥师攻打安故，包围了枹罕。与此同时，乌维命令匈奴军队攻入五原郡，策应羌人的军事行动。乌维的如意算盘是让羌人与汉军恶斗，等到两败俱伤时，匈奴坐收渔翁之利。

刘彻看出了乌维的用意，决定借助羌人反叛之机，彻底扫清河西之地的反汉势力，威慑和打击匈奴，断绝匈奴人对河西之地的念想。

刘彻令李息和徐自为率军10万军队镇压西羌叛乱。同时，他派遣公孙贺率领1万精锐骑兵从九原出发，赵破奴率领1万精锐骑兵从令居出发，寻找匈奴主力决战。

十万羌人的叛乱很快平定，刘彻在羌人聚居地设置了护羌校尉，管理和监督羌人。但是，公孙贺和赵破奴率军行进了好长一段路程，也没有发现一个匈奴士兵，不得不无功而返。

原来，乌维命令匈奴军攻入五原，只是做样子给羌人看的。匈奴军队攻打五原后，立即退到大漠西北某处深山躲藏起来了，防止汉军远距离奔袭。

几乎在平定羌人叛乱和深入攻击匈奴同时，刘彻还指挥了平定南越、东越、西南夷、朝鲜等战争，不断扩张着汉朝的领土。这几场战争，刘彻都没派卫青。他认为，不到与匈奴进行大决战时刻，不能轻易派卫青上战场。

平定羌人叛乱后，刘彻把下一步打击目标指向了拦截汉朝使者、抢掠使者财物的楼兰和车师。

楼兰和车师是西域门户，位置非常重要。两国君主都听命于匈奴单于乌维，派人屡次遮拦汉朝使者，劫掠汉朝商队财物，如果不尽快打击两国的猖獗气焰，势必会影响汉朝在西域的形象。刘彻派的将领是赵破奴。

赵破奴，汉人，年少时曾流浪到了匈奴，对匈奴的习俗非常了解。他取名破奴，就是破灭匈奴之意。赵破奴曾在霍去病手下当差。每次作战时，他敢于深入，更敢于力战，深受霍去病赏识。在河西之战中，他立下大功，被封为从骠侯，后又在漠北之战中立下功勋，被增封食邑300户。霍去病死后，他因为犯事被刘彻削去了封号。刘彻重新启用他，就是期待他再建新功，封侯荫子。

公元前110年，赵破奴与出使西域的使者王恢（不是马邑之谋的王恢）率领属国骑兵和郡兵数万人进攻楼兰和车师。

赵破奴作战颇有霍去病的作风，当王恢还在敦煌整军时，他就已率领700轻骑兵出发了，日夜兼程，直捣楼兰。

赵破奴率军赶到楼兰城下时，天刚刚亮。楼兰人丝毫没有戒备，照例大开城门。趁楼兰人还没搞清楚是怎么回事，赵破奴就率军攻进了城里，直奔楼兰王宫。这时，楼兰王还在睡觉。当他醒来时，发现赵破奴的刀已经架到了他的脖子上。眼见大势已去，楼兰王不得不宣布投降汉军。

赵破奴将楼兰王放在马背上，率军马不停蹄奔向车师。

第二天午后，汉军抵达车师。车师国同样没有防备，汉军不费吹灰之力进入了车师城。见700汉军铁骑像旋风一样扑来，车师王立即大呼护驾，想组织护卫队与赵破奴决战。

赵破奴将楼兰王从马上推下地，指着他问车师王："你可认得此人？"

车师王点了点头。

赵破奴立即挥刀砍下了楼兰王的头，大声喝道："不降者，这就是下场！"

与此同时，700汉军将士亮出战刀，一声吆喝，准备杀进车师王宫。车师王吓破了胆，眼见抵抗无望，就弃刀投降了。

赵破奴在一天半时间里，连破两国，且不损一兵一卒，这消息震惊了西域诸国。他又将楼兰王的头颅派人送到西域各国展示，声称："不亲汉者，视此头！"

西域小国哪里见过这等架势。于是，楼兰、车师都献质子于长安，乌孙、大宛诸国也望风归附。

乌维听说赵破奴在西域的军事行动后，深感在经营西域上有些失策，连忙采取补救措施。在赵破奴率军班师后，匈奴也派兵攻打楼兰，迫使新的楼兰王给匈奴送了人质，并要挟楼兰不要在匈奴与汉朝战争中支持汉朝。

乌孙为了加强与汉朝的联系，向汉朝请求和亲。刘彻将江都王刘建的女儿封为细君公主，嫁给了猎骄靡。乌维得到消息，也将自己的居次（即公主）嫁给猎骄靡。

楼兰和乌孙夹在汉朝和匈奴之间，战战兢兢，谁都不敢得罪。

第五章
艰难博弈，绝境中求逆转

匈奴对汉朝乾坤逆转，角色换位，惨败之后不甘心失败，却又连遭打击。刘彻不仅是"匈奴最惊恐的克星"，而且是个"长寿的克星"，是个"匈奴不臣服不罢休"的"顽固克星"。匈奴遭受打击后，单于更换频繁，但都处在求战无力、求和不成的状态。这些单于只好采取非正常手段与刘彻周旋，想方设法"削弱"刘彻。匈奴曾一度策反李陵和李广利投降，打击了刘彻，但最终还是无法打败刘彻。

乌维求婚的闹剧

刘彻见乌维单于又在西域捣鬼，心里很是恼火，决定刺激一下他的神经。

公元前110年底，刘彻亲率18万大军出巡边塞，向乌维单于进行武装示威。

乌维单于恨得咬牙切齿。军臣单于和伊稚斜单于都败在刘彻手下，他很想陈兵塞上，与刘彻一较高低，但他知道这时匈奴没有这个资本，只好躲起来。

刘彻便派郭吉作为使者，前往漠北单于庭。郭吉到了单于庭，谦虚地对迎接他的匈奴主客（主管外交的官员）表示，他是奉汉朝皇帝的命令，来和匈奴商量要事的，兹事体大，必须亲口告诉单于。

匈奴主客见郭吉如此谦虚，以为汉朝打算和谈，报告了乌维单于。乌维单于非常高兴，亲自接见了郭吉。

郭吉见了乌维单于，笑眯眯地对他说："现在，反叛大汉的南越王首级已经被悬挂在宫城的北门之下。我们大汉皇帝说了，如果单于觉得匈奴敢于和大汉一决高低的话，就请率军前往边塞一战，我们皇上正在那里等着；如果不敢和大汉抗衡，那就请单于向大汉称臣，过太平日子，何必这样龟缩在漠北苦寒之地受苦呢？"

这分明是一种赤裸裸的威胁和侮辱！乌维单于一怒之下，杀了匈奴主客，扣留了郭吉，将其流放到北海监禁。

愤怒归愤怒，愤怒之后还必须要认清形势，确定对策。乌维单于很清楚，以目前匈奴军队的战力是不能跟强大的汉朝军队硬碰的。他下令各部，暂时不要到汉朝边境去侵扰抢夺，不生事、不惹事，一心一意休养士卒和战马，练习射箭打猎本领。同时，他派遣使者前往长安，向汉朝求亲。

这时，汉朝虽然表面上看起来十分繁荣，但连年战争也让它不堪重负，刘彻也想结束双方对峙的局面，但是，对于乌维单于的和亲意图和诚意，他有些怀疑。

为了摸清乌维单于的和亲底牌，公元前107年，刘彻派王乌出使匈奴，一则试探匈奴求婚的虚实，二则探寻郭吉的下落。

根据匈奴人的法律，汉朝使者若不放弃旄节和用墨黥面，是不能进入单于毡帐的。这种侮辱性的规定是大汉奸中行说为了羞辱汉使制定的。

王乌是北地人，当然熟悉匈奴人这一规矩。到了单于庭，他二话不说，把符节放在一旁，用墨涂黑了脸，去见乌维单于。乌维单于就喜欢这类人，他与王乌把酒言欢，话里真真假假，他甚至信誓旦旦地对王乌说："我准备派太子去长安做人质，作为与大汉和亲的条件。"

王乌大喜，回到长安把乌维单于的话原原本本对刘彻说了。刘彻听了当然很高兴，但为了确认真假，他又派出另一位使者杨信前往匈奴，商讨投降的具体事宜。

王乌处世八面玲珑，而杨信则刚直倔强，原则性很强，他不肯屈从于匈奴风俗，到了单于庭，手握节杖不放松，更是不肯以墨涂脸。双方僵持了一段时间，乌维单于无奈，只好做出让步，走出单于大帐，在大帐外接见了杨信。

杨信也不讲什么客套，单刀直入，对乌维单于说："既然匈奴要与我大汉和亲，那就请大单于兑现自己的诺言，先将太子送到长安。"这个条件本是乌维单于自己对王乌说的，但这时他却不认账了："你说得不对吧？按照贵国高皇帝刘邦与我国伟大的冒顿所缔结的和亲协议，应该是汉朝送公主入匈奴和亲，并送来大量的绸缎、食物作为嫁妆，作为回报，我们匈奴与汉朝和平相处，不派兵侵扰汉朝边境。现在你们想撕毁以前的协议，让我把太子送到长安做人质，这分明是赤裸裸的霸权行径，我怎么能同意！"

见乌维单于不认账，杨信勃然大怒，转身回国，将乌维单于的话一五一十地向刘彻做了汇报。

刘彻听了自然勃然大怒，召王乌前来问询。王乌吓了一跳，连忙表示可能有什么误会，并表示自己愿意再次出使匈奴，探个究竟。

王乌再度来到漠北草原，又受到了乌维单于的热情接待了，乌维单于尽说些匈奴与汉朝应友好和平的话，并以人格担保说以前说过的话全都算数，还信誓旦旦地表示自己将亲自前往长安朝见汉朝天子，与汉朝天子约为兄弟，从此两国和睦相处，互不侵犯。

王乌被乌维单于的一番话忽悠得晕晕乎乎的，回去报告刘彻说，乌维单于确实是真心和亲，不但愿意送太子做人质，而且还要亲自到长安朝见，先前都是因为杨信对人家太不礼貌，人家才大动肝火。

见王乌说得如此有鼻子有眼，刘彻不得不信，于是召集大臣们讨论接待匈奴单于的礼节。讨论的结果是，我大汉毕竟是礼仪之邦，匈奴单于虽然是汉朝的手下败将，但也是一个大国的领袖，既然人家有诚意前来中原朝见天子，那么汉朝的接待礼仪上就不能有丝毫的马虎。于是，刘彻下令在长安为乌维单于修建豪华的单于宫邸，作为乌维单于前来朝见的下榻之处。

等到单于官邸落成，刘彻派出使节前往匈奴，告知乌维单于可以动身前往长安朝见汉朝天子了。

殊不知，乌维单于根本就没有想过去朝见刘彻，他之所以这样说，不过是为了拖延时间，给匈奴争取时间休养生息、训练和扩充军队，同时通过和亲多骗点嫁妆财物，顺带恶心一下刘彻。

当然，面对汉使，乌维单于不能再度翻脸，于是他借口汉朝派来的使者级别太低，没有把匈奴当成大国看待，不见使者。当然，为了再度表示"诚意"，乌维单于派出了一位匈奴"贵人"先期前往长安，一则代他向汉朝皇帝问好，二则一睹汉朝皇帝亲自下令修建的单于官邸。

匈奴"贵人"带着使命前往长安，可不知道他是因为本身就有病，还是水土不服，反正到长安没多久，就病倒了。无论怎么救治，都不起效，最后一命呜呼。刘彻很尴尬，为表安慰，授予路充国2000石的印绶，让他护送匈奴"贵人"的灵柩回漠北，同时带去大量财物作为吊唁之礼。

原本就没有打算与汉朝真心友好的乌维单于趁机一口咬定，是汉朝害死了匈奴的"贵人"，还假惺惺地将尸体送回来，幸亏他本人没有去长安，否则躺在棺材里面的就是他本人。

乌维单于指责汉朝包藏祸心，在一番大肆声讨后，下令逮捕路充国，将他幽禁起来，去与郭吉做伴。而在和亲闹剧上演的这几年里，匈奴国力和军队战斗力也有了一定的恢复，于是乌维单于借着匈奴"贵人"死在汉朝长安这件事，命令匈奴小股军队开始袭击汉朝边境，摆出一副与汉朝势不两立的架势。

至此，刘彻终于明白，乌维单于所谓的和亲、送太子做人质、亲自前往长安朝拜原来全是假的，不过是拖延时间、恢复国力的烟幕弹。他感觉自己被乌维单于戏弄了。当他得知路充国被扣押和匈奴骑兵侵扰汉朝边疆的消息时，当即打消了和谈念头，派郭昌和赵破奴率军驻守朔方，防备匈奴。同时，刘彻又开始策划远征匈奴的战争。

一场血腥的战争似乎就要来临。

不过，匈奴很快就得到了好消息。公元前106年，匈奴的克星、汉朝大将军卫青在抑郁中死去。对匈奴人来说，汉朝除了皇帝刘彻外，卫青和霍去病也是他们的魔咒，霍去病已经去世，卫青就是汉军悬在匈奴军头上的一把利剑。如今卫青也死了，刘彻也就失去了与匈奴大规模作战的最锐利武器。

乌维单于兴奋异常。不过，他没有高兴多久，公元前105年，他也突然暴病身亡，他年仅15岁儿子詹师卢继位为单于。这位年幼的单于能挑起拯救匈奴命运的重担吗？

风暴中的"儿单于"

詹师卢继位时只有15岁,被汉朝人称为"儿单于"。

刘彻正在策划新一轮对匈奴的战争,听说乌维死了,"儿单于"继位,便改变策略,将战争手段转变为分化手段,决定瓦解匈奴内部,让匈奴人自相残杀,最终两败俱伤,臣服于汉朝。

刘彻向匈奴派出了两个使者:一个前去吊唁乌维,一个去慰问匈奴右贤王。

为什么去慰问右贤王呢?刘彻认为,右贤王是乌维的大弟弟,在匈奴有人缘有威望,肯定不会听从15岁侄子的话,派人前去慰问右贤王可以试探他有无做单于的野心,顺便调拨离间一下,为匈奴内争埋下种子。

遗憾的是,右贤王的理智超过了刘彻的想象。看出刘彻派人慰问他的意图后,右贤王立即逮捕了汉使,将他交给了"儿单于"。"儿单于"得知汉朝使者在匈奴活动,索性将所有汉使逮捕,同时将匈奴部众继续往西北迁徙,将军队部署为两翼,令左贤王部的左翼防备云中郡的汉军,左贤王部的右翼防备敦煌郡的汉军。

刘彻得知汉朝使团全部被捕后,十分震怒,立即下令扣留所有匈奴使者。双方不断对等报复扣留对方使者,竟然达十余批之多,但战争还是没有打起来:一方面"儿单于"躲得远远的,防得紧紧的;另一方面,刘彻认为深入草原作战风险太大,毕竟汉朝已经没有了卫青、霍去病这种善于远距离突袭的将领。

双方都在等待时机,最先等来时机的是刘彻。

原来,"儿单于"即位那一年冬天,匈奴遭遇了罕见的雪灾,牲畜因为饥寒损失极大。迷信的匈奴人普遍认为,这是"儿单于"年少无德、好杀伐,得罪了上天,继而降下的灾难。于是,一部分匈奴人想反叛"儿单于"。匈奴左大都尉派出心腹联络刘彻,说:"我想杀了单于投降汉朝,只是汉朝太远，如果汉军能前来接应，我就立即起事。"

有这样好的机会，刘彻当然不肯放过。他派公孙敖在塞外修筑受降城，准备接应匈奴左大都尉率部来投降。但是，左大都尉认为，受降城距离单于庭太远，难以及时策应，迟迟不肯动手。

刘彻无奈，只好派遣霍去病手下最得力的悍将赵破奴率领2万精锐骑兵从朔方郡出发，走了两千多里，到浚稽山去接应，同时派人去通知左大都尉。

看到赵破奴率军逼近，左大都尉如约反叛。然而，他拖得太久，消息已经泄露，他还没来得及动手，就先被"儿单于"给杀了。

砍了左大都尉的脑袋后，"儿单于"调集单于庭和左贤王两部共8万骑兵，攻击赵破奴率领的汉军。见敌我双方力量悬殊，赵破奴立即撤军，无奈撤退至距汉军据守的受降城不到400里时，被匈奴骑兵追上包围。

双方展开了一场激战，未分胜负，当天晚上，赵破奴饥渴难耐，亲自出去寻找水源，遭到匈奴军队伏击而被捕。

匈奴骑兵

　　"儿单于"非常高兴，第二天令人押着赵破奴到汉军阵前喊话，让汉军放下武器，投降匈奴。根据《汉律》，军队主帅有失，其余将士都要治罪。赵破奴被匈奴人抓获，汉军每个将士都会受到牵连，加上赵破奴率领的这支汉军有不少将士都是从匈奴那边投诚过来的，不想为这件事回去接受惩罚，于是纷纷投降了匈奴。

　　汉军精锐骑兵集体投降匈奴，这是汉朝对匈奴战争以来的第一次。这件事严重打击了汉军的自信心，振奋了匈奴的军心。自军臣单于以来，匈奴还从未像这样扬眉吐气过。

　　"儿单于"挥军长驱直入，尝试攻击受降城未果，便绕过受降城，侵入汉朝边境大肆劫掠一番后扬长而去。

　　这一仗无疑是对刘彻的当头一击。他清醒地意识到，自漠北之战后，匈奴人退到漠北，经过十多年的休养生息，实力已经得到了很大恢复，"儿单于"并不像他想象的那样少不更事，相反，他很有几分冒顿单于和老上单于的雄才大略，自己太小看他了。

　　刘彻不得不调整战略，做好长期对匈奴作战的准备。

　　这一仗大大提高了"儿单于"的威望。他信心十足地要率领匈奴复兴，在匈奴贵族面前更加骄狂起来。

　　有句话说得好，"天要其亡，必令其狂"，任何骄狂的人都不会有好下场。公元前102年夏天，"儿单于"又一次率领大军攻打受降城，但是，匈奴大军尚未到达受降城，"儿单于"就突然死了。他到底是暴病而死，还是被随军出征的匈奴贵族合谋害死，不得而知，只是在他死后，匈奴贵族没有立他年幼的儿子为单于，而是立乌维单于的弟弟呴犁湖为单于。

　　"儿单于"就像一道闪电，虽有光亮之处，但瞬间就消失在历史长河中。

狂澜之中的失落

嗨犁湖当上单于后，借着匈奴国力渐渐恢复之机，大肆攻击汉朝的边境防线。

这时，刘彻意识到，要想在短时间里彻底消灭匈奴不现实，自从赵破奴那支精锐骑兵投降匈奴后，他便改变了长途奔袭的策略，开始在汉匈边境实施堡垒战术。他命令光禄勋徐自为在五原以北数百里的地方修筑堡垒与哨所，一直修到浚稽山下。这条堡垒战线长达数百里。由游击将军韩说、长平侯卫伉驻守；而强弩都尉路博德则率军驻守在居延泽附近，保护堡垒线的左翼。

当年卫青、霍去病之所以能成为匈奴人的克星，取得令人瞩目的战绩，在于他们擅长在运动战中消灭匈奴的主力。但是，这种战术对马匹的消耗很大。卫青、霍去病等人对匈奴的几次大规模出击几乎耗尽了汉朝自"文景之治"以来积存的马匹。如今，卫青、霍去病等人已经死了，勉强称得上接班人的赵破奴又投降了匈奴，刘彻只好实施堡垒战术，依托于堡垒与匈奴人决战，阻止匈奴南下。但是，在高度机动、灵活的匈奴骑兵面前，这些堡垒很快就沦为一个个孤立的靶子。

公元前102年秋，嗨犁湖率领匈奴大军对汉朝的云中、定襄、五原、朔方四郡发动了全面进攻，杀死汉朝军民数千人。在此役中，徐自为所筑的漫长堡垒线根本没发挥任何作用，就被匈奴人一一拔掉。

与此同时，嗨犁湖又命匈奴右贤王率领军队侵掠敦煌和张掖，掳掠了大批人口与牲畜。幸亏汉朝将领任文率领援军赶到，与右贤王部展开激战，并击退右贤王，才夺回了被掳掠的人口与财物。

嗨犁湖率军对汉朝边境四郡大肆抢掠后，满载着胜利成果回到了漠北单于庭。但是，他还没来得及心安理得地享受，就从西域传来了令他震惊的消息：西域诸国纷纷臣服汉朝，脱离匈奴。

要知道此前西域诸国跟汉朝与匈奴都维持着平静的中立关系，打破这一平静的是大宛国。

大宛拥有60万人口，距离长安城12000多里，出产汗血宝马。汗血宝马属于山地马种，抗疲劳、蹄坚硬，可以日行千里。张骞出使西域归来后，将大宛的汗血宝马向刘彻做了绘声绘色的描述。刘彻很想借助汗血宝马培育出优秀的中原马，重建精锐骑兵，实现踏平匈奴的夙愿。

公元前104年，刘彻派遣车令率领100余人到大宛国求购汗血宝马。刘彻很有诚意做这桩买卖，准备了大批金帛和一尊金马，旨在换取几匹汗血宝马。车令不辱使命，历尽辛苦来到了大宛。在大宛王毋寡面前，车令申明了来意。本来汉朝极有诚意，价钱也出得很高，两国关系历来也很友好，达成这笔买卖应该是轻而易举的。但是，不知什么原因，大宛王毋寡出乎意料地拒绝与汉朝交换汗血宝马，还非常傲慢地对车令说：汉朝与大宛远隔万水千山，我不给你汗血宝马，你能将我怎么样？

这话就伤人了，太不给面子了。车令很生气，当着毋寡的面，将金马打碎，就率使团头也不回地离开了。

毋寡觉得受到了羞辱，决定报复。在车令途经大宛边境城市郁成城时，毋寡令郁成王率军伏击他们，将汉朝使者全部杀光。

汉朝与匈奴交战近百年，除极个别事件外，是不杀对方使者的，何况是将对方使团杀光。大宛王的做法彻底激怒了刘彻。刘彻立即派小妻子李夫人的弟弟李广利率军远征大宛。

大宛是西域诸国中名副其实的大国，非常具有政治影响力，加上匈奴"儿单于"曾派人警告过西域各国不准帮助汉军，否则将会受到严惩。因此，李广利率军攻打大宛时，遭到了西域各国的冷遇，他们既不给汉军提供补给，也不主动攻击汉军，只是冷眼旁观。

汉军很快陷入不利局面。为了摆脱军需不足的困境，李广利只好指挥军队沿途攻击西域各国，打下来就抢些粮食，打不下来就绕路而行。一路上减员严重，当抵达郁成城下时，汉军只剩下了几千名饥饿不堪的士兵。

疲劳之师攻城，结果可想而知。攻城失败后，李广利失去了征服大宛的信心，便私自决定撤军。但当他到达玉门关时，却发现刘彻已经下达了圣旨："军人有敢入，斩之！"再继续后退就要杀头，李广利无奈只好在敦煌停留下来。

赵破奴所部投降匈奴后，有人建议刘彻暂停攻打大宛，集中力量对付匈奴。但是，刘彻认为，攻打大宛的战争既然已经开始，就必须不计代价完成，一则是汉朝声威不容轻视，二则也是为了切断匈奴的后援。

公元前102年，刘彻命令李广利再度率军攻打大宛，慑服西域。这次出征补给非常丰富，有正规军6万余人，其后方基地还有与之相策应的18万军队。

这次出征天下骚动。西域诸国得知汉朝开动大军，除了轮台国闭门据守，其他诸国纷纷见风使舵，打开城门表示欢迎汉军。汉军很快攻下了轮台国，并迅速向大宛国杀去。

汉军浩浩荡荡开到郁成城，箭如雨发，将率部迎战的郁成王打回城中，不敢再出来。李广利见此也没有强攻，绕过郁成城向大宛王城贵山进攻。到了贵山城外，李广利并不急于攻城。他派遣水利工程人员将河流改道。贵山城中没有水井，全靠流过城边的河水饮用。河流改道后，城里就没有水了，贵山城中的军民很快陷入恐慌。李广利这才下令攻城。经过40余日围攻后，贵山城的外城被攻破，大宛军民死伤无数。

毋寡这才意识到汉朝之强大，汉军之不可战胜。他只能龟缩在内城坐以待毙，可其他大宛贵族却不想让他安静地等死，他们认为这场战事是毋寡召来的，他们杀了毋寡，提着他的人头前去与李广利求和，表示愿意献出所有良马，给汉军提供所需粮草。最后汉军挑选了数十匹大宛良马，3000匹中等以下的良驹，又指定了与汉朝亲善的昧蔡为大宛王，才兴高采烈地班师回朝。一路上，西域各国纷纷派王子跟随汉军前往汉朝表示效忠。

虽然汉军撤走后，大宛贵族们便发动政变杀了昧蔡，另立毋寡的弟弟蝉封为王，但蝉封吸取了毋寡的教训，派儿子到汉朝做人质，表示永远忠于汉朝，每年向刘彻进贡汗血宝马两匹。刘彻见大宛愿意臣服于汉朝，政变的事也就不再追究。

刘彻下令，重奖远征军的将士，在西域设置官吏，统一管理西域诸国，又派遣数百名士兵在渠犁、轮台等地种田驻守，自给自足，供应来往汉使的粮食。

这次远征既充分展示了汉朝的国力和汉军强大的战斗力，也让西域诸国深刻地意识到匈奴根本靠不住。匈奴除了向它们征收赋税以外，并不能保证它们的安全。于是，它们集体倒向了汉朝，以寻求保护。连此前对汉朝和匈奴保持同等外交的乌孙国，也公开表示支持汉朝，与汉朝结成军事同盟。匈奴在西域陷入了空前的孤立状态。

嗬犁湖单于不愿接受这一事实，准备趁汉军远征疲乏之机，率军在路上拦击，不巧的是，他刚要出发，就染上了重病，不久就死了。

在不到四年时间里，匈奴连续死了三个单于！不祥的阴影笼罩着匈奴，它能够实现复兴吗？

不友好的"干儿子"

刘彻苦心经营的堡垒虽然被匈奴攻破，但李广利攻打大宛，降伏了西域诸国，等于断了匈奴的战略补给线，尤其是乌孙等西域强国与汉朝结盟，彻底断了匈奴对西域各国的念想。刘彻认为，汉朝从此可以放开手脚征服匈奴了。就在这时，匈奴嗬犁湖单于病死的消息传来，南宫公主所生的儿子且鞮侯继任单于。

南宫公主是刘启的女儿，刘彻的同父异母姐姐。且鞮侯虽然是刘彻的外甥，但刘彻并没有改变在有生之年降伏匈奴的念头。他仗着汉朝征服西域诸国的余威，派人到匈奴送去国书，措辞和态度极为强硬，内容大意是：过去匈奴对汉朝的侵辱，不会就这样算了，君子报仇一百年也不嫌晚。匈奴与汉朝连年战争，和亲早已经中断，刘彻和且鞮侯虽然是舅甥关系，但相互之间没有什么感情，何况作为君主，各为其国也是名正言顺。

刘彻这封国书的目的是警告且鞮侯不要对汉朝动心思。

且鞮侯虽然对舅舅的强硬态度不满，但鉴于匈奴在四年时间里死了三个单于，国内局势不稳，再说他是以左大都尉身份继位单于的，左大都尉在匈奴国内的地位在左右贤王、左右谷蠡王、左右大将之下，要想安抚手下老资历的人还需要时间。这时，他和舅舅翻脸，显然不利。

想到这些，且鞮侯单于接受了权臣卫律的建议，派使者到长安示好求和，向舅舅问安，并将历任单于扣留的汉朝使者，除了投降匈奴的人外，全部释放。为了表达求和的诚意，且鞮侯主动要做刘彻的干儿子。

刘彻对他的态度很满意。见且鞮侯将汉朝使者全部放了回来，刘彻也宣布将此前扣押的匈奴使者全部送回去，并派中郎将苏武为汉使、副中郎将张胜和属吏常惠为副使，率领庞大的使团护送匈奴人回国，还为且鞮侯送去了大量礼物。

且鞮侯一直生活在匈奴，对汉人所谓的亲戚伦理观念没有丝毫概念，舅舅刘彻在他脑海里的印象异常陌生，他之所以以外甥的身份向刘彻示好，一方面是由于实力不济，另一方面是投降匈奴的汉人卫律劝导所致。

且鞮侯狡猾多变，他从苏武带来的厚礼看出汉朝对匈奴并无动武的野心，而且刘彻还真的将他当亲外甥看待。基于这样的认识，他很快就露出了嚣张的原形，对汉朝使者傲慢无礼。

苏武等人见且鞮侯如此嚣张蛮横，非常气愤，非常恼火，认为汉朝上了且鞮侯的大当。

正在大伙儿痛恨且鞮侯反复无常的时候，匈奴的内应找上门来了。

原来，副使张胜有个叫做虞常的匈奴朋友，本是浑邪王的部属，随浑邪部一同投降了汉朝，后来又随赵破奴出征时兵败被俘。在赵破奴那场倒霉的战斗中，很多与虞常类似的归汉的匈奴人都投降了匈奴，浑邪王的外甥缑王就是其中之一。他们的家眷在汉朝境内，他们也早已适应了汉朝的生活，回到漠北苦寒之地后，总觉得别扭，更重要的是，且鞮侯根本不重用那些投降了汉朝又重新回归匈奴的人。由于在匈奴过得不如意，他们总想找机会重新回到汉朝。

匈奴人的马饰

虞常和缑王找到张胜说：我们身在匈奴心在大汉，打算劫了且鞮侯的母亲南宫公主返回中原。你们到匈奴来，正好可以支持配合我们。

张胜听了非常吃惊，知道目前汉朝和匈奴正在搞和亲休战，参与这事凶多吉少，因此没有立即表态。

虞常见张胜不说话，又提出杀死卫律。卫律原本是胡人，因与李延年、李广利兄弟关系好，才被推荐到汉朝做了官。后来，刘彻派卫律作为使者出使匈奴，卫律借机投降了匈奴人，并逐步取代了赵信在匈奴中的地位，经常替匈奴出谋划策对付汉朝，让汉朝不胜其苦。张胜想了想，认为刘彻可能对劫持南宫公主回汉朝不感兴趣，但对杀死卫律这个汉奸，让被迫投降匈奴的那些人重返汉朝会感兴趣。

李广利远征大宛，建立煊赫的战功，连随从人员都获得了重赏，如果能杀死大汉奸，能将匈奴单于的母亲劫持到汉朝做人质，那将建立比李广利更令人瞩目的功劳。张胜为了贪功，居然背着苏武答应了虞常的请求。

一个月后，且鞮侯外出打猎，单于庭只有他的母亲、弟弟、儿子和少量护卫。虞常纠集了70多人准备发难，但在行动前夜被人告了密。且鞮侯的子弟们闻讯，设下埋伏，围捕了虞常等叛乱分子。虞常被生擒，緱王等70余人全被杀。

事件发生后，张胜只好将真相告诉了苏武。苏武认为，且鞮侯会追究他的责任，与其被捕受辱而死，还不如自杀保持尊严，于是拔刀自杀，幸好张胜手疾眼快，将刀夺走，救了苏武。

出了这件事后，且鞮侯政治智慧不够成熟的短处显露出来，竟然忘记了他的当务之急是与汉朝实现和平，为匈奴休养生息和复兴争取时间。他一气之下要将包括苏武在内的所有汉朝使团人员杀死。不过，匈奴左伊秩訾建议，杀之无用，不如招降。且鞮侯在匈奴威望不高，又是刚刚继位，不得不尊重各部贵人的意见，便同意招降，命令卫律全权负责处理这件事。

卫律对招降苏武等人的心情极为复杂，既害怕苏武真的投降，将来受宠的风头盖过了他，又想劝降苏武，向且鞮侯表功。

苏武充分展示了他的民族气节，坚决不投降，而张胜经不住匈奴人的酷刑，投降了。

卫律见硬的不行，又来软的，希望能够诱降苏武，结果被苏武大骂了一通。卫律没办法，只好建议且鞮侯将苏武流放到北海放羊，让他等到公羊下崽后再回来。

张胜投降、苏武被流放的消息传回长安，刘彻非常震怒。他已经年老了，想在有生之年实现征服匈奴的愿望，但看在匈奴新单于且鞮侯是他外甥的分上，不想再打动干戈，只要外甥在口头上表示臣服，成就他的千秋功业，他也会网开一面。但现在看来，国与国之间的纷争是不能讲亲情的。

过了没多久，先前被迫投降匈奴的涅野侯从匈奴逃归汉朝，向刘彻汇报了他在匈奴所看到的一切情况。刘彻大喜，决定对匈奴发动战争。

且鞮侯也知道和平之门从此被堵死，他所面临的将是战争，而他的对手是击败了此前数任单于，如今已进入老年的汉朝皇帝——他从未谋面的舅舅刘彻。

当然，且鞮侯也是有收获的。挫败虞常等人的阴谋，重处虞常等人，招降张胜，流放苏武等，这一系列措施，展示了他的血性和强硬态度，这是匈奴国人希望看到的，因而此次事件提高了且鞮侯在匈奴国内的威望。

既然要打，那就打吧！且鞮侯需要战争来巩固他的威望。

"匈奴死敌"降匈奴

在匈奴的克星霍去病、卫青死后，为了继续对匈奴作战，刘彻刻意栽培了一些后起之秀。李陵、苏武、霍光、上官桀、赵充国等，都是刘彻贮备的对匈奴作战的年轻将才。如今匈奴跟汉朝翻脸了，这些年轻的将才正好有机会派上用场。

五人之中，李陵的天资最高。李陵出身于具有传奇性的军人世家，他的祖父就是名震匈奴的飞将李广。

受家世的影响，李陵不仅擅长骑射，而且为人谦让真诚，不贪图财富，又能礼贤下士。刘彻认为，李陵有李广的遗风，对他另眼相看，曾命他率800轻骑兵经过居延，深入匈奴2000多里的内部实施侦察。李陵圆满地完成了这一光荣而艰巨的任务，升官为骑都尉，负责教授酒泉、张掖的将士学习骑射，防备匈奴侵扰。在李广利远征大宛回师时，李陵率领500轻骑兵到盐水接应，回来后，他继续屯驻在张掖。

刘彻决定好好教训一下匈奴后，便延续他重用小舅子的习惯，于公元前99年，命令李广利挂帅出征。

李广利本是街头地痞，只因妹妹李夫人受到刘彻宠爱才能飞黄腾达，远征大宛能得胜回朝封侯拜将凭的也是汉朝国威浩荡，他的能力一直广受质疑，其中最不服气的就是李陵。

按照刘彻的安排，李陵负责李广利军队的后勤辎重护送任务。这个安排对自负的李陵而言是一种侮辱。李陵认为，他爷爷李广是抗击匈奴的名将，委屈在卫青属下当差尚说得过去。如今霍去病、卫青都不在人世了，他李陵足以独当一面，就算挂帅出征也没有什么大不了的，怎么能给李广利这种无能之辈打下手呢？于是，李陵立即去找刘彻反映情况，希望自己可以单独率领一队人马，到兰干山南边去打击匈奴人。

刘彻对李陵这一举动很不高兴。他指挥汉军对匈奴作战几十年，还从来没有人敢对他做出的战略部署说不。他对李陵说："我已经分拨调用了所有骑兵部队，没有骑兵可以供你指挥了！"

刘彻的意思很清楚：战略部署命令已经下达，没有更改余地！但李陵年轻气盛，当即回答说："没有骑兵无所谓！我只想率军以少击众，以5000步兵出击单于庭就足够了！"

以区区5000步兵出塞长驱直入攻打匈奴，这是卫青、霍去病等都不敢做的事。以往汉军都是以精锐骑兵为主力与匈奴作战，以步兵长驱直入，一旦作战失利，就没有生还的机会了。见李陵如此自告奋勇，刘彻心里一怔。他是个喜爱勇士的人，自卫青、霍去病去世后，他一直感叹再难有如此雄杰之人，没想到李陵比他们更加自负。李陵有如此的勇气，刘彻哪能打击他的积极性？如果李陵此去能够成功，那将就意味着汉朝又有了一位足以让匈奴人闻风丧胆的名将。即使不能成功，5000人的步兵的损失，汉朝也能承受，毕竟不是骑兵。于是，刘彻答应了李陵的要求，让他率领5000步兵长驱直入，攻击匈奴，但出于安全考虑，刘彻又令强弩都尉路博德率军在半路接应李陵。

路博德久经沙场，曾随霍去病攻打过匈奴，立过很多战功，又率军在平定南越之战中大显身手，一直打到了海南岛。如今，路博德虽然因为犯罪被降职为都尉，但同样心高气傲。李陵不愿为李广利属下，路博德的战功和资历远在李陵之上，同样不愿意给李陵"打下手"。但他又不敢明确抗议，便上奏刘彻，说现在匈奴草肥马壮，不能同它们发生战争，不如等到明年春天再由他和李陵分率酒泉、张掖两地各5000骑兵一起从东西两个方向攻打匈奴的浚稽。

战略部署命令早已下达，如今李陵要求单独分兵，路博德也想单独分兵，再这样下去，保不准还会有人提出单独分兵。刘彻非常生气，他生气地下诏说：据刚从匈奴逃回的赵破奴报告，匈奴将入侵西河，路博德率兵驻防西河；李陵立即率领自己部下的5000人从居延出发，沿着赵破奴进军匈奴的原路返回受降城进行休整。

至此，汉军分为4路向匈奴进攻：李广利一路；李陵一路；路博德一路，公孙敖一路。

且鞮侯得知汉军分4路进击，决定集中兵力迎战李广利率领的汉军主力及李陵一部。且鞮侯认为，李广利是凭裙带关系混上主帅的，远征大宛并不能表明他真有能力，而李陵年少气盛，容易轻敌，重点打击这两路汉军，只要有一路成功，就可以提升匈奴军队的士气，继而赢得整场战争。相反，路博德和公孙敖都是久经沙场的老将，就让他们到大漠中迷路去吧！

李广利率领3万骑兵从酒泉郡出发，在天山与匈奴右贤王部展开激战，汉军奋勇杀敌，斩杀了匈奴1万人，随后见好就收，却不料在回撤途中遭到前来援救的且鞮侯部匈奴主力大军的围攻，最后还是靠着假司马赵充国率领100名精锐将士发起自杀性进攻，他才得以率军猛冲猛打，率领不到1万人杀出了重围。

这一战让且鞮侯信心大振，他惊喜地发现：以前汉军对匈奴军的绝对优势开始消失了，匈奴人重新找到了自信。他立即挥师前去攻打李陵所部。

李陵率军出塞后，虽然没有骑兵部队助阵，但他的部下一个个意气风发，充满了必胜的信念。这些人大多是中原剑客游侠出身，身怀绝技，有自信的资本。

李陵率军离开居延千余里后，向北行军了30天，到浚稽山下驻扎。他将沿途所经的山川地形绘成了地图，派陈步乐送回长安。

且鞮侯听说李陵所部如此狂妄，决定趁战胜李广利所部的余威，亲自率领3万精锐骑兵前往浚稽山，迎击李陵这支孤军深入匈奴腹部的偏师。

匈奴人将李陵大军包围在两山之间。面对敌我悬殊的形势，李陵从容镇定，以大车为营，然后带领士兵出营列阵，前排戟盾、后排弓弩，传令将士："闻鼓声而纵，闻金声而止。"即听到打鼓时就进攻，听到打锣时就停止进攻。

且鞮侯一挥马鞭，匈奴大军蜂拥而上。李陵下令放箭，匈奴兵很快领教了汉军强弓硬弩的厉害。汉军数千张弓弩一起射箭，匈奴士兵一个接一个倒下。

一阵箭雨之后，且鞮侯率军狼狈溃退。他打算退到山上重整旗鼓，没想到李陵竟然率军追击过来。汉军个个耀武扬威，锐不可当，趁着匈奴骑兵往山里溃退时，又射杀了数千人。

且鞮侯大惊，心想自己碰上了真正的对手，立即传令左右贤王所部共8万余骑兵增援，押上了匈奴人的全部家当。

面对匈奴大军，李陵率军边打边撤，但终究是步兵，哪里跑得过骑兵？不久，李陵大军被困在山谷中，被匈奴骑兵的弓箭射伤的人越来越多。李陵下令：汉军中伤三次的人乘车而行，负伤两次的人负责赶车，负伤一次的人继续作战。而就在这时，李陵发现有将士在军中私藏女人。李陵下令将那些女人全部杀掉，然后命令将士们与匈奴人作战。

将士们将怒气洒在匈奴人身上，一口气杀死了3000多匈奴人，随后向东南沿着龙城古道行军，来到了一片满是芦苇的大沼泽中。

且鞮侯率军尾随而至，下令顺风放火烧汉军。但是，李陵抢先放火自救，使且鞮侯的"烧烤"战术没能奏效。

且鞮侯又命他的儿子率军攻击山下的李陵。汉军退到树林中步战，匈奴骑兵在树林中无法发挥马匹的冲击优势，汉军则使用连弩射杀，匈奴人很快损失了数千人马。且鞮侯再度大败而归。

李陵这时没有后援，军中眼看就要弹尽粮绝，但战力不减，撤退有序，以致让且鞮侯不得不怀疑，这是不是刘彻特意使的诱敌之术，故意派李陵率军将匈奴军往长城边塞引诱，予以围歼。且鞮侯准备再攻击一次不奏效就撤回漠北，但此时李陵军中一个名叫管敢的军侯，因为被校尉所辱，投降了匈奴，他将李陵军队的实际情况全部告诉了且鞮侯。

且鞮侯大喜，立即集中优势兵力猛攻李陵所部。李陵率部向南急退，至离汉朝的边境数百里时，李陵身边还有3000余人，但此时他们已经弹尽粮绝，一行人只能撤入了峡谷中据守。

黄昏时分，李陵独自穿着便衣出营。他吩咐左右不要跟随说："我一个人去和单于拼个你死我活！"过了很久，拼死不成的李陵回来，大声叹息："战败了，活不成了！"

军吏们劝他诈降，李陵不依，他说："我如果不死，就不是壮士。"他下令汉军砍断旌旗，将随行携带的珍宝掩埋了，然后分路突围。最终，除了400人成功突围、回到塞内，其余全部战死，李陵本人力尽被俘，不得已，只好诈降了匈奴。

且鞮侯为了笼络李陵，封李陵为王，并将匈奴公主嫁给他，让他统率投降匈奴所有的汉人，但他又担心李陵不是真降，时刻防备着他。

李陵投降匈奴，对刘彻无疑是一个沉重的打击，这比赵破奴率部投降匈奴对他的打击还大。消息传回长安，刘彻十分愤怒，先前向刘彻报告说李陵等人将拼死报国的陈步乐自杀谢罪，将为李陵辩解的司马迁处以宫刑。

刘彻咽不下这口气，更不甘心败于外甥之手，决定再次进攻匈奴。

公元前97年，刘彻兵分三路，再一次出征匈奴，主帅还是李广利，可惜汉军此次出征，没有取得了多大的战果。唯一的"收获"是，交战失败的公孙敖抓住了一个匈奴俘虏，从俘虏的口中得知有个叫李少陵的汉人在帮匈奴人训练军队，教匈奴人战阵和弩箭的技能。

李陵，字少陵，李少陵也就是李陵。刘彻得到这一消息，非常生气，认定李陵已经降敌，一怒之下下令将李陵的家属全部杀光。可后来他才知道，投降匈奴、帮助匈奴人训练军队的是李绪，他的字也叫少陵，而不是李陵。可无奈大错已经铸成。

而得知刘彻杀了李陵全家的消息，且鞮侯终于松了一口气。他知道李陵全家被杀后，再也没有牵挂了，再也不会想着汉朝，从而会死心塌地地为匈奴卖力。于是，且鞮侯派李陵前去北海劝说牧羊的苏武投降。苏武没有投降，但对李陵的遭遇也深表同情。

且鞮侯连连挫败汉军，让汉朝劳民伤财，心里非常高兴，兴奋之余，他认为匈奴复兴的机会来临了！不过，上天没让他看到那一天。一年后，即公元前96年，且鞮侯一命呜呼，死了。

李广利死前的诅咒

　　且鞮侯有两个儿子，大儿子为左贤王，二儿子为左大将。且鞮侯临终前吩咐传位给大儿子左贤王，且鞮侯死后，各部贵人商议新单于即位一事时却长久等不来左贤王。各部贵人认为匈奴不能长时间没有单于，便拥立左大将为单于。正要举行登基仪式时，左贤王来了。左大将要让位于他，左贤王推让，但左大将执意不肯，表示"即不幸死，传之于我"。意思是，你如果将来不幸死了，再传给我就是。左贤王同意了，并对天发誓，然后才登上了单于之位。他就是狐鹿姑单于。

　　狐鹿姑信守承诺，即位之后，就将弟弟从左大将升任为左贤王，以示他的王储地位。没想到左大将没有福气，在左贤王位上没过几年就病死了。他的儿子先贤掸自以为可以继任为左贤王，但狐鹿姑不认账：我答应传位给你父亲，并没答应传位给你，你父亲不能继位，那是天意。于是，狐鹿姑就将他的亲生儿子任命为新左贤王，而让先贤掸做日逐千——整整比左贤王低了四级的官。先贤掸没办法，只好在喝酒骂人中度日。

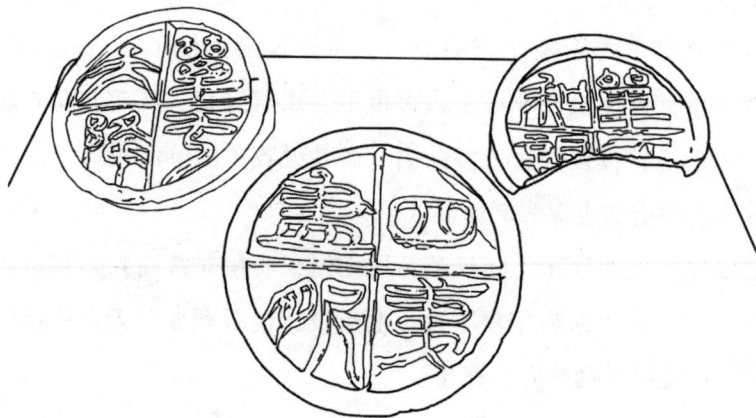

匈奴瓦当

而这时，刘彻受李陵事件的影响，再加上连年征战，国库空虚，暂时无力组织大规模攻打匈奴的战争。而狐鹿姑也知道匈奴需要休养生息，暂时也没有命令匈奴军队侵扰汉朝边塞。双方既不宣布停战，也不宣布和平，各自悄然放下了战争。

公元前91年，经过6年修整的匈奴军队逐渐强大起来，再也按捺不住抢掠的本性。于是，狐鹿姑下令匈奴军队进攻上谷和五原，杀掠汉朝的吏民。

由于较长时间没有战事，汉朝边境的防御有所松懈。匈奴军轻松攻破了五原，随后又攻破酒泉。

刘彻这时也在考虑再次远征匈奴，听说匈奴军南下攻取了五原和酒泉，决定借机对匈奴进行大规模军事打击。

公元前90年，刘彻派李广利率领7万人从五原出发，商丘成率领3万人从西河出发，莽通率领4万骑兵从酒泉出发，三路大军同时向匈奴腹地进攻。

狐鹿姑得知汉军大举进攻，决定誓死一战。

商丘成率军出塞，因不见匈奴军队而不得不撤回。但狐鹿姑不愿放过他，派李陵与匈奴大将一起率领3万余骑兵，追击汉军。双方在当年李陵与且鞮侯大战的浚稽山边相遇。在这样的伤心地作战，李陵百感交集，但他不愿狠心杀戮自己的同胞，就敷衍应战。商丘成率军转战9天，在陷入重围中多次击败匈奴军，杀死了不少匈奴兵。两军一直打到蒲奴水，最终李陵率领失利的匈奴军撤走，才结束了这场战争。莽通率军抵达天山后，遇到了匈奴大将偃渠和左右呼知王率领的2万余骑兵。偃渠见汉军军容强盛，斗志昂扬，不敢应战，率军撤走了，莽通率军示威后，率领军队撤回。

在这条战线上，最倒霉的是车师。刘彻担心匈奴勾结车师拦击莽通，就派阖陵侯成娩（即匈奴投降过来的介和王）率领楼兰、尉犁、危须凡等西域6国军队进攻车师。车师王见势不妙，立即投降。

在汉朝3路大军中，李广利率领的军队是主力，最被刘彻看重，但在此战中，李广利上演了一场闹剧。

战争开始，狐鹿姑派遣右大都尉与卫律率领5000骑兵在夫羊句山峡中埋伏。李广利派出"属国胡骑"2000人应战。匈奴人抵敌不住，死伤数百人，败逃而去。汉军乘胜追击，直到范夫人城。匈奴军四散奔走，不敢应战。这次实在是太顺利了，于是，李广利心满意足地吩咐手下，准备凯旋回长安，接受刘彻的封赏。

然而，就在这时，后方传来消息，说丞相刘屈牦被告发对刘彻行巫蛊，刘屈牦被腰斩，他的妻子均被砍头，李广利的妻子也受到牵扯下了狱。

听到这一消息，李广利决定深入匈奴作战，用更大的胜利来为妻子赎罪。他不顾一切，率军深入，直抵郅居水的北边。

这里是匈奴腹地。汉军捕捉到了左贤王的2万主力骑兵。经过一天血战，汉军的战果辉煌，斩杀了匈奴左大将，匈奴士兵死伤非常多。但是，李广利对这样的战果仍不满足，准备继续向匈奴腹地进攻。李广利的长史与决胜都尉辉渠侯商量见势不妙，两人打算逮捕李广利，迅速班师。不料消息泄露，李广利立即将长史斩首，然后率军退到了燕然山。

这时，汉军已经疲惫至极。狐鹿姑趁势亲率5万匈奴骑兵袭击汉军，汉军损失惨重。李广利只好下令修筑堡垒坚守燕然山。

狐鹿姑从投降匈奴的汉人那里得到启示，夜晚在汉军营前挖掘了深达数尺的壕堑，然后率军迂回，从汉军背后发起猛攻。汉军抵挡不住，阵脚大乱，想逃走却被堑壕所阻。李广利无奈在阵前投降了匈奴，此路汉军也因此全军覆没，无一逃脱。

狐鹿姑知道李广利是汉朝大将，见他来降，当即对他另眼相看，把女儿嫁给了他。

狐鹿姑打败了强大的汉军，一下子心旷神怡，底气十足。第二年，他派使者给汉朝送去国书，理直气壮地要与汉朝恢复和亲政策。国书的意思大致是：根据汉人坐北朝南的规矩，大汉在南，匈奴在北，匈奴是天之骄子，现在本单于打算与汉朝打开关隘，互通友好，我娶汉朝公主为妻，汉朝每年送给我百万石美酒、五千斛稷米、丝绸绢帛万匹，其他的按照先前冒顿单于与你们高皇帝的约定执行。

对于刘彻而言，这样的和亲条件无疑是勒索，要是在以往，他早就怒发冲冠，拍案而起了。但是这一次他没有，他不是不想，而是不能。因为这时汉朝已经无力再大规模对匈奴发动战争了。这些年来，对匈奴的战争已经耗去了自"文景之治"以来所积累的财富，老百姓已经不堪重负。他终于明白，在他有生之年是不可能消灭匈奴的，哪怕是让匈奴臣服也不可能。作为回应，刘彻也向匈奴派出了使者，商议停战一事。

紧接着，刘彻又发布了《轮台罪己诏》，向天下谢罪，表示不再继续发动战争。

借着军事上的胜利，狐鹿姑派人到西域各国宣传汉朝已经屈服于匈奴，希望西域诸国认清形势，重新归附匈奴。虽说如此，匈奴却依然只能继续住在漠北苦寒之地，不敢主动对汉朝挑起战争。对此汉朝还应感谢那位投降的李广利。

李广利投降后在匈奴待了一年多，宠遇远远超过了卫律。卫律当然不甘心，他决定除掉李广利。趁狐鹿姑的母亲生病之时，卫律串通胡巫作法，声称这是惹死去的且鞮侯震怒所遭受的惩罚。因为且鞮侯在世时多次与李广利交战，每次出兵都要举行祠祀，说要拿李广利的人头祭天。可，现在明明已经得到了李广利，为什么不替他实现夙愿呢？

狐鹿姑是大孝子，听了巫师的话，也顾不上丈人女婿的情面，当即收押李广利，将他送上了祭坛。李广利临死前终于体现了他的血性，咒骂道："我死必灭匈奴！"

没想到李广利临死的诅咒竟然一语成谶。虽然狐鹿姑用了李广利的人头祭天，可不但他的母亲没有康复，匈奴也没能迎来风调雨顺、国泰民安，反而灾害不断。

面对这一系列可怕的灾难，狐鹿姑十分恐惧，想起李广利临死前的诅咒，深信是他错杀了好人，触怒了上天。于是，他赶紧为李广利立祠祭祀，以求安抚作祟的怨灵。

一番折腾后，汉朝和匈奴谁的日子都不好过，双方相安无事地过了两年。公元前87年，在位54年的刘彻死了，享年70岁。

刘彻通过半个世纪的奋斗，将强大的匈奴摧垮了，虽然没能在有生之年实现彻底降伏匈奴的宏愿，但从根本上扭转了汉朝对匈奴的弱势，将汉朝的疆域扩大了两倍以上。刘彻的帝王生涯就是匈奴半个世纪的魔咒。他的死亡标志着汉人一个辉煌时代的结束，也是匈奴人走出魔咒的开始。

第六章

匈奴内讧，葬送一代帝国

　　霍去病没了，卫青没了，刘彻也死了，汉朝因与匈奴长年交战，国库空虚，民不聊生，汉朝新皇帝刘弗陵只有七八岁，稳定国内为要，无力考虑攻打匈奴的事。匈奴复兴的机遇来了。但狐鹿姑早死，继位的壶衍鞮不思积蓄实力而屡次进攻汉朝，却没想到汉朝辅政的霍光能力不亚于其哥哥霍去病，也是"匈奴的大克星"，协助几任汉朝皇帝打败了壶衍鞮。壶衍鞮死后，匈奴贵族蜂起争夺单于之位。南单于呼韩邪归附汉朝，企图借助汉朝势力统一匈奴，他相继灭掉其他几个单于，并将势力最强大的北单于郅支单于赶到漠北。汉军联合南匈奴军以及其他少数民族部落的军队穷追北单于，最终在西域将北单于彻底打败。此后，汉朝加强了对南匈奴的控制。在此后半个多世纪里，北匈奴不存在，南匈奴是汉朝附属国，匈奴帝国不复存在。

匈 奴 惨 败 给 乌 孙

对匈奴人来说，刘彻死了是一个天大的喜讯。他们从中看到了复兴的希望。半个世纪以来，刘彻对待匈奴非常强硬，导致匈奴由盛转衰，日子过得很窘迫。现在，刘彻死了，汉朝新皇帝刘弗陵还小，只有七八岁，由霍光、金日磾等人辅佐，国内需要稳定，暂时不会对匈奴有什么威胁。

狐鹿姑认为，匈奴的转机来了。不过，上天很残酷，没把复兴匈奴的伟大任务交给他。公元前85年，刘彻死后才一年多，狐鹿姑也死了。

狐鹿姑忧虑诸子年幼不能治国，临终前留下遗言立弟弟右谷蠡王为单于。但是，狐鹿姑死后，他的颛渠阏氏与卫律合谋，更改了遗嘱，立他的儿子左谷蠡王为单于，即壶衍鞮单于。此举彻底激怒了右谷蠡王和同样身为狐鹿姑儿子的左贤王。而在此之前，狐鹿姑的异母弟弟左大都尉已遭颛渠阏氏的毒手，他的同母兄长对此愤恨异常，已经不再听壶衍鞮的号令了。

壶衍鞮是一个有投机瘾的赌徒，他于争议中继位，在匈奴内政不稳的情况下，居然希望通过对外战争转移视线，提升个人威望，让那些不服的人对他心服口服。

不久，壶衍鞮命令匈奴大军南侵，攻入代郡，杀死了代郡都尉，进行了一番血洗和抢掠。而卫律希望能延续狐鹿姑的政策，暂时与汉朝处于休战状态，担心壶衍鞮的举动会招致汉军报复，便劝壶衍鞮释放扣押的汉朝使者和战俘，以此向汉朝释放善意。可惜壶衍鞮不予理会，继续率军南侵。卫律刚把苏武、马宏等汉使放回去，壶衍鞮就发兵2万，侵扰汉朝边塞。

这一次，汉军已经有了充分准备，严阵以待，一举斩杀了9000匈奴兵，俘获了负责匈奴边境安全的瓯脱王，而汉军的损失几乎可以忽略不计。

壶衍鞮这才知道害怕。他担心瓯脱王等人为汉军引路直捣匈奴腹心，连忙率众向西北撤退，还再度利用全民皆兵的特点备战备荒，防止汉军北伐。卫律又数度劝壶衍鞮与汉朝和亲休战，争取和平的环境和足够的时间积蓄实力，振兴匈奴，但壶衍鞮还是不听。一年后，卫律忧愤而死。

另一边右谷蠡王却觉得卫律说得很有道理，决定与汉朝和亲休战。他多次派人试探汉朝口风，并主动减少了所部对汉朝边塞的侵扰力度，对汉朝的使者也非常厚道，渐渐地获得了汉朝的信任。遗憾的是，双方还未来得及和谈，右谷蠡王就病死了。

卫律和右谷蠡王这两个主和派一死，壶衍鞮的耳根子清净了。他决定在对汉朝战争上赌一把，命令犁污王率部到汉朝边境侦察，寻找袭击的机会。

犁污王跑了一圈，回去跟壶衍鞮说，酒泉和张掖两地的汉军兵力较弱，如果出兵攻击，说不定就能收复这两处失地。收复失地，复兴匈奴，这是众多匈奴人几十年来的梦想。壶衍鞮听到这一消息，非常兴奋，立即动员军队，高呼着收复领土的口号率军南下。

但是，匈奴内部对壶衍鞮不满的人很多。他们竟然事先将这一军事机密透露给了汉朝。汉朝皇帝刘弗陵此时还很年幼，朝政由霍光做主。霍光是抗匈名将霍去病的弟弟，他自然不会对匈奴心慈手软。他下令向酒泉和张掖增派援军，附近郡县互相配合，严阵以待。

这一次，壶衍鞮输得很惨。匈奴右贤王和犁污王率领4000骑兵分为3队，分别进入日勒、屋兰、番和劫掠，遭到了张掖太守和属国都尉所部强烈的反击，匈奴军被打得大败，只有数百人逃脱，犁污王被射杀。壶衍鞮闻讯痛哭一场，再也不敢派兵进攻张掖了。

不过，壶衍鞮的赌徒性格没变。第二年，他又派3000骑兵突袭五原。这一战，匈奴军战果喜人，掠杀了汉朝军民数千人。随后，匈奴军又沿着汉朝边境一路骚扰，但因为汉朝边郡积极防守，抢掠到的东西很少。壶衍鞮想再次侵犯汉朝边塞，大肆抢掠一番，不巧的是，在匈奴的东边，东胡人的后裔乌桓人开始给匈奴人难堪——他们挖掘了历代匈奴单于的坟墓。

壶衍鞮闻讯大怒，立即率领2万骑兵去攻打乌桓。

霍光从匈奴降兵中得知这个消息后，在咨询了赵充国和范明友的意见后，最后决定听从主战派范明友的意见，趁机去收拾一下盗寇成性的匈奴人。

霍光代替皇帝封范明友为度辽将军，命令他率2万骑兵，从辽东出发，向匈奴人发起进攻。临行前，霍光告诉范明友："此次出兵不要空手而归，即使匈奴人跑了，也要把乌桓打服。"

壶衍鞮见汉军来了，不敢应战，转身撤走。范明友立即率领汉军朝乌桓发起进攻。乌桓人刚被匈奴人打得筋疲力尽，哪里顶得住汉军的攻势，几下就败下阵来。此战，汉军斩杀了6000名乌桓兵，杀死了3个乌桓王。范明友得胜归来，被封为平陵侯。

壶衍鞮在东边被汉军杀跑了，咽不下这口气，便转而率兵袭击汉朝的西域盟国乌孙，强迫乌孙昆莫将汉朝与乌孙和亲的解忧公主交给他。乌孙昆莫当然不会答应。壶衍鞮于是率军猛攻乌孙。解忧公主亲自给刘弗陵上书，希望汉朝赶快发兵救援乌孙。

可惜身患重病的刘弗陵接到解忧公主的求救书，还没等大臣们商量出到底是否出兵，就一命呜呼了。不久昌邑王刘贺被迎立为帝。

不过，这个刘贺除了吃喝玩乐，实在不能担当大事。他即位27天，干了1127件荒唐事，平均每天40件后就被霍光请旨，让刘弗陵的皇后、自己14岁的外孙女上官氏下旨给废掉了，改立卫子夫皇后唯一的曾孙，即戾太子刘据唯一的遗孙，18岁的刘询（又叫刘病已）为帝，即汉宣帝。

就这样来回折腾，出兵援救乌孙的事拖了一年多。在这一年里，乌孙昆莫不堪其苦，因为不愿送出妻子，匈奴人不断向他施加军事压力。没有办法，乌孙昆莫只好亲自写信向汉朝求救。

刘询不是好大喜功的皇帝，但是，他知道他的皇曾祖母卫皇后有个弟弟叫卫青，有个姨侄叫霍去病，都是匈奴人的魔咒。面对匈奴人的挑衅，他当然不手软，决定出兵西域，与匈奴决战。当然，这也是霍光的意思。霍光打仗虽然不如哥哥霍去病，但建功立业的雄心一点不亚于他。

公元前71年，刘询下诏，征发关东精锐之士，下令郡国俸禄达到三百石的精于搏击和骑射的官吏全部从军。此举，刘询摆出了一副要与匈奴决战的架势。自刘彻死后，汉朝没有主动对匈奴发起战争，休养生息了十几年，国力有了很大恢复，现在有能力对匈奴组织大规模的军事反击了。

刘询命令汉军分5路出击：田广明率领4万余骑兵从西河出击；范明友率领3万余骑兵从张掖出击；韩增率领3万余骑兵从云中出击；赵充国率领3万余骑兵从酒泉出击；田顺率领3万余骑兵从五原出击。此次出击是纵深出击，各路大军都要出塞2000余里攻击匈奴。

与此同时，校尉常惠也征调西域各国的兵马策应乌孙。乌孙昆莫亲自率领翕侯以下5万余骑兵从西方对匈奴发起反攻。如此一来，汉乌联军达到了20余万，形成了东西夹击之势。这对匈奴人意味着什么，不言而喻。

乌孙国石人像

壶衍鞮原本认为汉朝皇帝年轻，没有魄力大规模出征匈奴，再说乌孙和汉朝相隔很远，汉乌之间不可能对匈奴发起夹攻，因此当汉朝和乌孙联军20余万浩浩荡荡地杀向漠北时，他才傻了眼。不过，关键时刻壶衍鞮还是很识时务，没有率军迎战，而是下令各部逃走，驱赶牲畜远逃北方。

此战各路大军都取得了或大或小的胜利，远的如赵充国出塞1800里，大获全胜却未能按时回撤；近的有田顺出塞只有800余里就止步不前，并且还谎报军功；田广明出塞1600里，却为了按时撤回放过了近在眼前的敌人，等等。总的来说，5路汉军出征虽然规模浩大，但都没有履行出塞2000里的命令，没有遇到匈奴主力，战果很不理想。但令人眼前一亮的是，校尉常惠与乌孙的联军却取得了辉煌的胜利。他们横扫了匈奴右谷蠡王部和单于庭，匈奴民众死伤不计其数，并俘虏了单于父行及嫂、居次、名王、犁汗都尉、千长、骑将以下39000余人，牛、羊、马、驼、驴、骡等70余万头。常惠因功被封为长罗侯。

匈奴惨败于强大的汉朝，他们尚能勉强接受，毕竟他们的祖先不止输了一次，但惨败于乌孙，他们无论如何也接受不了。此战，匈奴人不恨汉朝，反将所有的账都记在了乌孙身上。

公元前71年冬天，壶衍鞮亲自率领大军冒险出击乌孙。乌孙毫无准备，仓皇应战，一败涂地。匈奴人大获全胜，抢掠了不少人口和财物。

但是，壶衍鞮没来得及高兴，就把到手的胜利果实葬送了。

原来，匈奴在凯旋途中遭到了暴风雪的袭击，匈奴部众及畜产被冻死者不可计数，生还者不到十分之一。

不仅如此，被匈奴人欺凌已久的各部族也趁机落井下石，举兵发难：丁零部进攻匈奴的北部，乌桓攻入匈奴的东部，乌孙袭击匈奴的西部。在三股入侵者的打击下，匈奴部众又损失了数万人，被劫掠马匹数万，牛、羊不计其数。混乱中，大量匈奴人逃亡，而在逃亡过程中，很多人因冻饿而死。

还没有等壶衍鞮缓过劲儿来，公元前68年，匈奴又遭遇了特大荒灾，全国总人口损失了30%以上，牲畜的损失达50%。至此，匈奴实力大减。汉军曾试探性地派出3000骑兵深入匈奴腹地，居然能顺利捕虏数千人。

壶衍鞮想把匈奴复兴的希望押在战争这一赌注上，没想到一系列战争却把匈奴逼到了崩溃的边缘。带着无比的失落、愤慨和懊悔，在位17年的壶衍鞮两脚一伸，离开了人世。匈奴的赌徒时代结束了！

匈奴内部的单于之争

壶衍鞮死后，他的弟弟左贤王继位，即虚闾权渠单于。

虚闾权渠迫于现实，不得不放弃壶衍鞮的错误策略，暂时停止战争，休养生息，并打算派使者向汉朝求亲，然而，他在家庭问题上处理不善，为匈奴带来了又一场灾难。

虚闾权渠继位后，按照匈奴人的习俗娶了壶衍鞮的妻子，但他却以右大将的女儿为大阏氏，废黜了壶衍鞮所宠幸的颛渠阏氏。他做梦也没有想到，这竟然成了一场内讧的导火索。

颛渠阏氏的父亲左大且渠对此很不满意，决定伺机报复虚闾权渠。

原本刘询和虚闾权渠都有意共享太平，与民休养生息，可虚闾权渠的和亲大计却遭到了左大且渠的破坏，不仅如此，这一年匈奴再度遭遇了可怕的饥荒，人民畜产损失十之六七，大量匈奴属国驱赶着牲畜叛离。

为了改变处境，虚闾权渠与汉朝在西域曾发生了一系列争夺战，结果胜少败多。在这期间，匈奴还被丁零人进攻了一次。丁零人用匈奴对付汉朝边境的惯用手段劫掠，杀掠了匈奴军民数千，夺走了牲畜无数，扬长而去。

公元前60年，虚闾权渠在塞外集结10万余骑兵骑，准备偷袭汉朝，大肆抢掠一番。结果他的计划不但被一个叫题除渠堂降汉的匈奴人泄露，他本人更是在行军途中重病呕血，最终只得徒劳而返。

虚闾权渠眼看他再也无法指挥对汉朝的战争，只好派遣使题王都犁胡次等人前往汉朝请求和亲，作为缓兵之计。但是，匈奴使者尚在路上，虚闾权渠就归天了。

虚闾权渠的一生是虚妄的一生。他心高气傲，渴望重振匈奴，但不仅没带领匈奴走出积贫积弱的困境，反而使匈奴雪上加霜，出现了公开的分裂。

颛渠阏氏被虚闾权渠废黜后，与右贤王屠耆堂私通。虚闾权渠死后，颛渠阏氏便与左大且渠都隆奇发动了政变，立屠耆堂为单于，即握衍朐鞮单于。

握衍朐鞮上台后，认清形势，分析对策，认为目前匈奴要避免与汉朝对峙，应想方设法与汉朝恢复和亲关系。他派人前往长安，向汉朝请求再次和亲。但事实上，是否与汉朝恢复和亲关系，匈奴内部有严重分歧：一部分人认为和亲符合匈奴的最高利益，一部分人认为和亲就是投降，尤其是虚闾权渠生前的支持者们坚决反对和亲。握衍朐鞮一不做二不休，将虚闾权渠时代的亲信重臣杀了大半，把虚闾权渠的子弟近亲诸王大将等全部撤职，让自己的子弟去取代他们的职位。

虚闾权渠的儿子稽侯珊见握衍朐鞮抢了他的单于之位，还向他们挥起了大棒和屠刀，就逃到了岳父乌禅幕那里。乌禅幕原来是西域乌孙与康居之间的一个小国国王，因为在西域经常被那些大国欺负，就率部投靠了匈奴。他手下有数千兵马，狐鹿姑接纳了他，让他居在匈奴右地，并把侄女，即日逐王先贤掸的姐姐嫁给了乌禅幕。先贤掸的父亲左贤王当年已经被立为单于，但将单于之位让给了狐鹿姑，狐鹿姑许诺死后将单于之位传给他，没想到他却比狐鹿姑先死。因为这个缘故，很多人以为先贤掸会接替父亲的左贤王之位，继而登上单于之位，但先贤掸被狐鹿姑贬为日逐王。从此，先贤掸对狐鹿姑怀恨在心，图谋报复。

先贤掸向来与握衍朐鞮不和，眼见握衍朐鞮杀戮先朝重臣刑未央等人，又解除了上一任单于的子弟近亲诸王的职位，认为下一步必然会拿他的部众开刀。于是，不等握衍朐胸提动手，先贤掸就率领数万骑兵叛逃到了汉朝。

刘询大喜，立即封先贤掸为归德侯。握衍朐鞮无奈，只好任命堂兄薄胥堂为新日逐王。但新日逐王得不到当地民众的支持。刘询见状，就任命郑吉为西域都护，率部去接管了先贤掸丢下的地盘，汉朝完全控制了天山南北。

握衍朐鞮恼羞成怒，立即下令砍掉了先贤掸两个弟弟的脑袋。乌禅幕曾为了援救两个小舅子四处奔走求告，结果毫无作用。握衍朐鞮夺去了大舅子的单于位，又杀戮了两个小舅子，乌禅幕心中复仇的怒火开始燃烧。不久，左奥鞮王去世，握衍朐鞮趁机立自己的小儿子为奥鞮王，留居单于庭。此举引起了原奥鞮王部众的强烈不满。他们共立原奥鞮王的儿子为新奥鞮王，然后向东迁徙。

这时，握衍朐鞮已登位两年，因暴虐杀伐成性导致国内离心离德，军心民心很不稳定，加上太子、左贤王看不起左地（匈奴东部为左地，西部为右地）的贵人们，左地的贵人们都有怨言。在握衍朐鞮登位后第三年，乌桓入侵姑夕王的领地，姑夕王抵敌不住，百姓和牲畜被掠去了不少，握衍朐鞮不但不发兵相助，还要借此治姑夕王的罪。姑夕王很害怕，就联合乌禅幕及其他左地贵人造反了。

公元前58年，虚闾权渠的儿子稽侯珊即位为单于，即呼韩邪单于。呼韩邪率领支持他的5万人马向西对握衍朐鞮发起了进攻。握衍朐鞮率军平叛，没想到他的军队在阵前集体投降了呼韩邪，他只好率领少部分亲信逃走，逃跑途中他派人向右贤王求救又遭拒绝，握衍朐鞮羞愤难当，却又无可奈何，只好自杀。左大且渠都隆奇逃到了右贤王那里，他的部下全部投降了呼韩邪。

呼韩邪上任后一边忙着稳定局势，一边也没忘记清算当初害得他不能继承单于位的那帮人。他先让各位左部贵人各归领地，又从民间找回失散的哥哥呼屠吾斯，立他为左谷蠡王，一边还派人去拉拢匈奴右部的各位贵人，挑拨他们与右贤王的关系，怂恿他们杀掉右贤王。右贤王对呼韩邪恨之入骨。

这一年冬天，都隆奇与右贤王一起册立日逐王薄胥堂为屠耆单于，并率领数万骑兵袭击呼韩邪。这时，呼韩邪刚把各位左部贵人的兵马遣散了回去，手头没有多少人马，哪里抵挡得住右贤王的几万骑兵？他被杀得狼狈而逃。屠耆的大儿子都涂吾西顶替了呼屠吾斯左谷蠡王的职位，小儿子姑瞀楼头被封为右谷蠡王。

呼韩邪不甘心失败，召集各种势力，准备反扑。屠耆得知消息，命令日逐王先贤掸的哥哥右奥鞬王和乌藉都尉各率领2万骑兵，驻扎在单于庭东边，防备呼韩邪率军进攻。就在这时，匈奴右部的呼揭王与唯犁当户合谋，到屠耆那里诬告右贤王，说右贤王打算抛弃屠耆，自立为乌藉单于。屠耆闻言，没多想就杀了右贤王父子。

右贤王父子突然被杀，在单于庭引起了轩然大波。不久，真相大白，右贤王是被冤枉的。屠耆无法向天下人交代，只得又杀了唯犁当户谢罪。这下，呼揭王坐不住了。诬告右贤王他也有一份儿，虽然他地位较高没被治罪，但谁能打包票屠耆不会继续追究下去。想到这些，呼揭王干脆领着部众跑到一边，占了一块地盘，自立为呼揭单于。

右奥鞬王听说此事，也不甘落后，凭借手中的2万雄兵，通告天下他才是匈奴的单于，自号车犁单于。随后，车犁去拉拢乌藉都尉。乌藉都尉见有人相继自立为单于，发现原来做单于如此容易，就拒不接受车犁的拉拢，同样凭着自己手中的2万兵马，自立为乌藉单于。

就这样，在匈奴的历史上，破天荒地同时出现了5个单于。5个单于互不服气，相互争夺。屠耆占据着单于庭，以正统自居，底气十足，当然不允许这么多单于跟他分庭抗礼，就亲自率军征讨车犁，同时派都隆奇率兵攻打乌藉。

乌藉、车犁抵挡不住，领着部下向西北败逃，与呼揭合兵一处，总共有4万人马。大敌当前，乌藉、呼揭两人舍掉了单于尊号，共尊车犁为单于。屠耆唯恐车犁势力强大起来，连忙派左大将和左都尉统领4万骑兵防备呼韩邪，亲自统领4万兵马向西攻打车犁。车犁不是屠耆的对手，很快就败下阵来，向西北逃跑。

可就在屠耆与车犁恶战时，呼韩邪命令右谷蠡王等人率兵偷袭了屠耆的领地。屠耆大怒，在打败车犁后，率领6万骑兵倾巢而出，向东行了千里去袭击呼韩邪。呼韩邪虽然只有4万骑兵，但以逸待劳，还没等屠耆大军站稳脚跟就发起了进攻，很快就取得了胜利。屠耆眼见大势已去，只得拔剑自杀，都隆奇与屠耆的小儿子姑瞀楼头等人率领残部向南逃跑，投降了汉朝。

听说呼韩邪战胜了屠耆，无处投靠的车犁心知不是呼韩邪的对手，非常识时务地去掉了单于尊号，率部投降了呼韩邪。

就这样，呼韩邪成了草原之主，但是，他面临的局势并不轻松。左大将父子见匈奴内乱不止，认为前途渺茫，索性率领本部数万人投降了汉朝。同时，李陵的儿子也跳出来捣乱。他拥立乌藉都尉复辟为单于，与呼韩邪分庭抗礼。但是，这场闹剧没持续多久。乌藉先前和呼揭、车犁等人合兵一处，都打不过屠耆，乌藉又怎么可能是呼韩邪的对手呢？呼韩邪很不客气地发兵攻打，乌藉和李陵的儿子很快就被杀了。

但内乱还在延续。不久，屠耆的弟弟休旬王率部击杀了左大且渠，自立为闰振单于。与此同时，呼韩邪的哥哥呼屠吾斯也出来凑热闹，自立为郅支单于。三大单于不断混战。几年后，闰振退出了历史舞台，匈奴内部只剩下呼韩邪和郅支两大势力。

按理说，两兄弟打了这么多年，应该歇歇气，坐下来谈谈。但两人谁也不服气，丝毫没有要谈的意思。一个认为自己是哥哥——哪有哥哥臣服弟弟的道理，一个认为自己好心好意把你找回来，你怎么能这么白眼狼？最后，还是哥哥郅支打败了弟弟呼韩邪，占据了单于庭。

经过残酷的内战之后，匈奴的人口和牲畜损失了近80%，丢失了单于庭的呼韩邪处境更是十分恶劣：他的部众和牲畜已经损失殆尽，北部面临着来自郅支的直接军事压力，南面的汉朝虎视眈眈地盯着他。无论是臣服于郅支，还是臣服于汉朝，他都心有不甘，但为了生存，最终呼韩邪还是说服了部下。他率领残部来到汉朝边境，准备对汉朝称臣，寻求汉朝保护。

郅支听说呼韩邪要投靠汉朝，一下子就着急了，他担心汉朝派军帮助呼韩邪攻打他，就以匈奴正统单于的身份向汉朝传达善意，同时派自己的儿子右大将驹子利受到长安侍奉刘询，以争取汉朝不支持呼韩邪。

原来让匈奴臣服竟是如此容易！刘询笑了，霍光笑了。当年，刘彻指挥卫青、霍去病等将领，集汉朝的财力和人力，奋斗了半个多世纪，多次深入攻打匈奴，尚未实现让匈奴臣服的目标，现在刘询坐观匈奴内部厮杀，不费一兵一卒，就使匈奴各部争着臣服。这太令人感慨了！刘彻凭着雄才大略和顽强意志，成为中原大军横扫大漠草原帝国的千古一帝；他的孙子刘询凭着难得的好运气，成为中原历史上接受草原帝国臣服的千古一帝。而匈奴的"千古一单于"冒顿如果在天有灵，见子孙们这样不争气，恐怕会气得活过来。

呼韩邪归附汉朝

面对呼韩邪和郅支的争相示好，刘询该如何抉择呢？他该如何抓住这种千年难得的好运气呢？

刘询召集大臣，商议对策。当时，汉朝的主流舆论要求皇帝趁匈奴内乱出兵匈奴，彻底干掉这个祸害中原数百年的心腹大患。刘询也热血沸腾，想御驾亲征，建立不世功业。但是，太子太傅萧望之打消了他的狂热念头。

萧望之认为，对待四夷，应以仁义安抚，建议派使者前往吊问匈奴单于的丧，趁机对匈奴表示同情和抚慰，宣扬汉朝的仁义道德，并适时帮助匈奴渡过难关。

这一套听起来似乎很迂腐，但是，萧望之并不是迂腐。他对秦汉以来的汉匈关系非常熟悉，他心里清楚，匈奴可以用武力打败，但很难用武力降伏。匈奴内斗时，可以互相攻伐，但一旦汉军远征，大敌当前，势必会促使匈奴停止内斗，一致对外。退一万步讲，即使汉朝将匈奴灭了，也会有其他游牧部落进入草原，发展壮大，成为汉朝新的敌人。事实上，随着匈奴衰落，与它紧邻的西羌、乌桓等部落已呈现出了崛起之势，而它们都曾反叛过汉朝。因此，对匈奴的内争，最好持观望态度，对内争的各方都摆出一副友好仁慈的态度，让它们相互攻打，最后逼着它们全部或者一部投降汉朝。如此一来，西羌、乌桓等少数民族就不敢对汉朝动歪心思了。

刘询觉得萧望之的见解有道理，就对匈奴采取冷眼旁观的态度，下令边塞的将士严守边塞，但禁止做出挑衅匈奴的举动，禁止将士们私自出塞攻击和骚扰匈奴，不明确表示支持匈奴任何一方，让呼韩邪和郅支继续相互攻打。

这下，呼韩邪着急了。公元前53年春，他令儿子右贤王铢娄渠堂为侍子入汉，见汉朝没有多大反应，又于公元前53年冬派他的弟弟左贤王去长安，朝见汉朝皇帝。一年之内两次派重量级权贵人物入汉，这在匈奴历史上是空前的，也从中折射出呼韩邪内附汉朝的渴切心情。郅支也不甘落后，派出儿子之后，又派出使者，表示愿意与汉朝友好。

见匈奴内战各方争相巴结汉朝，刘询不能长期拖延，必须做出选择。该选哪一方呢？呼韩邪统治南匈奴，离汉朝近，实力较弱，如果拒绝了他，就很可能导致他在怨恨之余，发兵抢掠边塞，给汉朝造成直接损失。或者他见投降汉朝无望，不得不臣服于郅支，结果必会导致匈奴实力壮大，对汉朝也不利。无论哪种情况，对汉朝都是不利的。郅支统治北匈奴，是草原上的新霸主，目前之所以愿意与汉朝结好，是怕汉朝帮助呼韩邪对付他，一旦汉朝答应他的要求，等他消灭了呼韩邪，腰杆硬了，肯定会背叛汉朝，与汉朝作对。现在如果拒绝了他，即使他想率军侵扰汉朝，中间有个呼韩邪隔着，损失也不会很大。权衡之后，刘询决定扶弱削强，继续维持匈奴分裂的局面，将友好的天平倾向了呼韩邪一方。

刘询接待呼韩邪所派使者的规格非常高，而接待郅支所派使者的规格则相对要低一些。刘询的善意让呼韩邪大为欣慰，同时也让他感到了一丝压力，因为虽说接待的规格不一样，但刘询并未拒绝郅支和好的请求，这意味着到目前为止，郅支也是刘询的选项之一。这时绝不能出娄子，一旦刘询翻脸，选择与郅支单于结盟，他呼韩邪将死无葬身之地。

为了在这场跟汉朝的外交争夺战中胜出，公元前52年冬，呼韩邪率5万余部众抵达五原郡塞外，亲自告诉汉朝守将，要向汉朝皇帝进贡珍宝，期望能在明年正月亲自到长安朝见汉朝皇帝。

刘询得知消息非常高兴，趁此大造声势，昭告天下：匈奴单于要来朝见天子，从此四夷咸服，天下太平！

这是老百姓愿意听到的、看到的。数百年来修筑长城，抗击匈奴，有多少英雄儿女命丧疆场，如今终于盼来了匈奴臣服的那一天。大家奔走相告，汉朝沉浸在欢乐的海洋中。

这时问题又来了，该以何种礼仪接待呼韩邪呢？汉朝内部出现了广泛的争论。很多大臣认为，呼韩邪既是来臣服的，当然是采用臣子见皇帝的礼仪。萧望之力排众议，认为对待匈奴单于的礼仪不能等同于对待臣子的礼仪。刘询深以为然，最终决定以与君王平等的身份接见呼韩邪。

公元前51年春，呼韩邪怀着忐忑不安的心情踏上了前往长安的道路。刘询派车骑都尉韩昌为专使，前往五原塞迎接呼韩邪入京。沿途的五原、朔方、西河、上郡、北地、冯翊等郡都派出2000精锐骑兵列队作为呼韩邪的护卫仪仗。不仅如此，刘询还亲自到甘泉宫外迎接呼韩邪。

呼韩邪原以为刘询会以对待俘虏的傲慢姿态接待他，没想到刘询准备的接待规格如此高，顿感受宠若惊，认为臣服汉朝是英明之举。

随后，刘询赏赐呼韩邪大量财物，其中那枚黄金"匈奴单于玺"尤为引人注目。"匈奴单于玺"的象征意义是深远的。刘询向呼韩邪颁发单于玺，意味着呼韩邪接受了汉朝"中央政府"的册封，确立了匈奴"地方政府"隶属于汉朝"中央政府"的政治关系。当然，考虑到匈奴多年来统治大漠的事实以及他们的民族心理，"匈奴单于玺"的形式和字体的布局与汉朝天子所用的玉玺完全相同，以示匈奴虽然臣服于汉朝，但与汉朝境内的臣属还是有所不同，地位要高一等。

呼韩邪在长安住了一个月，汉朝极尽奢华地款待他。呼韩邪非常感激刘询盛情款待，在归国前，自请留居光禄塞下。刘询答应了他的请求，派长乐卫尉高昌侯董忠、车骑都尉韩昌率领16000骑兵和数千边郡守备军马，护送呼韩邪从朔方鸡鹿塞回草原，命令这批汉军暂时留在呼韩邪身边以"助诛不服"，即帮助他征服不服的匈奴人，同时还给了他一大批粮食。刘询此举既是为了保护呼韩邪，也是为了看住呼韩邪部，毕竟匈奴内部对于臣服汉朝存在意见分歧，如果出现反复，这批汉军扮演镇压叛乱的角色。

呼韩邪单于与王昭君像

呼韩邪小心翼翼地维护与汉朝的关系。为了表示对刘询的忠诚，同时也为了再得到一批礼物，第二年，呼韩邪再度到长安朝见。这一次，他得到了更多的赏赐。呼韩邪这次回匈奴时，刘询没有再度派军"护送"。

先前，郅支以为呼韩邪会像此前投降汉朝的那些匈奴贵族一样，不会再回草原，故觉南方不足为虑，就集中力量去对付趁乱自立的伊利目单于。等到呼韩邪回到草原，并且得到汉朝大批资助后，郅支才明白错失了消灭呼韩邪、统一匈奴的最佳时机。

刘询对郅支并无恶意，虽然他优待呼韩邪，但对郅支派的使者和侍子也很友善。郅支的失落难以言表。他仇恨汉朝，却又无可奈何。于是，他率军接近乌孙，派使人求见乌孙昆莫，试图联合攻打汉朝。但昆莫为了取悦汉朝，顺便联合汉朝打劫郅支，不但杀了郅支派的使者，还派遣8000骑兵假装迎接郅支，准备趁其不备偷袭郅支，将他的人头献给汉朝请赏。

老谋深算的郅支识破了昆莫的计谋，他不但打败了乌孙军队，还挥师向西北击败和降伏了乌揭部，又征发乌揭的兵马向西北攻下了坚昆，向北降服了丁零，随后再度返回攻打乌孙，巩固了新的占领区，并将单于庭设置在坚昆。

当郅支在西北尽情扩大地盘时，汉朝却遭遇了不幸。公元前49年，正当盛年的刘询病逝，他儿子刘奭继位，即汉元帝。呼韩邪趁机索要援助，郅支也趁机上书，要求将质子送回去。面对种种敲诈和挑衅，刘奭心想和平来之不易，都大度地同意了。

公元前44年冬，刘奭派使者谷吉将郅支的儿子驹于利送到了坚昆。郅支见自己没有什么东西捏在汉朝手里，立即翻脸，痛斥汉朝偏袒匈奴叛徒呼韩邪，杀了谷吉等汉使，随后跟前来求兵攻打乌孙的康居国结盟，率领部众一路向西朝着康居国迁移，预备等夺取乌孙土地后，将那里作为郅支部的新据地。可惜康居国远在西域西端，此去路途遥远，郅支仓促之间又没做好保暖防寒工作，长途跋涉后，很多人冻饿而死，最后，抵达康居境内的郅支部匈奴人只剩下3000人。

郅支到达康居后，与康居王结成姻亲。随后，郅支频繁指挥康居兵马攻打乌孙，很快将势力范围推进到乌孙的都城赤谷城附近。而康居军队更是打着郅支的旗号杀掠百姓、驱掠牲畜。乌孙慑于郅支的兵威，不敢出兵追击，继而导致乌孙西部千里之地空虚，无人敢再去那里居住游牧。

这时刘奭还在长安一直等着谷吉回国复命，可左等右等，等来的却是从叛逃到汉朝的匈奴人那里传来的谷吉在瓯脱被杀的消息。瓯脱是呼韩邪的属地，呼韩邪又有杀死汉朝出使郅支的使者、阻止郅支与汉朝交往的动机，理所当然地成了杀死谷吉的最大嫌疑人，受到了刘奭的调查和怀疑。真相大白后，刘奭派车骑都尉韩昌和光禄大夫张猛护送呼韩邪的儿子右贤王铢娄渠堂回呼韩邪部，以示信赖和安抚。

这时，呼韩邪南下附汉已经快十年了，所属部众逐步恢复了元气。漠北单于庭此刻又无人居住，呼韩邪部的人都起了北归的心思，韩昌和张猛见状担心呼韩邪北去后难以约束，便越权代表刘奭与呼韩邪订立了盟约，同意放呼韩邪部北归，要求呼韩邪与汉朝世代交好，不得违约。可他们哪里知道任何盟约都是以实力为保障的。这时汉朝与呼韩邪部的实力出现了此消彼长的趋势，让呼韩邪及其部众在汉军监督之下过日子，远比与他结盟让他们回到大漠更安全可靠。如今纵其北归，形同放虎归山，离双方和平期的结束不远了。

韩昌和张猛回到长安后，刘奭龙颜大怒，以大逆不道的罪名将他们杀了。但是，这时呼韩邪已率部重返漠北的单于庭，刘奭也无可奈何，宣布韩昌和张猛与呼韩邪所结缔的盟约无效只会增加呼韩邪部对汉朝的仇恨，而承认盟约至少能保持亲汉的匈奴政权统治草原。最终，刘奭不得不送了个顺水人情，承认两人与呼韩邪结缔的盟约有效。

就这样，呼韩邪实现了曲线救国，实现了他当年臣服汉朝，最终依靠汉朝夺回单于庭，重新主宰匈奴的目标。

郅支死在了西域

呼韩邪虽然顺利地回到了单于庭，但他的老对手郅支还活跃在世上，这时正在西域耀武扬威，他能否坐稳单于庭，取决于在接下来的争斗中能否战胜郅支。呼韩邪心里没有底，因为他的对手是一个特别能战斗的人。不过，他很快就发现他的担心是多余的，因为汉朝帮他解决了这一令他头痛了十多年的难题。

其实，汉朝并没有打算帮助呼韩邪，之所以灭掉了郅支，完全是一次无心插柳之举。

当初，康居王慑于乌孙国的威势，请郅支来帮助他攻打乌孙。郅支没有让他失望，率部打败了乌孙，帮他夺取了乌孙的大片土地。但是，康居王忘记了这样一个道理：迎虎驱狼比与狼共舞更可怕。

郅支对乌孙等国作战的连续胜利，充分显示了匈奴骑兵的强大威力。随着战争进程的推进，郅支已经不满足于寄居状态，他想在康居领土内重建匈奴。很快，他狂傲残忍的性格就暴露无遗。他肆意欺辱对他有恩的康居王，不但杀了自己的妻子——康居王的女儿，还杀了一群康居贵人，并且一改匈奴漂游不定的游牧传统，大肆征发康居人在都赖水畔修筑郅支城，还又派人到大宛等国勒令纳贡。

康居王手里有12万军队，却没有胆量跟3000匈奴兵开战，只好苟且偷生，隐忍生活。

郅支在西域以匈奴单于的名义肆意欺凌周边列国，不仅给西域人民带来了深重的苦难，也直接威胁到汉朝在西域的利益。在郅支的淫威逼迫下，西域诸国纷纷倒向了匈奴，这时，汉朝如果不作出强硬的反应，势必会令匈奴人再度复苏强大。但是，刘奭远远没有他的列祖列宗强硬，认为汉朝距康居路途遥远，出兵耗费巨大不说，还不一定有什么收获，当年李广利远征大宛就是最好的证明。

刘奭虽然不愿出兵，但姿态还要表的。但是，他表态的方式很特别，不是向匈奴人提出警告，而是连续三次派使臣向郅支索取谷吉等人的尸骨。郅支从中看出了刘奭的软弱，不但不肯归还谷吉等人的尸骨，还扣留了汉使，他还以册封他为西域都护为条件，表示愿意再度归附汉朝。换句话说，他要刘奭答应，西域这块地盘归他管。这简直就是赤裸裸的勒索。刘奭无论多软弱，也不会答应这样的条件。

公元前36年，西域都护郑吉退休回国，刘奭派都护骑都尉甘延寿和副都尉陈汤两人接替郑吉出镇乌垒城。软弱的刘奭做梦也没有想到，他这不经意间的一次任命，竟然改变了汉朝在西域的处境，也改变了匈奴的历史。

那时，西域的形势很不稳定。郅支正力图以康居、大宛和乌孙三国为基地，重建匈奴，把匈奴的势力推向全西域。甘延寿和陈汤接手西域都护一职，面临着巨大的挑战。

陈汤意气风发，甘延寿却老成持重。这也不难看出，刘奭虽然软弱，但在人事安排上还是很有一套，知道怎样去驾驭外臣。陈汤对甘延寿说："蛮夷之国往往只畏惧武力而不向往道德，向强者低头是它们的天性。目前郅支凭借匈奴余威占据了康居，现在又试图吞并大宛和乌孙。一旦他的阴谋得逞，必定会向北攻占伊列、向西攻取安息、向南打击月氏。这样一来，不出数年，整个西域都将为他所有了！他彪悍善战，一旦让他强大起来，必然会成为朝廷的心腹大患。现在，我们应该将在西域屯田的士卒全部调集起来，再联合乌孙军队直接进攻郅支城。郅支城这时的守备还不算坚固，容易攻破，这是千载难逢的好时机！"

甘延寿完全同意陈汤的见解，但认为这是件大事，应事先奏请朝廷批准。陈汤认为远在千里之外的朝廷大臣们根本不可能全面了解西域的局势，一旦不予批准，将坐失良机，眼看着郅支在西域发展壮大，况且，刘奭软弱，向他请示，十有八九会被否决。最好的办法就是干了再向刘奭请示。试想，韩昌和张猛私自与呼韩邪歃血为盟，事后都能得到刘奭承认，他不相信消灭了郅支，如此大功，刘奭会不认可。

甘延寿不愿意冒越权杀头的危险，坚决要请示刘奭，陈汤则坚持要先斩后奏。正相持不下时，甘延寿病倒了。陈汤索性假传皇帝的命令，调集了西域十五国兵马和驻车师汉军共4万多人攻打郅支。等兵马调集好后，甘延寿病好了，见陈汤一副志在必得的样子，也不再坚持己见，就亲自投入到了这场战争中。

大军分两路进击，北路由甘延寿和与陈汤亲自率领，由温宿横越天山，经乌孙赤谷城攻打康居北部；南路由其余三个汉军校尉率领，出葱岭，经大宛，攻入康居南部。两路大军神不知鬼不觉地向康居国进发了。

北路汉军行到阗池以西时，康居副王抱阗正奉郅支的命令率千余骑兵在乌孙都城赤谷城以东掳掠。抱阗见汉军西征，便率部尾随，企图袭击汉军的辎重队。陈汤识破了他的伎俩，纵兵回击，大败抱阗，夺回好几百被掠的人口及大批牲畜。陈汤将夺回的人口交给了乌孙大昆莫，牲畜则留作军粮，继续向康居国进发。

陈汤又派人联络不满郅支的康居贵人屠墨，与他歃血为盟，命令屠墨统管好部众，不得与汉军为敌。汉军进入康居境内后，陈汤约束部众，严明军纪，一路上秋毫无犯，以争取康居的民心。

不久，陈汤捕获了屠墨的侄子开牟。开牟的父亲贝色早已同郅支结下了仇怨，正担心郅支会报复，惶惶不可终日。开牟见汉朝大军到来，立即投降，担任汉军向导，将郅支的虚实和盘托出。汉军在开牟的指引下，径直向郅支城进发，在离城30里的地方安营扎寨。郅支这才发现了军情，立即派使人前来询问汉兵为什么到这里来。陈汤回答说："因为单于上书天子说愿意归附汉朝、朝见汉朝天子，汉朝天子怜悯单于遗弃匈奴故国，蜗居康居，特派我等前来护送单于全家老小去汉朝，只是怕惊了单于一家大小，才在城外驻扎。"

　　郅支当然不相信陈汤的这番说辞，他一边拖延，一边调遣援军。不过，陈汤和甘延寿不是那么好糊弄的。几番交流后，他们便不耐烦地对郅支派的使者说："我们大伙远道而来，单于为何不出来迎接，实在是太不给面子了！现在，我们人困马乏、军粮耗尽，不管你们愿意不愿意，我们都必须要到郅支城中寻求补给！"

　　随后，甘延寿和陈汤率军向郅支城逼近。郅支城墙有两层，外层是用大木头编连而成的木城，内层是夯土成墙的土城。木城有孔隙作为射击孔，匈奴人督促着康居兵马躲在里面射箭抵抗，再让百名骑兵时不时从城里杀出，另外还有数百步兵在城门口布成鱼鳞方阵守候。汉军与守军交战一阵，感觉强攻无法取胜，索性纵火烧了木城。

　　郅支单于见木城被烧，失去了屏障，原本决定三十六计走为上，却见汉军兵势浩大，且不少西域兵也赶来参战，认为即使突围，也逃无可逃，于是下令退入内城坚守。他全身披挂，亲自登上城楼指挥，并令他的妻子孩子全都上城射箭。城上箭如雨下，汉军弓箭手也马上还击，密集射箭，蜂拥攻城。郅支的阏氏们一个个中箭而亡，他本人也被射中鼻子。

　　在汉军围攻郅支城时，有1万多愚忠于郅支的康居骑兵前来救援。甘延寿与陈汤见状，急令暂缓攻城，回师迎战。半夜时分，汉军派出一支奇兵渗透到康居援军后方，康居兵丝毫未曾觉察，仍与城内的匈奴兵遥相呼应，夹击汉军。天快亮时，趁着康居兵疲惫不堪，两路汉军前后夹击，一起发动进攻，将康居援军打得溃不成军，只有数百人侥幸逃生。汉军随即乘胜破城而入，郅支率领男女百余人退入宫内，顽强抵抗，做困兽犹斗，但这一切都挽救不了他灭亡的命运。

　　汉兵呐喊着，纵火焚烧了宫室，奋不顾身地向残余的匈奴人猛砍猛剁。郅支在自立为单于18年后，死于乱刀之下，首级也被汉军军候杜勋抢先一步割下。

　　甘延寿和陈汤将所获金帛、牲畜等都赏赐给从军将士，厚赏西域各国随征的兵士，然后联名向刘奭奏明此事。

刘奭虽然觉得他们有先斩后奏之嫌，但毕竟取得了成功，干成了几代汉朝皇帝和无数名将想干而没有干成的事，龙颜大悦，不仅没有追究他们私自发兵的责任，而且传旨犒赏出征将士，将郅支的首级悬挂于专供异族人居住的槁街，示众十日后掩埋。

郅支城之战消灭了与汉朝为敌的北匈奴，保护了西域诸国，维护了汉朝在西域诸国中的威信，但是，这场战争的最大赢家并不是汉朝。郅支虽然对汉朝不敬，但他的存在，可以有效地牵制南匈奴，迫使呼韩邪继续与汉朝友好。如今郅支死了，对呼韩邪来说，最大的威胁不复存在，匈奴统一的大势不可阻挡。而对于汉朝来说，匈奴统一绝不是福音。

昭君出塞稳定匈奴

呼韩邪得知郅支全军覆没，既惊喜又忧惧。惊喜的是不共戴天的郅支终于被干掉了，心头大患已除，从此他将成为匈奴唯一的单于，对所有匈奴子民发号施令，看到了匈奴复兴的希望；忧惧的是，汉军跨越万里发起远征的强大实力令他震撼，既然远在西域能征善战的郅支都无法逃脱覆灭的下场，他待在距离汉境更近的单于庭，又怎敢对汉朝有异心呢？虽然，他并无叛汉朝之心，但如果汉朝怀疑他不忠，也很难保证不会发兵袭击他。谷吉事件已经给他造成了极大的心理阴影，他害怕刘奭产生"汉朝已经不需要匈奴（呼韩邪）存在"的念头，那样的话，匈奴将会面临着灭顶之灾。

为了表达对汉朝表明忠心，呼韩邪给刘奭上书，请求第三次朝见天子。刘奭没有理由拒绝，再说接受匈奴单于朝见也是一件很风光的事。

公元前33年正月，呼韩邪第三次前往长安朝见汉朝皇帝。让他感到欣慰的是，他所得到的赏赐比前两次只多不少。此情此景让呼韩邪大受鼓舞，于是，他趁热打铁，提出请求和亲，做汉朝皇帝的女婿。

昭君出塞图

当然，此次和亲与以往不同，以往匈奴是逼婚，此次是诚挚谦卑求婚。刘奭答应了呼韩邪的要求，决定选一位宫女下嫁呼韩邪，于是和亲变成了赐婚。呼韩邪急于讨好汉朝，即使是宫女，只要是皇帝所赐，他也满心喜欢。不过，呼韩邪是很有艳福的，因为刘奭赐给他的宫女是王昭君，号称是中国历史上的四大美女之一，而这时呼韩邪已经"近黄昏"，连刘奭都觉得这桩婚姻有些亏。

呼韩邪获得美女王昭君后，一时头脑发热，进一步提出讨好汉朝的策略。他上书刘奭要汉朝撤销与匈奴接壤地方的守军，由忠诚的匈奴人代为守卫。

国防是国家安全的根本，怎么能交给别人来防守呢？何况，提出替代防守的是过去的敌人、现在的附属国。刘奭召集群臣商议此事，许多大臣也被匈奴和汉朝和亲的和谐气氛冲昏了头脑，居然认为呼韩邪的提议利国利民，应该允许，唯有熟悉边塞情形的郎中侯应极力反对。

侯应提出了10条反对理由，认为对百蛮异族只有保持威慑并施以恩惠，才是长治久安之策。

1. 匈奴人不甘心失去河南地等漠南领土，他们被迫迁徙到漠北风沙之地后，一直怀着收复故土的念头，边塞村庄的长老曾说匈奴人每次途经阴山时都痛哭流涕，可见他们对故土的情结。

2. 匈奴现在之所以对汉朝恭顺，是因窘迫所致。蛮夷之人向来困则卑顺，强则骄逆。常言道居安思危，我们万不可因为一时的和平而废弃国防力量。

3. 中国是礼仪之邦、刑法严峻，国内尚有不断犯禁作乱的愚民存在，更别说治国粗犷的单于了，他能保证自己的手下绝对不会作乱祸害汉境吗？

4. 在汉朝境内尚且还需在各险要处建立要塞，以防备诸侯作乱，更何况是在边境线上守备！边境驻军责任重大，不仅要防备匈奴，还要负责监护属国降民。这些属国之众全是匈奴、胡人，如果没有监督，恐怕不久就会逃归匈奴。

5. 西北要塞还要防备羌人作乱。西羌与汉人交通，汉朝官吏贪利忘义，经常侵占羌人的畜产妻子，他们因此憎恨朝廷，屡屡叛汉，世世不绝，如果没有边防守军，西羌定会趁机作乱。

6. 汉军昔日出塞作战，因战败被俘投降等原因，遗留在匈奴的人员很多，这些人的家眷子孙生活贫困，没人看守边境的话，他们恐怕会越境到匈奴投奔亲戚。

7. 边境地带的奴婢们境遇愁苦，他们很希望逃亡到匈奴过自由人的生活。即便在目前守备森严的情形下，还是常有奴婢背主逃亡的例子，更别说撤掉守军以后了。

8. 内地的盗贼活动猖獗，如果没有守军驻防，他们就会在中原受打击后逃到匈奴躲藏，一旦时机成熟，又会潜入内地作乱。

9. 边防要塞长城等防御体系建立已有百余年之久，这些工程当初耗费无数人力、物力才得以构筑，如果弃之不用，很快就会荒废。如果今后匈奴与汉朝之间关系恶化，刀兵相见，那时恐怕得重新构筑防御体系，这笔花销是惊人的。

10. 如果接受呼韩邪的提议，匈奴的单于们定然认为自己为汉朝守边有功，会不断向汉朝请求赏赐。这种赏赐未必会比自己守备花费少，而一旦赏赐不到位令匈奴恼怒，后果不堪设想。

侯应的十条建议，条条触及国家安全隐患，真可谓是一语惊醒梦中人。刘奭觉得侯应的建议很有道理，又鉴于刚刚赐婚，不便直接拒绝，伤及对方的面子，于是派了车骑将军许嘉婉拒了他的请求。

呼韩邪当然表示遵从。他抱得美人归后，称王昭君为"宁胡阏氏"。所谓"宁胡"，就是使匈奴得到安宁之意。王昭君为呼韩邪生下一子，叫伊屠智牙师，被立为右日逐王。王昭君出塞，为匈奴带去了先进的农耕技术和汉室礼仪，匈奴境内逐渐出现了一片升平景象。

公元前31年，在位28年的呼韩邪去世。呼韩邪子女甚多，临死前他考虑再三，最终立年纪最大的雕陶莫皋为继任单于，并"约令传国与弟"，保证其他儿子将来都可以做单于，避免再度出现5单于争位的悲剧。

呼韩邪死后，雕陶莫皋继位，号复株累若鞮单于。复株累若鞮根据父亲的遗命，任命大弟弟且麋胥为左贤王，且莫车为左谷蠡王，囊知牙斯为右贤王，把自己的亲生儿子右致卢儿王醢谐屠奴侯送到汉朝做人质。

呼韩邪死后，王昭君曾请求归汉。汉成帝从大局出发，令她遵守匈奴的习俗。王昭君又嫁给了复株累若鞮，生下两个女儿。

复株累若鞮继位3年后，为了试探一下汉朝是否像对待他父亲一样对待他，派右皋林王伊邪莫演趁出使汉朝之机，假装向汉朝投降，以此试探汉成帝刘骜对他的态度。

公元前28年，伊邪莫演等人前往长安朝见。朝见仪式结束后，刘骜派人将伊邪莫演送至蒲反。这时，伊邪莫演对汉使说："我打算投降汉朝，汉朝如果不接受我，我就自杀，绝不再回匈奴。"

汉使把伊邪莫演的话向朝廷做了汇报。刘骜召集公卿们商议此事。有些人主张按照以往惯例，接受伊邪莫演投降，但是，光禄大夫谷永、议郎杜钦认为："汉朝建立以来，匈奴屡次为害边塞，所以朝廷才设置了金爵之赏以优待那些前来投降的匈奴人，目的是为了分化匈奴内部。现在匈奴单于对大汉屈节称臣，成为大汉的北藩，每年遣使朝贺，并无二心。朝廷既然安享单于的聘贡，就不能再接纳它的叛逃之臣。这件事关系到边境的安危，无论新单于是想继续与我大汉交好前来试探我们的态度，还是想设反间计、借此寻衅生事，都要慎重对待。不如不接受投降，以此向匈奴新单于昭示，朝廷是认可他的，希望他永远对汉朝保持友善政策。"

刘骜采纳了两人的意见，派中郎将王舜前去勘问伊邪莫演投降一事。伊邪莫演见状只好推说自己之前病了，胡言乱语，愿意回去接受单于的惩罚。

这次试探后，复株条若鞮放心地臣服于汉朝，并亲自前往长安朝见汉帝。双方关系融洽，边境安宁。

复株条若鞮死后，且糜胥继位，即搜谐单于，搜谐死后继位的是且莫车，即车牙单于，车牙死后，传位给弟弟囊知牙斯，是为乌珠留单于。

呼韩邪临死前立下的兄终弟及的继位秩序，使匈奴保持了平稳良好的发展势头。不过，呼韩邪单于的儿子们虽然小心翼翼地侍奉着汉朝，尽力维持着良好的双边关系，但是，随着时间的推移，不和谐的气氛仍不时出现。

匈奴朝汉的死亡魔咒

乌珠留即位后，汉朝派中郎将夏侯藩、副校尉韩容出使匈奴。当时，大司马、骠骑将军王根掌管着朝政。有人对王根说："匈奴有块状如'斗'形的地盘伸入张掖郡内，那里生长奇异的木材，可以用来制作良弓和羽箭，如果能得到这块地，不但边防的补给丰厚了，国家的地盘也会拓广，那将军也算立了一件大功了。"

王根是刘骜的舅舅。听了这话，他认为这人说得有理，就跑去找刘骜，说那块地对汉朝如何有利。刘骜动了心，想直接找乌珠留要那块地，又怕对方不给，既破坏两国邦交，又丢自己的面子。王根便将这事揽了过去，说办得成便好，办不成也可以推到使者身上。于是，王根就把这个任务交给了夏侯藩。

夏侯藩来到匈奴，对乌珠留提及此事，说如果单于能将这块地献给大汉，必能换来大汉天子的厚报。

乌珠留问："这是天子的意思，还是你个人的意思？"夏侯藩回答说："这既是天子的旨意，也是我本人为单于筹划的良图，完全是为推动两国邦交着想。"

乌珠留打了个哈哈，说："当年孝宣、孝元皇帝哀怜我父亲呼韩邪单于，这才把长城以北都划归匈奴所有。至于你说的斗地，是温偶駼王驻牧的地方，这块地的具体形状我不清楚，请允许我先派人核实一下情况，再做决定。"很明显，乌珠留是委婉拒绝，但夏侯藩从乌珠留友好的态度中却认为这事十有八九可成，就回去复命去了。

不久，夏侯藩又奉命出使匈奴，他老调重弹，希望把单于把那块地献给汉朝。没想到这一次乌珠留翻脸了："我的父兄已经传了五世单于，前几世单于在世时，大汉都不要这块土地，怎么偏到我这一任上就要呢？这也太拿我不当一回事了吧！再说，这是我父亲传下来的遗产，我不敢交出去，否则无法向父亲的在天之灵和匈奴百姓交代。"

夏侯藩碰了一鼻子灰，只好讪讪而归。乌珠留也趁机上书刘骜，指责夏侯藩前来索要土地，破坏两国邦交。夏侯藩回来后已经被提升为太原太守，但刘骜接到乌珠留的国书，被整了个大红脸，只好诏报单于说："那不是朕的意思，是夏侯藩矫诏向单于索地，按照汉律，夏侯藩罪当处死，只是适逢大赦，才免去了他的死罪，如今已经把他降职为济南太守，使其辖区不与匈奴接壤，避免他再生事端！"

很明显，刘骜这个谎撒得漏洞百出，既然是矫诏，就应该处死，即便遇上大赦，也是死罪可免，活罪难逃，怎么只是从太原太守变成了济南太守呢？乌珠留无论如何也不相信刘骜那番辩词。不过，既然保住了领土，又维持了双方和平共处的关系，其他的也不能计较太多。于是，乌珠留顺驴下坡，权当是这么一回事。

第二年，乌珠留在长安的质子病死，被送回匈奴按匈奴习俗下葬，他又派出另一个儿子左於駼仇掸王稽留昆到长安为质。不过，刘骜很快就死了，他的侄子刘欣继位，即汉哀帝。这年是公元前7年。

公元前5年，乌孙军队攻击匈奴西部边界，抢走了不少牲畜，杀了不少匈奴百姓。乌珠留派左大当户乌夷泠率5000骑兵前往迎战，杀死数百名乌孙人，俘获了千余人，夺回了被掳掠的牲畜。乌孙害怕匈奴反击，攻掠乌孙的国土，就派人质到匈奴讲和。乌珠留接受了乌孙的人质，并上报刘欣。刘欣很不满意乌珠留的做法，因为在汉朝看来，乌孙和匈奴都是臣服于自己的属国，属国只有派遣侍子到汉朝做人质的义务，岂有接受其他属国人质的资格？于是，刘欣派中郎将丁野林、副校尉公乘音出使匈奴，责备乌珠留此举过火，命令他把乌孙的质子归还乌孙。乌珠留没有办法，只好一一照办。

这件事让乌珠留窝了一肚子火，却又不敢发泄。不知他从哪里听到了这样的传言，说匈奴单于每次到长安朝见汉朝皇帝后不久，汉朝皇帝就会死去。乌珠留仔细一想，有一些道理：当初呼韩邪首次去长安，不久刘询就驾崩了；呼韩邪第三次去长安，不久刘奭便死了。乌珠留很恨刘欣，便于公元前3年派人到长安，请求亲自朝见刘欣。

听说乌珠留派人来长安请求朝见，刘欣心里极不愿意。他也听到了传言：匈奴胡巫在行巫蛊诅咒，匈奴单于每次朝见汉朝皇帝后，汉朝总会出现大变故，不是皇帝死了，就会发生其他大灾难！

刘欣正在病中，听说匈奴单于请求朝见，有一种不祥之感。不仅他担心自己会年纪轻轻就死了，大臣们也担心频繁换皇帝会动摇汉朝的根基。因此，汉朝君臣几乎一致认为乌珠留暂时不宜来长安朝见。使者闻言，只好回漠北复命。但是，正当他要出长安城时，却被黄门郎扬雄拦住。扬雄上书刘欣，大力宣扬拒绝乌珠留前来朝见的严重后果，弄得不好，会危及社稷江山。刘欣虽是个性格比较软弱的人，却也是个有责任感的皇帝，见扬雄说拒绝单于朝见会危及汉朝江山，就豁出去了：没有了刘欣，大汉江山还在，如果没有了大汉江山，他将何处安身？即使死了，也没脸到地下见自己的祖宗啊！于是，刘欣答应让乌珠留来长安朝见。

乌珠留决定于第二年正月前来朝见刘欣。可是，还没等到他出发，他就病了。没有办法，他只好再次派使者前往长安，说朝见日期延后一年。刘欣闻报，暗自高兴：你想让我死，没准你可能要先死。不过，乌珠留一阵病痛后，身体就康复了！

公元前1年，乌珠留率领500人的庞大贵族使团前往长安。

这一年是非常热闹的一年，不止乌珠留来了，西域的乌孙等国也派来了使团，甚至一些西域商人也冒充某国使者来了长安。总之，这一年，刘欣的接待任务非常繁忙。

万国来朝是令人欣喜的，但也让刘欣揪心。按照传统规矩，对前来朝拜的使团，都要给予大量的赏赐。但这时汉朝一派乌烟瘴气，王、傅两家把持朝政，斗得不可开交，社会上土地兼并完全失控，老百姓造反此起彼伏。

刘欣心烦意乱，但再乱也不能乱了规矩，于是大手一挥，对前来朝见的使团进行了大规模赏赐。乌珠留所率领的使者团得到的赏赐异常丰厚，在以往单于朝见的赏赐规格基础上，加赐衣三百七十袭，锦绣缯帛三万匹，絮三万斤。刘欣之所以如此慷慨，是希望通过厚赏破除魔咒，好让自己继续好好地活下去。

但是，匈奴单于朝见汉朝天子的魔咒再一次应验了。当年六月，刘欣死了，8岁的刘衍当了皇帝。

　　乌珠留满以为汉朝新皇帝继位，对匈奴的态度会改观一些，但是，他没想到这时王莽控制了汉朝政权，匈奴的处境越来越尴尬。

　　当时，西域的车师后王姑句无法忍受汉朝校尉徐普的欺压，又受到车师前国王被汉朝处死的惊吓，率部投降了匈奴。另外王唐兜因为怨恨汉朝都护不及时援救，致使他受到了羌人的侵害，也率领部众逃亡到了匈奴。乌珠留来者不拒，将他们安置在左谷蠡王的领地，然后如实上报给汉朝。

　　王莽接报，立即派中郎将韩隆和王昌、副校尉甄阜、侍中谒者帛敞、长水校尉王歙等人出使匈奴，警告乌珠留："西域是大汉的属地，匈奴不能接受叛逃汉朝的西域人，请单于把人交出来。"

　　这话就说得很有火药味了，但乌珠留单于还想打个哈哈混过去："孝宣、孝元皇帝哀怜，双方建立条约，自长城以南归大汉天子所有，长城以北归单于管辖。一方有边关将士侵扰对方边塞的，对方要及时通报情况；对方有叛臣有前来投降的，双方互不受降。我父亲呼韩邪单于蒙大汉无量之恩，临死前他留下遗言：'为了报答天子的厚恩，所有来降的汉人一概不收，还要将他们送回边塞去。'我们一直遵守这一遗命，只是诸位大人这次索要的车师王、去胡来王不是大汉人，我们接受他们率部投降，并没有违反双方的约定。"

　　应该说乌珠留的这番话是站得住脚的，但是，汉朝根本就没有把这时的匈奴当回事。听了这番话，汉使板着面孔责备说："当初匈奴骨肉相残，国家都差点灭亡了，是蒙受大汉的大恩，你们国家才得以延续，变得十分兴盛。对汉朝的大恩大德，也总应该有所报答吧！"言下之意，你们蒙受了汉朝如此大的恩典，现在大汉皇帝派我等来找你要几个人，你就东推西推，这太不够意思了吧！

　　话说到这个份上，乌珠留知道再辩解下去意味着什么。这时匈奴是惹不起汉朝的。于是，他赶紧叩头谢罪，将车师王、去胡来王交给了汉朝使团，并派人随汉朝使团前往长安朝见。但是，王莽很不给乌珠留面子，以小皇帝的名义，命中郎将王萌召集西域各国国王，前往西域恶都奴等待，由单于派人将车师王、去胡来王送到那里，当着西域各国国王的面，将二人斩首，以此警示其他国王：背叛汉朝者，这就是下场。

事过不久，王莽又派中郎将王骏、王昌、副校尉甄阜、王寻出使匈奴，以宣达政令的形式向乌珠留颁布了四条禁令，命令他照章执行，并借此收回了当年刘询和呼韩邪所订立的拒降条款。

乌珠留无奈，只得一一接受。

后来，王莽又命令乌桓人不必再向匈奴缴纳"皮布税"，强令他改名字等，乌珠留心里虽然不满，但还是强压心中的怒火接受了。王莽的这一系列高压政策，将汉匈奴之间来之不易的平共处关系推向了凝固的冰点。乌珠留觉得他有点对不起父亲呼韩邪，发誓要在忍辱负重中爆发。

第七章
回光返照，匈奴的短暂复兴

　　南匈奴做了汉朝的附属国半个多世纪后，汉朝走向了衰落。王莽篡夺了汉朝政权，建立新朝，加重对匈奴的压迫。匈奴打着"为汉朝报仇"的旗号，起兵反抗王莽，势力迅速壮大起来。与此同时，新朝被绿林起义军推翻，匈奴复兴的梦想又点燃了。重建汉朝的刘秀也不得不与匈奴交好。呼都而尸道皋若鞮单于自负而无力复兴匈奴，死前为传位给儿子杀了自己的弟弟，随后，匈奴争单于的斗争不绝，再次出现"南北朝"。刘秀在短时期内恢复了汉朝势力，并采取"支持南单于，打击北单于"的政策。北单于被汉军和南匈奴军一路赶到西域，惨败后少数残部西迁；南单于被汉朝死死控制，被迫内迁，受到汉军监督，最终"强国梦想"被彻底摧毁，而单于也从匈奴帝王的称号贬值为中原王朝不入流的小官官职名。

王莽的步步紧逼

在乌珠留忍辱负重、小心翼翼地与汉朝维持和平关系的同时，匈奴的国力得到了很大恢复，人口已经超过了鼎盛时期的一半，而汉朝却被王莽篡夺，被新朝取代。新朝看上去很强大，却直接继承了汉朝遗留下来的各种矛盾，并且矛盾还在不断激化。双方的实力此消彼长。乌珠留欣喜地看到了这一点，但他没有足够的底气去发动一场大规模的战争，可王莽频频出手，逐渐把两国的关系推向了战争边缘。

王莽篡汉图

新朝建立后，乌珠留向新朝称臣，希望双方能像汉朝时一样，保持和平共处的关系。但是，王莽的做法让他难以理解，并逐渐超越了他的承受底线。

王莽是位改革家，但更是一位脱离实际的理想主义者。王莽梦想按照儒家的伦理思想来改造世界，认为一切社会秩序都应该回到周朝那个完美的时代。他不仅要在汉朝境内推行自己的改革主张，还要把一系列改革措施推广到四夷，其中改变少数民族族名和首领的封号充分说明了这一点。

王莽登基不久，就派王骏率领庞大的使团，带着大量的礼物出使匈奴，告诉匈奴新朝已经取代汉朝，现在王莽是长城以南所有土地的主人。王骏要求乌珠留将汉朝皇帝赐予的单于印上交，换成新朝赐予的新单于印。

这个要求看上去也很合理，毕竟改朝换代了，刘家天子已经成为新朝的臣子，留着那个印也没用。乌珠留很爽快地就将旧印交了出来，但却被一旁的左姑夕侯苏接连以"没看见新印文"为由阻止。眼见王骏等人很不高兴，乌珠留有点不耐烦地说："新朝皇帝没有理由变更印文吧！"便把汉朝的旧印交了出去。

王骏接受了旧印，将新朝的印绶授予乌珠留。乌珠留也不看印，热情地款待大家。大家吃好喝好，酒宴一直持续到晚上才结束。

随行的陈饶担心乌珠留发现印文变更后前来索要旧印，徒生事端，便提议砸破旧印，以绝祸根。王骏犹豫不决，随行的其他几个人也一个个不说话。陈饶为人慷慨果断，行事作风彪悍，见大家沉默不语，立即拿着斧子把旧印砸坏了。

第二天，乌珠留果然派右骨都侯当前来索要旧印："汉朝旧印的印文是'匈奴单于玺'，新印的印文是'新匈奴单于章'。汉赐单于印言'玺'，不言'章'，而且无'汉'字。只有诸王以下才有'汉'字，并配以'章'字，那意味着我匈奴单于地位在诸王之上，与皇帝平等。现在新印去掉'玺'，在前面加了一个'新'字，并且说'章'不说'玺'，那我匈奴的单于地位在新朝皇帝看来就与臣下没有分别了。所以,我们愿意用旧印,请把旧印还给我们吧。"

王骏把已经毁坏的旧印取出来说:"新印乃新朝顺天制作,故新印送达,旧印就失去了存在的必要性,我已经将它毁了。再说,原来的汉朝皇帝现在都变成了侯,单于还是应该顺承天命,奉行新朝的制度。"

右骨都侯当回去报告了乌珠留。乌珠留见事已至此,无可奈何,加上收了人家这么多钱财,就没有为难使团。他随即派他弟弟右贤王舆带着礼物,随新朝使团前往长安致谢,并上书要求按汉朝旧印的印文重新制作印玺。

当然,这一切是徒劳的,王莽不可能答应。

王骏一行人返回汉朝,途经匈奴左梨汗王咸的辖区时,发现那里有不少乌桓人。王骏询问咸怎么回事。咸说乌桓人抗税,杀死了匈奴使者,匈奴为了教训一下乌桓人,抓了许多乌桓俘虏。

王骏大怒,说:"先前规定的四条,其中有'不得受乌桓降者',难道你们忘记了吗?希望尽快遣返这些人。"咸没办法,表示这事要请示乌珠留,一旦乌珠留发话,他就立即放人。

乌珠留听到这个消息,怒不可遏,但他再一次强压怒火,答应放人,并让咸问王骏:"是从塞内遣返乌桓人,还是从塞外?"王骏也不敢私自做决定,派人请示王莽。王莽说直接从塞外遣返。

乌珠留为了维持与中原政权的和平共处关系,对中原方面的无理取闹再三容忍,退步,没想到对方却得寸进尺。如果说汉朝皇帝如此,他尚能接受,毕竟汉朝对他们父子有大恩,如今篡汉的王莽对匈奴没有半点恩惠,却变本加厉、变着法子欺凌匈奴人,终于让乌珠留忍无可忍。他派右大且渠蒲呼卢訾等10余名将领率领1万骑兵,以护送乌桓俘虏为名,率兵到朔方塞下,耀武扬威。新朝边塞守军见匈奴人来势突然,立即严守边塞,不敢轻易出战。朔方太守立即把这一情况报告了王莽。

乌珠留此举意在警告王莽:别把我逼急了,到此为止吧!但是,作为理想主义的改革家王莽却不想到此为止。双方翻脸不可避免，战火从西域首先燃起了。

第二年，西域车师后王须置离密谋投降匈奴。新朝在西域的戊己校尉刀护知道了他的阴谋后，将他用枷锁捆绑着送到了西域都护但钦所在的埒娄城。西域都护但钦虽在属国受到攻击时不肯援助，但此刻反应却相当敏捷，不等须置离辩解，就砍下了他的头颅。此举让车师人十分失望。须置离的哥哥狐兰支痛恨但钦，立即率领2000余人，赶着牲畜，逃到了匈奴。乌珠留此前已经向新朝耀武扬威，意味着他不再遵守新朝那一套所谓的"四不准"，见狐兰支率部前来投降，非常高兴地接纳了他们，并派兵与狐兰支一起攻打车师。

紧接着，戊己校尉属下的陈良、韩玄、任商等汉族将领见西域诸国纷纷背叛新朝，又听说乌珠留将派大军入侵西域，夺回他们的故土，害怕自己在这场战争中被杀，挟持手下数百名吏卒人，合谋杀死了生病的戊己校尉刀护及其全家男丁，然后派人与匈奴南犁汗王南将军接洽投降一事。匈奴南将军奉命率2000骑兵前往西域迎接这伙叛徒。但钦得知这一消息，怕上面怪罪下来，立即上书王莽说匈奴南将军和右伊秩訾王即将率大军侵扰西域诸国。

王莽得知这一消息，勃然大怒。他打算将匈奴分为15块，设置15个单于，以使其无力造反。接到但钦的奏报后，他立即派中郎将蔺苞、副校尉戴级等人率领1万骑兵，携带珍宝财物到云中塞下，诱招呼韩邪的子孙们入塞，依次将其封为单于。

蔺苞派人诱骗左犁汗王咸及其儿子登、助入塞。他们刚进入长城内，就被新朝军队控制。蔺苞强迫咸接受孝单于的封号。随后，蔺苞放咸一人出塞，将助、登二人带到长安做人质。

咸脱身后，立刻将事件前后经过禀报乌珠留。但是，他的忠诚没能感动乌珠留。乌珠留将他贬为匈奴贱官。咸的儿子助在长安因水土不服病死，王莽立即宣布登为匈奴新任顺单于。

虽然乌珠留不断在西域动手脚，但其行为不算出格，给双方留下了和谈的余地，但王莽的做法相当极端，突破了乌珠留的底线。乌珠留召集匈奴各部贵人，愤怒地宣布：不承认王莽的皇帝地位，匈奴与新朝势不两立。随后，他派左骨都侯、右伊秩訾王呼卢訾及左贤王乐等人率军进攻新朝云中郡的益寿塞，大杀新朝边塞的吏民。这一年是公元11年，长城内外60年的和平正式宣布结束。匈奴经过60年的休养生息，打着为汉朝皇帝复仇的旗号，向新朝发起了抢掠和进攻。

这时，新朝刚建立两三年，王莽推行的一系列理想主义改革伤及了国内众多达官贵人、豪强地主的利益，而老百姓又没有从中得到实惠，上上下下都对他不满，国内矛盾重重。

为了缓和矛盾，王莽决定将视线转移到对外战争上，通过战争的胜利来树立皇威，巩固统治。新朝托汉朝的洪福，国库充实，有能力发动一场大规模的对外战争。

面对匈奴的进攻，王莽不甘示弱，派出12位将军携带300天的军粮，分10路出击匈奴。

王莽此举当即遭到了一部分朝臣反对。严尤不仅借周秦汉三家对待匈奴的态度指出王莽发兵远征是下策，还认为无论是民力、物力、兵力，还是气候，对新朝都很不利，此次出征困难重重，几乎没可能成功。严尤在否定大规模动用物力民力征讨的同时，也指出，既然现在已经决定出兵，就应该纵兵先至，表示愿意率轻骑兵对匈奴发起闪电袭击，予以重创，好让它知道新朝的厉害。

然而崇尚儒家的王莽认为，王者之师必须要堂堂正正，浩浩荡荡出师，先声夺人，因而没有采纳严尤的建议，继续大规模征兵，运输粮草，导致天下骚动，民心不安。

在宣战后，王莽迫不及待地宣布，将匈奴改名为"降奴"，将单于改名为"服于"。

但是，王莽试图利用对外战转移民众视线，掩盖国内矛盾，却使国内矛盾不断激化。

新朝12路大军抵达长城边塞后，就停滞不前。严尤的担忧终于应验了。不是将士们不敢战斗，而是内地的军粮根本运不上来。这时，国内矛盾加剧，很多豪强地主不满王莽的改革，不愿出钱出粮打仗，征收粮草阻力重重，运输粮食的队伍也经常遭到抢掠。

新朝12路大军停留在边塞，军心涣散，士气低落，毫无作为。乌珠留却不想让他们这样安静地待着。他下令匈奴军加紧侵扰和进攻新军，一时间，新朝边郡百姓伤亡惨重，长城沿线到处都是累累白骨。

后来，屯驻云中葛邪塞的新朝厌难将军陈钦、震狄将军王巡等人在抵御匈奴侵掠中抓到几名俘虏。他们从俘虏的口中得知，经常率军侵犯边界，最积极、对边境危害最大的竟然是孝单于咸的儿子角。他们把这事报告给了王莽。王莽大怒，召集各国在京的使节贵人，会聚一堂，将孝单于留在长安的质子顺单于登杀了。

报复完孝单于咸父子后，王莽望眼欲穿地等待着大军出塞的捷报。但是，他等来的不是大军出塞的消息，而是乌珠留的死讯和前不久被他报复的孝单于咸继位为乌累单于的消息。

匈奴与王莽的较量

乌珠留登基之时，以乐为左贤王，以舆为右贤王。这时，乐已先乌珠留而死，根据呼韩邪"兄终弟及"的临终遗言，乌珠留死后，匈奴单于之位应该让给舆，怎么会轮到孝单于咸呢？这得归功于王昭君的女儿。

王昭君的大女儿云被封为须卜居次，她的丈夫右骨都侯须卜当是匈奴的用事大臣。两人与孝单于咸的关系很好，认为王莽之所以拜咸为孝单于，是因为喜欢咸，一旦咸继位，有利于改善新朝与匈奴的关系。于是，在乌珠留死后，两人越过本该即位的舆，将咸推上了单于宝座，即乌累单于。

其实，首先破坏"兄终弟及"这一遗命的不是乌累，而是乌珠留本人。因为，在左贤王乐死后，右贤王舆并没有被递补为左贤王，而且连右贤王的名号也被剥夺了。奇怪的是，接连继位的几位左贤王都死了。当时，乌珠留认为，左贤王这个名号太不吉利，就将左贤王的名号改为"护于"。但是，当上"护于"的不是舆，而是乌珠留的儿子苏屠胡。很明显，乌珠留不想再把单于之位传给弟弟，而想传给自己的儿子。

乌累怨恨当初乌珠留不体察自己的忠诚，无故将自己贬官，降低名号，继位之后立即免去乌珠留的儿子苏屠胡的"护于"之位，将他贬为左屠耆王。当然，乌累觉得他有些对不起舆，于是将舆立为左贤王。

人事调动完毕，云和须卜当就催促乌累与王莽和亲，恢复和平。这时，乌累并不知道儿子登已被王莽所杀。想到儿子登还被王莽扣着，乌累同意派人前往长安请求和亲。云和须卜当派人到西河的塞下，通过新朝的守塞官吏转告和亲侯王歙。王歙是王昭君的侄子，也就是云的表哥。他得到和亲消息后，立即上奏王莽。

12路大军屯驻塞上几个月，却无法出塞征讨匈奴，如今骑虎难下，王莽正为此事犯愁，听说匈奴主动要求和亲，心里很高兴。可是，高兴过后，问题马上出现了：他已经杀掉了乌累的儿子登，这可怎么解释呢？实际上，一切解释都是没用的。

王莽思来想去，决定先把杀登的事糊弄过去。他派和亲侯王歙作为贺使，前往单于庭庆祝乌累继位，赐给乌累大量黄金衣被缯帛等礼物，并大言不惭地宣称乌累的儿子登在长安活得好好的，还顺便要求将当年杀死西域校尉刀护的新朝叛将陈良、终带等人遣返中原。乌累刚刚上台，统治还不稳固，不想节外生枝，便同意了。随后，他将陈良、终带、韩玄、任商4位主谋及亲手杀死校尉刀护的芝音及其妻子共27人全部捉拿，交给汉朝使者，并派右厨唯姑夕王富等40人送新朝使团回国。

一行人回到长安后，王莽随即召开公审大会，在长安城将陈良等27人处以"焚如"之刑，活活烧死，又把驻扎在塞上的大军陆续撤回，只保留游击都尉守备边塞。王莽以为，新朝与匈奴的敌对关系结束了。

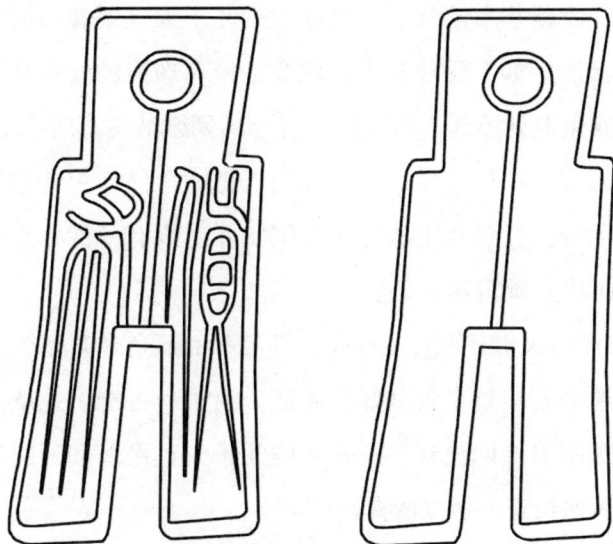

王莽货币

然而没过不久，乌累就知道了登早已被王莽所杀的消息。他感觉到被王莽狠狠忽悠了一把，便怨恨丛生，不断派人南下侵略新朝。王莽居然厚着脸皮派人前往匈奴指责乌累：双方既然和亲，你们为什么率军侵扰新朝边境呢？乌累自然也不认账。他一口咬定那是乌桓人和部分匈奴刁民的私自行为，他还信誓旦旦地表示，自己刚刚继位，声望尚浅，一定会尽全力严打私自入侵新朝的乌桓人和匈奴刁民，绝不敢对新朝有半点二心。

乌累一面糊弄新朝使者，一面仍不放弃侵扰，同时还派使人前往长安，求其子登的尸首。

公元15年，王莽派和亲侯王歙与能言善辩的王咸带领伏黯、丁业等6人，送匈奴右厨唯姑夕王富归国，并一同将登的尸体送还匈奴。一行人来到塞下，乌累早已派云与须卜当的儿子大且渠奢在那里等候、迎接。

到了单于庭，使团送给了乌累很多金银珍宝，先按抚乌累的情绪。随后，他们又向乌累宣布新朝皇帝的旨意，改称匈奴为"恭奴"，称单于为"善于"，意思是让匈奴做个对新朝恭顺的民族，单于要修身积德，做个好人。他们又封骨都侯须卜当为后安公，他的儿子大且渠奢为后安侯。当然，汉使还对乌累提出了如下强硬要求：敕令刨掉乌珠留的坟墓并鞭尸以惩罚其造反；责令匈奴撤退到漠北不得南侵；责令乌累缴纳马万匹、牛3万头、羊10万头作为以前入侵掳掠的惩罚，并将此前所掠的边民幸存者悉数放归。乌累看在大量礼物的分上，口头上答应了，但实际上没有一件事照办。匈奴军继续在边境侵犯如故，新朝并不安宁。

乌累在位5年后去世，左贤王继位，即呼都而尸道皋若鞮单于。

呼都而尸道皋若鞮是个贪财好利之徒。为了尽可能多地从王莽那里获得赏赐，他派出王昭君的两位外孙——云的儿子大且渠奢和云的妹妹当于居次的儿子醯椟王俱到长安去朝贡请赏。

王莽见呼都而尸道皋若鞮派人前来，试图利用这一机会再次分裂匈奴。朝贡完毕，他赏赐了不少礼物，命和亲侯王歙等人护送大且渠奢等来到制虏塞下。须卜当与居次云等带着小儿子前来迎接。他们并不知王莽的诡计，没想到刚一会面就被新朝军队挟持了。居次云的小儿子设法逃脱回了匈奴，其余的人全被强行带到长安。

在长安城中，王莽早已准备好了一套单于行头。须卜当和居次云刚到长安，须卜当就被王莽拜为"须卜善于"。

早在王莽要动手绑架须卜当和居次云等人之前，严尤就劝阻说："须卜当在匈奴右部可以控制匈奴不侵犯北边边境，单于有何动静能立刻告诉我国方面知道，这是对我国的极大帮助。如果强行将他绑架到长安的话，不仅会失去匈奴亲汉派的拥戴，还会失去在匈奴高层的内线。须卜当放在草原上是一条龙，放在长安槁街不过是个普通的胡人罢了，还是让他留在匈奴吧！"

王莽依然不听严尤的劝告，不仅绑架了云和须卜当一家，还打算派大军出塞扶植须卜当为单于。他匆匆拉起一支队伍，强令严尤率部出征匈奴。严尤劝谏说，当务之急是镇压绿林和赤眉乱党，而不是出征匈奴。王莽不听，认为严尤有意违背他的意志，当即下令将严尤革职。

呼都而尸道皋若鞮听说王莽想远征匈奴，立即做好迎战准备。这时，新朝境内，绿林军和赤眉军的势力一天天壮大，攻州掠郡，势如破竹。匈奴趁机出兵进攻新朝北部的边郡，边郡的防线形同虚设，屡屡告破。

公元21年，须卜当病死在长安，但王莽仍不放弃出征匈奴的计划。他把自己的庶女嫁给须卜当的儿子大且渠奢，仍然一意孤行地要出兵匈奴，扶植大且渠奢当单于。不过，他再也没有机会派军出塞了，因为绿林军、赤眉军的汹涌发展势头让他认识到了处境不妙，形势已经到了火烧眉毛的时候，但他却无法逆转。

公元23年，绿林军拥立西汉宗室刘玄为更始帝，不久攻入长安，王莽被杀，云和大且渠奢也在混战中被杀死。至此，匈奴内部主和派领袖都被消灭，匈奴与中原王朝之间不得不再次处于战争状态。

匈奴再次点燃复兴梦想

王莽的新朝崩溃了，统治长安的新贵刘玄以汉朝正统自居，正努力恢复汉朝的统治。可惜的是，刘玄并不是一代雄主，撑不起汉朝的一面天。中原地区的战乱并未结束，各派势力加入了新一轮的逐鹿，谁都想成为中原大地的最终主宰者。这是复兴匈奴的天赐良机。匈奴贵族内，和亲休战派已经失势，传统的游牧征战势力迅猛抬头，战争已经不可避免。

公元24年，更始帝刘玄派人前往漠北单于庭，把匈奴一直强烈要求恢复的黄金"匈奴单于玺"按原样铸好，授予呼都而尸道皋若鞮，并将云和须卜当的亲属及随从贵人等一起送还匈奴。刘玄满以为匈奴被王莽欺压会思汉，却不知道呼都而尸道皋若鞮只认钱，何况此刻汉朝柔弱匈奴强大，刘玄的黄金印玺对匈奴已经没有多大的吸引力。

呼都而尸道皋若鞮不仅不臣服汉朝，还扯出消灭王莽他有功，汉朝应该臣服他，令本以为单于会乖乖称臣的汉朝使臣们大吃一惊。他们据理力争，但呼都而尸道皋若鞮始终坚持己见，双方谈判半年，毫无进展，使者们无奈，只好灰溜溜地回长安。可是，还没有等他们回到长安，刘玄就失败了。

赤眉军拥立刘盆子为帝，攻入了长安。但是，"螳螂捕蝉，黄雀在后"，刘盆子在长安没有待多久，又一位汉室后裔刘秀率军打败了刘盆子，一统天下，成为真正恢复汉朝的一代雄主。由于他建立的汉朝定都于洛阳，于是又称东汉。刘秀就是东汉光武帝。

呼都而尸道皋若鞮时刻关注着中原局势的变化，刘玄和刘盆子相继被推翻，刘秀当上东汉的皇帝后，呼都而尸道皋若鞮趁他国内初定、根基未稳，指挥匈奴军队从三个方面向东汉发起了进攻。

匈奴首攻的方向是西域。在这一区域，匈奴是有基础的。当初王莽逼迫西域各国国王改王为侯，激起了他们的普遍怨恨和反感。早在公元13年，在匈奴策动下，靠近匈奴的焉耆王率先起兵反叛，攻杀了西域都护但钦，继而又在姑墨、尉犁、危须等国的支持下，打败了继任都护李崇。西域从此断绝了与中原的联系。

后来，西域诸国自相残杀，匈奴便乘虚而入。"王者归来"的匈奴对西域各国横征暴敛，逼迫西域诸国在重归匈奴后把拖欠数十年未付的保护费加倍偿还。西域诸国过惯了到长安朝见请赏领钱的优裕生活，哪里受得了匈奴横征暴敛，于是，西域诸国中一些实力较强的国家萌生了反抗之心。

莎车国在西域实力较强。莎车国王延曾在西汉末年作为侍子生活在长安，一向亲近中原。公元18年延去世，王莽赠其谥号为"忠武王"。继位的康依旧坚持亲近中原的政策，联合诸国抵御匈奴。东汉初期，康派人通过河西关塞上书刘秀，表明他的亲汉政策。

这时，东汉立国不久，境内还有隗嚣、公孙述等几大割据势力，刘秀哪里有闲工夫去管西域的事？但是，既然人家找上门来了，也不能拒绝人家，总得给人家一点表示。公元29年，刘秀封康为汉莎车建功怀德王、西域大都尉，诏令西域55国皆属莎车管辖。虽然刘秀对莎车的册封仅仅属于精神鼓励，但莎车王还是很乐意。因为在此之前，西域都护由汉朝官吏担任，西域诸国隶属于汉朝，如今他则代表汉朝节制西域诸国，成为了一方老大。

公元33年，莎车王康死去，刘秀赠他谥号为“宣成王”，康的弟弟贤成为了新莎车王。贤即位之后，率军攻破了拘弥、西夜两国，杀死了两国的大王，立康的两个儿子为拘弥王和西夜王。

公元38年，贤与鄯善王安一起派使者到洛阳朝贡。自此，西域开始与东汉正式通好。这时，葱岭以东的西域诸国都属贤管辖。随着地盘的扩大和实力的增强，贤的想法也多了起来。公元41年，贤向刘秀“请都护”，即要求东汉正式册封他为西域主人。刘秀同意，但敦煌太守裴遵上书反对，刘秀便下诏收回都护印绶。但是，莎车使者不肯交还都护印，裴遵便强行夺走。此举令莎车王贤大恨不已：我父子三人为汉与匈奴奋战多年，难道就是为了得到几个谥号吗？愤恨不已的他失去了理智，立即采取报复性措施。贤既然决定与东汉决断，自然就要向匈奴抛出橄榄枝。呼都而尸道皋若鞮大喜，当即表态支持贤。于是，贤屡次率军攻打龟兹等国，弄得那些和莎车接壤的国家整日提心吊胆。

在匈奴和莎车的双重压迫下，公元45年冬，不堪压迫的车师前王、鄯善、焉耆等18国都遣子入侍洛阳，献上他们的珍宝，希望东汉在西域重置都护，保护他们的领土和人民不受侵犯。但刘秀认为，东汉消灭各地的割据势力不久，国力疲惫，北边的匈奴也没有屈服，暂时无法出兵平息西域之乱，就很犹豫。

莎车王贤见刘秀对他无能为力，变得狂妄至极，打算兼并西域诸国，成为名副其实的西域之王。西域诸国见东汉靠不住，为了自保，纷纷归顺匈奴。一时间"匈奴右臂"颇有断臂重生之势。西域诸国的赋税源源不断输入匈奴，让呼都而尸道皋若鞮的腰包迅速鼓了起来，呼都而尸道皋若鞮信心十足，憧憬着复兴匈奴的蓝图。

志得意满的呼都而尸道皋若鞮不仅成功地将西域诸国收入囊中，还通过威逼利诱，使乌桓和鲜卑再次成为匈奴的附属。

乌桓在西汉时就已经脱离了匈奴的控制。王莽篡汉后，曾试图利用乌桓与匈奴的宿怨驱使他们攻击匈奴。他所策划的带300天军粮，兵分12路出击匈奴，其中的一路就有乌桓和丁零人。王莽让乌桓人拖家带口全部到达代郡，由于水土不服，乌桓人非常害怕无休止地屯驻下去，多次请求回去。王莽不同意，很多乌桓人悄悄溜走，沿路还不忘抢掠一番，王莽一气之下，杀了很多乌桓人的家属。乌桓人一看家属纷纷被新朝士兵杀死，对王莽恨之入骨。这时，匈奴及时出手拉拢，乌桓人顺势投入了匈奴的怀抱。拉拢乌桓后，匈奴又顺势征服了势力日益壮大起来的鲜卑。

刘秀重建汉朝后，呼都而尸道皋若鞮经常驱使乌桓和鲜卑人南下抢掠。乌桓人久居塞边，部落距离汉朝边境非常近，加上仇恨中原人，在抢掠过程中非常卖力，手段狠毒，所到之处，不留活口，导致代郡以东很多地方变成了无人区。

西域来求救，刘秀可以装缩头乌龟，因为西域不是汉朝的核心利益区，但是，面对乌桓的侵扰，他再也不能坐视不管了。因为乌桓侵扰的地区是汉朝的边郡，直接关系到中原地区的安危。刘秀决定对乌桓的入侵做出反应。

公元37年，刘秀令王霸等人率领6000弛刑，即因为充军或服劳役而被赦免的囚徒，从代郡到平城修治全长300多里的飞狐道，以防止匈奴、乌桓侵扰。

公元45年，伏波将军马援请缨率领3000骑兵攻打乌桓，无奈消息被乌桓人提前得知，反被乌桓人用诱敌深入之计打得惨败而归。

匈奴不仅利用乌桓人重创东汉，还"以汉制汉"，派人拉拢汉朝安定郡三水县的卢芳、代县的张晔、渔阳郡的彭宠和五原郡的李兴等军阀割据势力，出钱出人帮助他们攻击汉军，蚕食东汉领土。

面对匈奴的侵扰，刘秀采取了先安内再攘外的策略，对匈奴的狂妄尽量忍让，而对卢芳、张晔等人则实行军事打击和分化瓦解相结合的政策。等逐步削平群雄统一天下后，刘秀也不急于与匈奴决战，而是整顿内政，稳定秩序，恢复生产。他心里很清楚，要想打赢对匈奴的战争，必须以强大的实力做后盾。

事实上，经过战乱之后，东汉面临的局面一片混乱，因而当呼都而尸道皋若鞮得意扬扬地从三个战略方向向刘秀压迫过来时，刘秀基本上是咬紧牙关，实行单纯的防御和忍让政策。

呼都而尸道皋若鞮频频向汉朝发难，刘秀一再退让，使得他的野心越来越大，甚至想恢复冒顿时代的辉煌，但是，他忽略了一个事实：这时匈奴的规模只有冒顿时代的一半，而匈奴的复兴不是因为匈奴势力已经崛起，而是因为匈奴的老对手汉朝陷入内乱，无力迎战匈奴的挑战。汉朝内部早已在政治、经济、文化、语言、生活方式、风俗习惯等方面形成了牢固的统一，匈奴的分化政策不会长期起作用。相反，匈奴历经两百多年发展，却没有形成共同的民族意识，反而在汉朝的影响下继续分化，匈奴国内南部和北部民众的生活方式和思维方式差别越来越大。因此，呼都而尸道皋若鞮试图利用汉朝动乱重建之机复兴匈奴的宏愿，只能是昙花一现，随着汉朝实力的恢复，它必将走向终结。

匈奴再现"南北朝"

公元46年，呼都而尸道皋若鞮去世。临死前，他想将单于之位传给儿子，因而对弟弟左贤王伊屠知牙师举起了屠刀。此举破坏了呼韩邪"传国于弟"的遗嘱，在匈奴内部引起了轩然大波。

法定的继承体系被破坏，诸王争位的局面很快重现。伊屠知牙师被杀后，呼韩邪的子孙们开始各自打起了小算盘，不服气的人非常多，尤其是乌珠留的儿子右奥鞬日逐王比更是一肚子怨言。

在呼韩邪北迁单于庭之后，在漠南形成了一个以8部大人为中心的政治集团，后由右谷蠡王伊屠知牙师统率。伊屠知牙师遇害后，漠南8部大人及乌桓都由比统辖。当初乌珠留试图传位给儿子苏屠胡没能得逞，如今比见叔叔伊屠知牙师被杀，比便口出怨言。

比放出怨言后，担心呼都而尸道皋若鞮会杀他，从此很少去单于庭参加各部大人的聚会。他不去朝见呼都而尸道皋若鞮，呼都而尸道皋若鞮自然会对他加深猜忌，怀疑他图谋不轨。由于比的领地临近乌桓，拥有四五万军队，在匈奴内部举足轻重，因而呼都而尸道皋若鞮不便轻易诛杀他，只好派心腹去监视他的一举一动。

呼都而尸道皋若鞮死后，乌达被立为单于，但乌达是个短命鬼，继位当年就死了。随后，呼都而尸道皋若鞮的弟弟蒲奴被立为单于。比见单于之位没有他的份，愤恨至极，决定采取行动，自立为单于。

恰逢匈奴遭遇了罕见的灾难。面对艰难的国内环境和日益崛起的东汉，蒲奴害怕东汉乘匈奴国内不稳的时候发兵攻打，便派出使者前往渔阳郡，要求渔阳郡守向东汉皇帝代为传递匈奴和亲的请求。刘秀接报，派李茂负责筹办此事。

但是，缓和与东汉的关系并不能从根本上消除匈奴的危机。依附匈奴的乌桓见匈奴国势衰颓，就打算不再依附匈奴，继而又出兵攻打匈奴。蒲奴抵挡不住乌桓的攻势，只好率部众向北迁徙，放弃了对漠南草原的实际控制权。

统率漠南的比趁机行动。公元47年，他秘密派汉人郭衡带着匈奴地图求见汉朝的西河太守，请求内附。监视他的两位骨都侯看破了比的意图，就在五月龙城大会时将此事报告了蒲奴。此话又恰好被比的弟弟渐将王在单于帐下听到，他立即将这一消息告诉了比。

比知道自己已无路可退，就召集漠南8部共四五万人人马，打算先干掉两位骨都侯，再率军直捣单于庭。蒲奴得知消息勃然大怒，立即派1万骑兵前往漠南逮捕比，只是他的大军到达漠南后，发现比的支持者有四五万之多，就好汉不吃眼前亏，撤了。

比与蒲奴彻底决裂后，面临两条路：被蒲奴镇压后被杀或者归附汉朝。

比对部众是否愿意归顺汉朝并不担心。自公元18年以来，比就率领8部众驻牧在南边，民众在日常生活中与汉人频繁进行手工业品、农产品和畜产品的互换贸易，他们对汉人有某种亲近感。如今，他们已经与仇汉的蒲奴闹翻，归附汉朝寻求保护当然是最佳选择。

不过，比还是有些担心，毕竟他父亲乌珠留曾经与汉朝敌对，刘秀会不会接纳他呢？

公元48年春，匈奴漠南8部大人会聚一堂，商议未来的出路问题。由于当年呼韩邪附汉为匈奴复兴打下了基础，大家决定重走呼韩邪的老路，立比为"呼韩邪单于"，借助祖父的称号来与汉朝交涉。比派使者前往五原塞下，上书刘秀请求内附，声称："愿意永远作汉朝的屏障，防御北匈奴的入侵。"

真是天上掉馅饼啊！刘秀得知这消息，激动得不能自已。他正苦于匈奴连年入侵，无法应对，而今匈奴南北分裂，南匈奴自愿为汉朝保卫边塞，这真是天佑中华，老天促成他成就千古功业。刘秀审时度势，当即决定扶持南匈奴，抗击北匈奴，同意了南匈奴通好的请求。

与此同时，刘秀又趁机拉拢乌桓，让乌桓人不成为汉朝的祸害，而成为牵制匈奴的有生力量。

同年冬，比自立为"呼韩邪单于"，即醯落尸逐鞮单于。从此，匈奴正式分为南北匈奴，且两个彼此敌对的分支分道扬镳，朝着不同的历史方向前进。（在以后的行文中，为了便于区分，将南匈奴单于称为南单于，北匈奴单于称为北单于。）

得到汉朝的支持后，南单于比的腰板也硬了，决定攻打北匈奴，树立威信，让全匈奴人都知道，他才是真正的单于。

公元49年春，南单于比派左贤王率兵攻击北单于蒲奴的弟弟奠鞬左贤王，结果南匈奴的左贤王大获全胜，还抓获了北匈奴的左贤王奠鞬。

北单于蒲奴大为震惊，为了避开南匈奴的兵锋，向北退却了近千里。眼见蒲奴接连大败，北匈奴的奠鞬骨都侯与右骨都侯率领3万余部众归降了南单于比。一时间，南匈奴声势大振。

当年三月，南单于比派人到洛阳称臣，请求东汉派人去监护，复修"呼韩邪单于故约"。刘秀自然是求之不得。公元50年春，他派中郎将段彬等人出使南匈奴，在距五原塞西部80里处建立南单于庭，设置"护匈奴中郎将"，率兵护卫南单于。当然，所谓护卫，其实就是监视、看住南匈奴。

由于不再担心匈奴到边境郡县烧杀抢掠，刘秀就将以前迁徙的边民回迁故地，同时宣布南匈奴的部众可在北地、朔方、五原、云中、定襄、雁门、代郡、上谷等8郡内外放牧居住，但南匈奴的部众要协助诸郡县戍守，侦察北匈奴的动静，担负起护卫北部边境的任务。

南匈奴与汉民在边郡杂居，导致了彼此接触、互相通婚的情况出现。从此，南匈奴人开始了与汉族融合的历程。除此之外，杂居还让南匈奴人逐渐学会了农耕技术。他们和昔日的属国胡人一样，逐步摒弃了纯粹的游牧生活，转向了半游牧半农耕的生活，从而加速了汉化过程。

公元50年秋，南单于比把儿子送到东汉做人质。刘秀依照东汉诸侯王的相关制度，授予南单于比黄金玺绶与汉诸侯王冠带、衣裳，此外还有大量物资，又从河东郡转输粮食25000多斛、牛羊36000多头，赈济处于饥荒和疫病中的南匈奴部众。

此后每年南单于都会向东汉皇帝上贡礼物并汇报情况，监护南匈奴的东汉中郎将也同时派人陪同质子入朝。与此同时，东汉也将前一年的质子送还南单于。此外，每逢新年到来，祭拜完汉室祖庙之后，东汉皇帝都会派出使者到南单于那里给予一定的封赏。每年如此，形成惯例。

公元56年，南单于比去世。南单于比是因为争位而率部分裂的，因而他对南匈奴的单于继承制度格外重视。为了避免南匈奴再度因为争夺单于位而四分五裂，同时也为了表示他才是延续祖父呼韩邪遗训的正宗传人，他制定了兄传弟、弟传侄循环式的继承法则。这种法则巧妙地将传弟与传子交叉结合在一起，传弟之中有传子、传子之中又见传弟，避免了昔日匈奴时代由于传位制度不明确而导致的父子兄弟叔侄之间的骨肉相残和母阏氏干政等现象。这一套继承制度在南匈奴实行了98年之久，国家始终保持了平稳过渡。

在汉朝的庇护下，南匈奴开始逐步展露勃勃生机，而地处漠北的北匈奴却处境艰难。南匈奴比自立不仅使北匈奴丧失了漠南一大片水草丰美的土地，经济上陷入窘境，而且还时常受到北面丁零，东面乌桓、鲜卑，南面南匈奴的夹击。为了生存和发展，北匈奴的势力逐渐向西转移，加强对西域诸国的控制，以保障北匈奴的经济来源。

为了摆脱困境，北匈奴于公元51年首次派人到武威郡，请求与东汉和亲。刘秀命群臣廷议，一时间争论不休。太子刘庄认为，与北匈奴和亲，会使南单于失望而产生二心，一旦与南匈奴关系破裂，北匈奴也就不会再提归顺之事了。刘秀认为刘庄的话有道理，命令武威太守拒绝了北匈奴的要求。

北单于见和亲使者被挡回，不但不恼怒，反而接二连三地派出和亲使团，尤其是在公元52年时，北单于蒲奴不仅派了名王做使者，还提出要前往东汉朝见天子。此举既是为了表达他与东汉和亲的诚意，同时也提醒东汉：整个西域现在都已被北匈奴控制，如果反复拒绝他们的善意的话，西域诸国很可能会变成北匈奴联兵入侵的伙伴。

在这种情况下，刘秀不得不掂量北匈奴此举的分量了。他召集大臣商议对策，司徒掾班彪说："匈奴一向欺软怕硬，又有外强中干的毛病。他们送的礼物越重越殷勤，反而说明其国力越虚弱，对我们的恐惧越大。我们还是应该静观其变再做决断！"

班彪的建议不无道理，匈奴分裂和内讧，意味着东汉是最大的受益者。如今南匈奴与东汉已和平休战，北匈奴侵占了东汉西域领地，害怕遭到东汉与南匈奴的联合打击，才向东汉请求和亲，这完全是一种阴谋，是一种政治敲诈。不过，从东汉的最高利益出发，与北匈奴公开翻脸也是不明智的，这只会导致北匈奴在西域变本加厉。因此，最好的办法就是与北匈奴和稀泥，拖延时间，静观时局变化，因势利导，把主动权牢牢掌握在手中。

基于这样的考虑，刘秀给北单于蒲奴回了一封长信，极尽委婉之语气，再次拒绝了北单于的好意。北单于蒲奴接到回信，颇有几分气愤，但看到东汉回赠了那么多礼物，且都是雪中送炭的东西，气也消了不少。他决定继续发扬百折不挠的精神，再次派人去洛阳和亲。

公元55年，蒲奴派的使者又一次来到了洛阳，请求和亲。其实，蒲奴有自知之明，他对实现和亲目标不抱任何希望，只是想通过频繁派使者到汉朝间离南匈奴与东汉的关系，同时要求东汉同意互市贸易，解决北匈奴的经济和日常生活用品的供给问题。但是，刘秀没答应北匈奴使者的任何要求，只是照例赏赐了一点东西，就打发使者回去了。即使如此，蒲奴也不亏。

不过，蒲奴见刘秀一而再、再而三地和稀泥，渐渐失去了耐心，转而开始加强武力侵扰南匈奴和东汉。然而，这时东汉立国已经30多年了，社会安定，国力蒸蒸日上，出现了"光武中兴"局面，有足够的能力去迎接甚至策划一场大规模的战争。当失去耐心的蒲奴决定诉诸武力时，也就意味着北匈奴真正的灾难来临了。

班超西域建奇功

南北匈奴都想借东汉的势力消灭对方，统一匈奴，而东汉则一直试图维持南北匈奴对峙的局面，因此即便边境时不时遭到北匈奴的侵扰，也始终保持着克制，三方在矛盾和联合中维持了20多年。北匈奴眼见和亲无望，又试图联合反叛的南匈奴贵人向东汉挑起事端，依然未果，于是变本加厉地入侵东汉边境进行抢掠。

公元72年，北匈奴居然征发西域各国的军队，一起入侵河西，并在第二年又进入云中和渔阳两郡大肆烧杀抢掠。

这时的东汉皇帝是刘庄。见北匈奴勾结西域诸国成群结队地抢掠东汉的边境郡县，刘庄忍无可忍，下令东汉军队向北匈奴发起进攻。

刘庄此举并不是一时心血来潮。东汉经过刘秀的"光武中兴"和刘庄十多年苦心经营，无论是财力、物力，还是边防建设，都已经具备大规模征伐北匈奴的条件，朝廷内部武将们请战的积极性也非常高，可以说从上到下都做好了反击匈奴侵略的准备。

反观这时的北匈奴，处境则并不乐观，向南被南匈奴和汉朝阻挡；东边是背叛了它的乌桓，它多次击败过北匈奴人，北匈奴人不敢再去招惹它；北边是茂密的森林地带，那里不适合游牧民族居住，且丁零人也不友善。因而，征服西域，控制西域，发展西域是北匈奴坚定不移的生存发展战略。

此前刘秀放弃经营西域的战略，在某种程度上纵容了北匈奴复苏。通过控制西域诸国，北匈奴源源不断地得到了人力、物力的补充，实力比刚刚分裂时有所恢复，但无法与东汉相提并论。况且，西域曾在西汉时依附中原，不但没有受到西汉的敲诈勒索，反而经常从西汉那里得到赏赐，这对它们来说，是一段美好的回忆。如今随着东汉的强盛，西域诸国归汉之心更加强烈。一旦汉军大规模出击北匈奴，西域诸国很可能顺势倒向东汉。

刘庄决定开战后，把出击的目标指向西域。西域诸国是北匈奴维持生存的生命线。东汉只要控制了西域，就等于斩断了北匈奴的经济来源。

公元73年2月，汉军分为4路出击北匈奴。北匈奴平时虽然骄横狂妄，不可一世，但当得知汉军联合南匈奴、乌桓、鲜卑、羌大规模进攻它们时，也充分认识到了形势的严峻，继而不遗余力地发挥其打不赢就跑的优良传统，沿途各部均望风而逃。

联军轰轰烈烈地出征，却因找不到目标，不得不空手而回，这虽然让刘庄多少有些失落，但汉军再度插手西域的举动却令西域诸国震动不已，尤其是配合这次军事行动的一群外交人员在西域取得了令人刮目相看的战绩，不亚于在正面战场上打了几个大胜仗。

公元73年夏，刘庄派假司马班超率领36人西出阳关，前往西域，游说西域诸国归汉，间离西域诸国与匈奴的关系。

班超是史学世家出身，他的父亲是著名史学家班彪，他的哥哥班固、妹妹班昭也在史学方面造诣颇深。班超年轻时替人抄书写字，觉得一辈子跟笔砚打交道，很没有出息。他投笔从戎，到窦固手下做了个假司马。所谓假司马，也就是代理司马。窦固在此次率军出征取得胜利后，立即向刘庄建议派人出使西域，同时推荐了班超和郭恂。刘庄同意了。

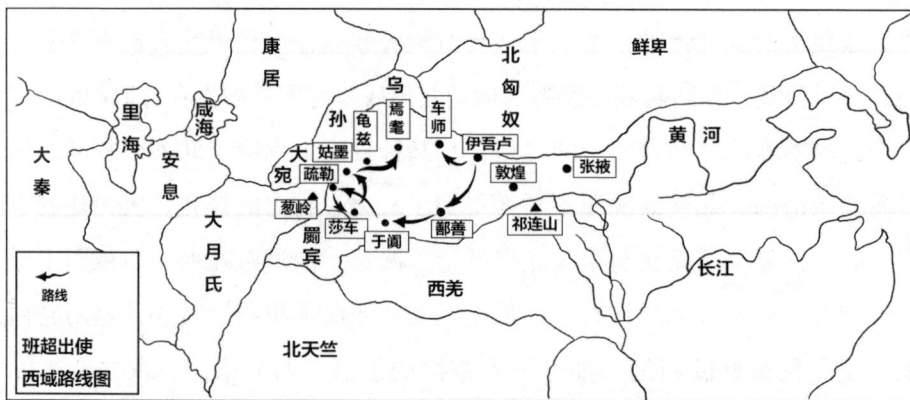

班超出使西域路线图

北匈奴在西域已经营多年，班超此行要达到离间西域诸国与北匈奴的关系、说服它们重新归汉的目的，风险重重。不过，他对此行充满了信心。

班超是胆大心细的人，特别善于从风险中发现机会。他启程前对西域诸国做过一番详细的分析，决定先易后难，从匈奴控制相对薄弱的天山南部的诸国下手。他率领36人首先来到了鄯善国。

鄯善是中原通往西域的必经之地。鄯善王早已得知窦固击败北匈奴呼衍王的消息，见班超奉命前来，热情地接待了他们。

但是，几天后鄯善王的态度就变了，由友善变得冷淡。班超敏锐地捕捉到了这一变化，很快发现了鄯善王态度逆转的原因所在。他对部属们说，这一定是北匈奴的使者来了，鄯善王在到底是归汉还是臣服于匈奴这个问题上犹豫不决。班超心里很清楚，西域诸国大多是小国，在汉匈两个大国的夹缝中求生存，向来采取的是"事大主义"。汉朝已放弃西域数十年，仅凭天山一场小胜并不足以使鄯善消除对匈奴的畏惧，毕竟汉朝离西域远，而匈奴离西域近。所以，当匈奴使者到来，鄯善王对汉朝使者态度便微妙起来。如果照此情形发展下去，形势对汉朝使者是非常不利的。

一天，班超从鄯善侍者的口中套出了北匈奴使者的驻地，他召集随从人员，借风使火，趁夜袭击了北匈奴人的住处，100多北匈奴人不是被杀就是被烧死。

第二天，班超将北匈奴使者的头颅交给鄯善王，鄯善王见状大吃一惊。不管怎样，北匈奴使者死在他的国都，他是没法向北匈奴单于交代的，何况这是战争时期，此举更让他有口难言。无奈之下，他只好归顺东汉，请求东汉保护鄯善国的安全。

刘庄得知班超一把火逼降了鄯善王的消息，非常高兴，大笔一挥：从现在开始，你就别当什么假司马了，当真司马吧！

当然，刘庄没把班超召回长安，而是鼓励他再接再厉，将整个西域降服。对此，窦固不放心，打算给班超多派些人壮声势，不过班超表示36人足够了。

这一次，班超去的是西域小霸于阗国。于阗王仗着国势强盛，雄踞天山南部，加上北匈奴的支持，根本不理会班超等人。

当时，于阗国的巫师常常装神弄鬼，左右社会舆论。班超等人来到于阗国后，受北匈奴收买的于阗国巫师在作法时代表神训斥于阗国王："我们做神仙的都看不惯你与汉人友善，汉使不是有匹好马吗？还不赶紧拉来宰了祭祀我！"

于阗国王是位虔诚的信徒，立即派人强索班超的乘骑，说要杀马祭神。班超心想：这次要我的马献祭，下次恐怕就要用我的人头献祭了！想到这里，他假意答应，但提出要请巫师亲自前来取马。当巫师得意扬扬地前来牵马时，班超二话不说，一刀剁了他。

随后，班超将巫师的人头送到于阗国王面前。于阗国王见状，心知班超果然名不虚传，是位不折不扣的猛人，惹不起。他下定了决心，砍下了北匈奴镇抚使者的脑袋，将它回赠给班超。班超大声称赞他的义举，并说于阗国归顺东汉，必然会有美好的未来。

见于阗国这个小霸主都归附了东汉，天山南部诸国就不再犹豫了，望风归附东汉。

天山南部诸国归附后，班超又把降服的目标指向了天山北部诸国。天山北部诸国离北匈奴近，最强悍的龟兹王就是北匈奴所立。龟兹王建仗着北匈奴的支持，在天山北部横行霸道，不久前还攻杀了疏勒王，另立龟兹人兜题为新疏勒王。疏勒国位于天山南北会合之处，是极其重要的交通枢纽，如果不把疏勒控制在手里，东汉通往西域的道路就依然不能畅通。

公元74年春天，班超在初步稳定于阗国后，带着部下从偏僻小路进入疏勒国。他们在距兜题所居的盘橐城90余里处停下来，班超仅派田虑一人前去劝降。田虑武功高强，却又貌不惊人，这样的人不会引起对方防范。班超对田虑说："兜题不是疏勒人，他的手下不会卖命的。如果他不投降，只管把他抓回来就是！"

田虑依计，进了盘橐城，见了兜题，先礼后兵，见兜题不把他当回事，他也就毫不客气地绑了兜题飞奔出城。很快班超一行人就大模大样地进城召集疏勒群臣，宣布：兜题已被抓获，奉大汉天子之命，重新册立已故疏勒王的侄子忠为王。疏勒人早已恨透了兜题，见故主的侄子被大汉册立为王，一个个拍手称快，纷纷请求班超杀死了兜题。班超认为杀了他没好处，不如释放他以示东汉的恩德，就将兜题送回了龟兹。就这样，疏勒成了东汉的属国。

与此同时，上次远征空手而归而心有不甘的刘庄下令窦固、耿秉、刘张率领14000骑兵从玉门关出发，进军西域天山地区。

汉军先在蒲类海击败北匈奴呼衍王属下的白山部，随后又将目标对准依附北匈奴的车师国。耿秉胆大心细，喜欢简便行事，他以迅雷不及掩耳之势发起攻击，大败车师后王，逼得车师前王也率部投降，很快就平定了车师全境。

随后，东汉重新设置西域都护，其中陈睦及耿恭在车师后部的金蒲城屯驻、关宠在车师前部的柳中城屯驻，用以镇抚西域，捍御北匈奴。耿恭到任后，立即向乌孙示威。乌孙昆莫知道与东汉交好的益处，就献名马朝贡，并把儿子送到东汉做人质。

西域是北匈奴的生命线，见东汉迅速控制了西域，北单于怒火中烧，积极策划反击。公元75年2月，北单于遣左鹿蠡王率领2万骑兵进攻车师后部。匈奴骑兵先杀死了车师后王安得，随即麾军猛攻耿恭坚守的金蒲城。

耿恭是耿秉的堂兄，为人沉稳机智，他在金蒲城据守了3个月，北匈奴拿他无可奈何。只因金蒲城是一座孤城，不能长期据守，耿恭审时度势，于5月率军前往临水的疏勒城据守。此时北匈奴已联同焉耆、龟兹一起攻破了汉朝的西域都护府，柳中城也告失守，连车师王也转而反叛东汉，与北匈奴共同围困疏勒城。更为不利的是，刘庄也在这个时候死了，汉朝陷入暂时性瘫痪之中，向西域增发救兵必须要为国丧让路。

新皇帝刘炟即汉章帝登基后，得知北匈奴在西域连破了汉军的城池，不禁勃然大怒。刘炟决定好好地教训一下匈奴人。公元76年1月，刘炟派都骑尉秦彭与谒者王蒙、皇甫援征发了张掖、酒泉、敦煌三郡及鄯善兵共计7000人向车师进攻。东汉援军一路虚张声势，顺利打破了柳中城，攻下了交河城，但行到半路，就准备不管耿恭，班师回朝，最后还是耿恭的属下范羌好说歹说，率领2000部众前去疏勒城解围。

这时，疏勒城中仅剩下26人。他们凭着对东汉的无比忠诚和坚毅不挠的精神坚持到了最后。

第二天，耿恭放弃疏勒城向东撤回东汉。沿途又遇到敌兵的追赶骚扰，汉军边战边行，当大家抵达玉门关时，守卫疏勒城的壮士仅剩下13人。

刘炟表彰了他们的功绩，但出于种种考虑，不愿再次用兵西域，并罢除了西域都护与戊己校尉。就这样，刚刚与中原恢复联系的西域北部交通又告中断。西域北部的控制权再度落入到北匈奴手中，西域南部也由于焉耆与龟兹两国作乱而面临倾覆的危机。

虽然西域都护不存在了，耿恭也被救走了，但班超还在西域。他不愿意放弃苦心经营了几年的西域。汉军撤走后，他与疏勒王忠互为犄角，首尾呼应，在槃橐城据守了1年多，屡次击退龟兹和姑墨的联合进攻。

不久，班超接到了刘炟命他撤出西域的诏书。君命难违，他不得不率部离开。得知班超要走，疏勒举国忧恐，都尉黎弇大哭，觉得他一走，疏勒必被龟兹所灭，竟自刎而死。途经于阗时，于阗国贵人们也纷纷号泣，于阗人抱着班超的马腿不放。毕竟于阗国王曾砍下了匈奴使者的头颅，北单于岂能饶他。班超思来想去，最后决定不走了。

他率部返回疏勒，但这时疏勒已经投降了龟兹国。班超立即率军平叛，并做好了独自护卫西域诸国的准备。朝廷放弃西域诸国，但班超坚决不放弃，他要承担起保护西域诸国、抗击北匈奴的重任。

公元78年，班超率领疏勒、康居、于阗和拘弥等国士兵1万多人攻占了姑墨。形势稍微好转之后，班超向刘炟上书，请求派兵支持，并指出龟兹王是北匈奴所立，所以破龟兹便是破北匈奴。

看了班超的上书，刘炟很佩服他的勇气和智慧，随即派与班超志同道合的假司马徐干率大军前往支持。这是一支由弛刑徒和志愿者组成的大军，朝廷没有在他们身上进行过多投入，此去即使全军覆没，对东汉也说不上什么损失。

此时莎车又一次投降了龟兹，疏勒都尉番辰也趁机造反，班超忙于镇压叛乱，手头又没有多余的兵马，见徐干率军前来，心里大喜。这支军队虽然在刘炟眼里一文不值，但在班超和徐干手中很快变成了一支铁军。班超率军攻打番辰，很快平定了叛乱。

刘炟见班超在西域经营得颇有起色，又在第二年派来了援军800人。这时，班超正在征发疏勒、于阗两国的兵马，准备进攻莎车。援军的到来无异于一场及时雨。无奈疏勒王忠被莎车王说动，起兵反叛，占据了乌即城，班超只得改去乌即城平叛。班超围攻了半年，不但没有攻下乌即城，还等来了康居王派兵前来援救忠的消息。最后班超只能买通与康居王通婚的月氏王，前去劝说康居王退兵。

公元80年，班超征发于阗等国25000人，再次进攻莎车。龟兹王派遣他的左将军率本国兵马，并征发温宿、姑墨、尉头3国的军队，共计5万余人前往援救莎车。

在这场联军对联军的战争中，班超诱使敌人分兵追击，接着集中全部军力直扑莎车军营。一战下来，莎车军被杀5000余人，被迫投降。龟兹等援军见大势已去，只得匆匆退军而去。班超再度威震西域。

公元87年，月氏王派人找到班超，表示要与东汉和亲，迎娶东汉公主，却遭到出身史学世家的班超一口回绝。月氏王怀恨在心，于公元90年派月氏副王谢率领7万大军攻打班超。

这时，班超手中的兵力不到7000人。部下见月氏军队来势凶猛，声势浩大，都很恐慌，班超却成竹在胸。他以逸待劳，坚守不出，跟没有后勤运输作保障的月氏军队玩起了持久战，月氏军队很快就坚持不住了。在无计可施的情况下，月氏军队只得派人前去向龟兹求救，但派出去的使者半路就被料事如神的班超给截杀了。

见月氏大军面临饿死的绝境，谢只好派人向班超请罪，希望能放他们一条生路。班超对他们训示了一番，就放了他们。月氏王大为震慑，不敢再生异心。

月氏远征军乖乖回去之后，龟兹等国感到绝望，深感自己已无力阻挡东汉在西域拓展的局势，而北匈奴也自顾不暇，就在公元91年在金微山惨败之后整个国家向西搬迁。

公元91年10月，天山北部的龟兹、姑墨、温宿见北匈奴势力已退出西域，纷纷向班超投降。12月，东汉恢复西域都护府，任命班超为都护，设都护府于龟兹它干城；以徐干为长史，屯居在疏勒。至此，西域仅有焉耆、危须、尉犁三国曾因攻杀陈睦，害怕获罪而不敢投降。公元94年秋，班超调集龟兹、鄯善等8国7万多兵马，进行了征服西域的最后一战。

班超设计诱捕了焉耆王等人，将他们押到陈睦被害的地方斩首，随即又发兵攻打焉耆王城，大获全胜，之后立曾在汉朝做质子的元孟为焉耆王。尉犁、危须也重立新王。

至此，班超大功告成，西域50余国重归东汉控制。北匈奴依托西域诸国复兴，继而统一南匈奴、征服东汉的梦想宣告破灭了。

匈奴的强国梦破灭

在与东汉争夺西域的同时，北匈奴与南匈奴、东汉、乌桓、鲜卑之间的战争也没有间断，更要命的是，北匈奴又发生了内讧。这一切，不仅直接导致了北匈奴争夺西域失败，而且逼着它不得不流亡异国他乡，寻找新的生存空间。

公元76年，北匈奴皋林温禺犊王率部重新回到涿邪山一带游牧。南单于知道后，立即派轻骑兵与汉朝边防军及乌桓兵联合出塞攻击。此战下来，北匈奴被斩100多人，三四千人投降。不过，南单于还来不及庆贺这场小小的胜利，就愁眉不展了：南匈奴遭遇了特大蝗灾。幸好刘炟及时下诏赈济南匈奴的灾民，才帮助南匈奴渡过了难关。

在南匈奴遭遇天灾时，北匈奴却人祸不断，内部离心离德，许多部落都打算南下投降东汉。公元73年，汉军大规模远征北匈奴，虽然北匈奴避过了汉军的锋芒，并在伺机反击中收获不菲。但是，这次战争却加速了北匈奴内部的分裂。

公元83年，北匈奴三木楼訾部落在大人稽留斯等人的率领下，前往五原塞投降了东汉。这次叛变的规模仅次于南单于比率部分裂匈奴，对北匈奴的打击相当大。北单于非常恐慌，于公元84年匆忙派人前往洛阳，再度请求东汉开通互市，友好相处。刘炟口头答应了开通互市，却趁机派人去拉拢北匈奴的贵族。结果，公元85年正月，北匈奴大人车利、涿兵等纷纷南逃入塞，归降了东汉。这些归降者先后竟然多达73批。

令北匈奴雪上加霜的是，刚继位的南单于宣派兵杀了北匈奴的温禺犊王，北匈奴陷入了内外交困的境界。北匈奴的部众见南匈奴的人受到汉朝厚待，纷纷南下归附。就这样，又有数千北匈奴人归降了东汉。

公元87年，匈奴昔日的仆从部落鲜卑侵入北匈奴东部，大破北匈奴，北单于优留被杀。一时间，北单于庭大乱，屈兰、储卑、胡都须等58部人口20万、兵众8000人，纷纷前往云中、五原、朔方、北地等郡归降东汉。

人祸不止，天灾也来袭，蝗灾又一次袭击了北匈奴。人民饥饿不堪，而匈奴贵族又为该由谁继承单于之位而再度分裂。原来，北单于优留被斩杀后，贵人们曾在慌乱中立他的弟弟为北单于，不久，骨都侯又立优留的异母哥哥右贤王为北单于。北匈奴的部众看到国家再度陷入了兄弟争立的局面，纷纷四散而去。

公元88年，刘炟去世，南单于屯屠何上书临朝听政的窦太后，请求趁北匈奴连年天灾、内部大乱之际，出兵讨伐。

窦太后召集群臣讨论，耿秉认为机不可失，但绝大多数大臣认为，北匈奴没有入侵，何必要劳民伤财万里远征，更何况汉朝刚遇国家大丧，不宜出兵。更重要的是，此战有可能促成匈奴再度统一，统一的匈奴必将再次成为大汉的威胁。但是，窦太后最后接受了耿秉的意见，同意出兵。之所以同意出兵，窦太后一方面是想建立赫赫战功，让历史深深地记住她，二是因为她的哥哥窦宪因犯杀人罪被判刑，请求带兵出塞攻打匈奴，用军功赎罪。于是，窦太后封窦宪为车骑将军，令他率军出击北匈奴。

窦宪虽然是个罪犯，但确实是个将才，准确地说是北匈奴的克星。此前，汉军与匈奴军作战，汉军通常因为找不到匈奴军主力不得不空手而归。这次窦宪率领大军出塞之后，在稽落山遇上了北单于的主力军。他分别派副校尉阎盘、司马耿夔等与左谷蠡王师子率精兵1万余骑兵迎战，大败北单于军。北匈奴部众四处溃散，北单于率领残部逃跑了。

窦宪率军紧紧追赶，接连打败北匈奴诸部，一直追到了私渠比鞮海。这一仗，窦宪战绩辉煌，直追当年的卫青、霍去病。唯一的遗憾是，北单于在此战中逃走。窦宪不想重复当年卫青的遗憾，在班师回朝时，派遣军司马吴汜、梁讽等人率军继续寻找北单于的下落。

吴汜和梁讽在西海找到了失魂落魄的北单于。梁讽劝北单于效法呼韩邪，归附东汉，以保国安民。北单于听后转忧为喜，率领着残部与吴汜等人一起去洛阳。到达私渠海时，听说汉军已经入塞，北单于又犹豫起来。他派弟弟右温禺鞬王奉贡入侍，自己留在草原上徘徊观望。窦宪认为，北单于不亲自前来，缺乏诚意，就奏请送还了北单于的弟弟。北单于见东汉不接受他送去的弟弟，又派车偕储王等贵人到居延塞，请求朝见。

见北匈奴要归附东汉，南匈奴的统治者心慌了。南单于积极鼓动东汉，趁此机会消灭北匈奴。掌握东汉大权的窦太后竟然同意了南单于的提议。

公元90年春，窦宪派班固与梁讽前去迎接北单于归附。与此同时，南匈奴却在获得窦太后的同意后，派遣左谷蠡王师子等人率领8000骑兵，从鸡鹿塞出发，攻击北匈奴，中郎将耿谭也派从事率军支援南匈奴的军事行动。

两军趁着夜色包围了北单于的营地。北单于大惊，立即率精兵千余人仓促应战。在混战中，北单于受伤坠马。他忍着伤痛再次爬上战马，率领数十轻骑兵趁混乱突围而去。北匈奴的玉玺、北单于的阏氏及儿女都被俘。

这一仗北匈奴损失惨重，另一边南匈奴却收获颇丰，不但缴获无数财物，前来投靠的北匈奴部众也源源不断，一时"党众最盛"，人口将近24万，兵力也扩充到5万人。

出塞迎接北单于的班固直到私渠海也没有发现北单于的踪影。窦宪得到报告后，也改变了主意，认为北匈奴微弱，东汉已经没有再对它进行政治争取的必要，应趁势将它彻底消灭。窦宪在北征北匈奴过程中建立了旷世功勋，加上他妹妹窦太后临朝听政、执掌汉朝大权，他的意见具有相当的分量。

汉朝上下无人敢再坚持保留北匈奴，让南北匈奴继续对峙。北匈奴的灭顶之灾来临了。

窦宪很快弄清了北单于的准确位置。北单于此前连遭大败，势力已非常弱小，加上他根本没想到汉军会长途奔袭5000里，因此当汉军突然出现在他眼前时，他傻眼了，他身边的军队也傻眼了，还没有来得及迎战，就被汉军800精锐骑兵打得溃不成军。但是，北单于竟然又一次跑掉了。他率领数名亲信随从逃亡到了乌孙国。不过，北匈奴复兴的本钱输得精光，再也无法在漠北生存下去了。

北单于的军队被彻底摧毁后，匈奴残部各逃生路。他们主要朝四个方向流散：

其一，北单于自金微山一战彻底失败后，率领数人逃到乌孙，之后又有部分死党追随到乌孙。他们见在乌孙待不下去，又转徙到康居。这一部分人数量不明，但后来又逐渐兴旺起来。这些北匈奴人在公元4世纪中叶与俄罗斯顿河以东的阿兰人发生了战争，并在公元374年攻灭了阿兰国。后来，这些北匈奴人分三期向西攻入欧洲，在欧洲战场上掀起了战争风暴。

其二，北单于逃走后，他的弟弟右谷蠡王于除鞬自立为北单于。于除鞬率领右温禺犊王、骨都侯等8部2万余人盘踞在蒲类海，随即遣使请求归附东汉。窦宪似乎意识到彻底消灭北匈奴对东汉并没有什么好处，又一次改变了主意，奏请册封于除鞬为北单于。时任东汉皇帝的刘肇同意了。公元92年，汉朝派耿夔为使者，前往北匈奴，为于除鞬册封。但是，就在这时，功高震主的窦宪被刘肇处死了。于除鞬见东汉内部主张册封他为北单于的窦宪死了，非常害怕，便于公元93年擅自逃回了漠北。刘肇派遣长史王辅与任尚前去追赶。两人追到漠北，威逼利诱，终于让于除鞬答应回归东汉，不过，在回归途中，两人将于除鞬和他的部众全部杀光了。

其三，北匈奴败走后，漠北草原被新兴的鲜卑人逐步占据，部分匈奴人归顺了鲜卑，其部族名也不再称匈奴，直接改称鲜卑。鲜卑部落联盟由此而兴起，到公元3世纪时出现了最强大的三部：即鲜卑宇文部、鲜卑拓跋部和鲜卑慕容部。三部中，宇文部便是北匈奴宇文部落的后裔。后来，鲜卑宇文部随着杨坚取代北周建立隋朝而融入了汉族之中。

另外还有少量北匈奴人继续留居漠北，自称匈奴人，但始终没复兴过，到公元5世纪时，这部分匈奴人被并入了崛起的柔然。

至于南匈奴，因为长期归附汉人，与汉人杂居，全民皆兵的社会制度被改为"胜兵"军制。所谓胜兵，就是身为常备军的职业军人。由于有专门的胜兵担负作战任务，其余丁壮人口以及老弱妇孺就可以安心从事农牧业和手工业生产。这样，南匈奴便由游牧文明过渡到农耕文明，加上汉朝对其控制和防范，决定了它不可能肩负起复兴匈奴的重任。从某种意义上说，北匈奴被摧毁也宣告了匈奴人雄踞大漠南北、与东汉对抗的强国梦想彻底破灭。

单于就这样消失了

无论是南匈奴，还是北匈奴，都宣称是匈奴的正统，都以复兴匈奴为己任。因此，当北匈奴被东汉彻底摧毁后，南匈奴便认为匈奴统一和复兴的机会来临了。但是，汉朝不会满足它的这一要求。历代南单于在东汉监护官吏的干涉下，已经失去了对国家的绝对控制权，随着时间推移，单于慢慢成了东汉属下的一个官名，地位和影响力不断下降，直至退出历史舞台。

公元93年，南单于屯屠何去世，左贤王安国继位。在这一年，北匈奴政权的最后残余于除鞬也被彻底铲除，南匈奴与东汉的关系进入了敏感期。

左谷蠡王师子在前南单于宣及屯屠何时代，受到重用，东汉皇帝也对他另眼相看。按理说，师子比安国更适合继承南单于之位，但是，根据前南单于比立下的传位规矩，安国成了南匈奴的接班人。

很多时候，人心的向背并不取决于地位的高低，南匈奴出现了"国中尽敬师子，而不服安国"的局面。南单于安国对此耿耿于怀，对师子恨之入骨，欲杀之而后快。有了这样的想法，他便暗中联合曾被师子率军袭击过的那些刚投降过来的北匈奴人，准备寻机杀掉师子。

师子本来没有什么野心，只是因为能力出众，那些有崇拜英雄传统的部众才纷纷归附于他。当得知安国正在暗中设法除掉他后，他认为安国此举非常过分，便不再出席龙城大会。而东汉派来监督的皇甫棱见北匈奴灭亡后，南匈奴的势力日益做大，也想制造点乱子，挑起南匈奴内乱，消耗南匈奴的实力，就暗中支持师子。

不久，安国率领北匈奴投降过来的部众攻击师子。这一恶性事件爆发后，皇甫棱以东汉派驻官员的身份责备安国。安国的舅舅害怕把事情闹大了祸及自身，就杀了安国。随后，师子被立为南单于。

这下那些与安国联合图谋师子的新归降者立刻骚动起来，与师子发生混战。此后，南匈奴分裂，元气大伤。叛军逃回漠北后，立逢侯为北单于。逢侯将漠北的匈奴人分为左右两部，逢侯自领右部，驻牧在涿邪山下，左部屯驻朔方西北，两者相距数百里。

公元96年冬季，北匈奴左部出现了内讧，有1万多人重新回到了朔方塞，东汉将这些人安置在北边诸郡。这时，南单于师子也没闲着。他在国内四处缉捕安国的余党，逼得右温禺犊王乌居战率领数千人反叛出塞，躲进山谷中为寇，成了汉朝边郡军民的一大祸害。不久，汉军出兵击败了乌居战，将他的部众和其他归降的共2万余人置在安定和北地。

北单于逢侯的日子也不好过。由于漠北草原已经被鲜卑部落占据，逢侯率领部众回到漠北后，多次被鲜卑痛击，他的部众纷纷逃散，窜逃入塞的人络绎不绝。

公元98年，南单于师子去世，传位给檀。南单于檀多次率军攻打逢侯，逢侯窘迫不堪，无计可施，于公元104年和公元105年连续派人前往洛阳，请求与东汉和亲，修"呼韩邪故约"。前一次刘肇还在世，他和前几任汉朝皇帝一样，对于北匈奴使者厚加赏赐，却不答复他的和亲请求；后一次新即位的刘隆还在襁褓中，无法答复他的和亲请求。

眼看和亲不成，在漠北又遭鲜卑人反复打击，难以立足，逢侯就把目光投向了西域。此时西域诸国正闹反叛，而汉朝这边接替刚刚夭折的刘隆登基的汉安帝刘祜也才十二三岁，朝政由邓太后做主。邓太后没有什么远大的政治目标，对西域也不感兴趣，便放弃了经营西域。就这样，逢侯在西域捡了个便宜，一举收服了西域诸国，强迫西域诸国上交税赋。

东汉放弃西域的做法，不仅成全了北单于的野心，也让南单于看到了东汉执政者的软弱，趁机闹事。

公元109年夏，南单于檀勾结乌桓人一同起兵，但他们的反叛于次年3月便遭平定。

后来，崛起的鲜卑人又连续侵扰边境。耿夔与南匈奴的温禺犊王呼尤徽率领北匈奴新降的部众连年出塞，攻打鲜卑。由于鲜卑人猖獗一时，侵扰不断，耿夔被迫加大了征发兵役的力度。可是，北匈奴人天性并不喜欢做炮灰，对于耿夔频频征发兵役的举动怨声载道，尤其是那些投降不久的北匈奴人个个都萌生了叛乱的想法。

南单于拔即位后，新投降的北匈奴人阿族率部反叛，不过这支反叛军很快就被中郎将马翼击败，叛逃部众也死伤殆尽。

南匈奴叛乱虽被平息，但鲜卑人入侵的问题依然严重。

鲜卑人占据了北匈奴留下的地盘后，对东汉边境的骚扰十分频繁，与南匈奴、乌桓之间也纷争不断。公元117年，盘踞在漠北的北单于逢侯部被鲜卑人攻破，北单于逢侯的一部分部众并入鲜卑。北单于无所依靠，流浪数月后，逃到朔方塞，请求归汉，东汉将他安置在颍川郡。

逢侯是最后一位世系明确的北单于，他之后虽然仍有号称北匈奴与北单于的势力出现，但其世系已不明确，影响也不大。

北单于逢侯归汉后，还有一位北匈奴的呼衍王率部控制着西域，驻牧在蒲类海。作为逢侯北匈奴政权的残余势力，在逢侯投降东汉后，东汉有足够的理由去接收他，而西域作为东汉曾经的势力范围，汉军更有充分的理由去收复失地。

公元120年，长史索班曾经进驻伊吾，招抚西域各国。车师前王及鄯善王知道后，率部投降。但是，数月之后，北匈奴呼衍王又率领车师后王军，联兵来攻杀索班，打跑了车师前王。鄯善王被逼得急不可耐，赶紧向东汉敦煌太守曹宗求救。曹宗上书请求朝廷出兵收复西域，赶走匈奴，但他的建议遭到邓太后否决。于是，北匈奴呼衍王得以纵横西域，不久又与车师联军侵入河西，猖狂至极。

东汉可以坐视西域不管，但对北匈奴入侵河西却不能容忍。因为一旦河西有失，关中地区将直接暴露在匈奴人的攻击之下。看来，不彻底消灭北匈奴的残余势力不行了。

公元123年，班超的儿子班勇被任命为西域长史，领兵500进驻到柳中城。班超曾经横行西域诸国，为东汉经营西域谱写了光辉灿烂的一笔。班勇和他父亲一样，从小就有立功异域的理想，东汉让他负责恢复对西域诸国的控制是再合适不过的了。果然，虎父无犬子，班勇在西域再现了当年父亲的神勇。

班勇先到楼兰招抚了鄯善王，继而迫降了龟兹、姑墨、温宿三国，随后，他趁着西域诸国憎恨北匈奴横征暴敛的情绪高涨之机，征发各国联军万余人，先后收复了车师前部和后部。

公元126年，班勇率领西域诸国联军进攻北匈奴呼衍王。呼衍王战败后，逃到了枯梧河，他的部众2万余人归附了东汉。此战中，班勇还捕获了北单于的堂兄，班勇命令加特奴亲手杀了他，使车师与匈奴结下了怨仇。

公元127年，最后一个反抗东汉的西域国家焉耆被张朗率领的3000汉军攻破，焉耆王元孟投降。自此，西域全境再度被平定。

为了不让北匈奴利用伊吾卢作为入侵车师的跳板，公元131年，汉朝在此恢复了屯田，设置了伊吾卢司马管辖。公元134年，汉车师后部司马率加特奴手下1500人，在阊吾陆谷出击北匈奴，大获全胜。

公元135年，北匈奴呼衍王率兵入侵车师后部，进行报复。敦煌太守征发西域诸国兵马，及玉门关侯、伊吾卢司马等部前往援助，双方在勒山大战，汉军败退。这年秋天，呼衍王率领2000人攻破了车师后部。

公元137年秋，敦煌太守率军再次攻打北匈奴呼衍王，在巴里坤击溃了北匈奴军队。这一战，北匈奴损失惨重，嚣张一时的呼衍王被杀了。

但匈奴不甘心退出西域，14年后，即公元151年，又一位北匈奴呼衍王率领3000骑兵入侵西域，闯进了伊吾卢境内。伊吾卢司马毛恺率领汉军500人在蒲类海东边与北匈奴呼衍王率领的军队血战，由于寡不敌众，这支汉军全军覆灭。北匈奴的呼衍王乘胜攻下了伊吾卢城。敦煌太守司马达率领敦煌、酒泉、张掖属国胡骑和汉军共4000余人前往伊吾卢城救援。司马达率军出塞抵达蒲类海时，北匈奴呼衍王见势不妙，率部仓皇逃走了。这是北匈奴最后一次出现在西域的土地上。

北匈奴彻底退出了西域，东汉在西域的统治得到了巩固，但南匈奴反叛东汉的事件却没有杜绝。

公元140年夏季，南匈奴左部句龙王吾斯反叛东汉。刘保大怒，派人斥责南单于休利。南单于休利也是一肚子苦水，他并未参与叛乱，见汉使前来责备，赶紧向汉使谢罪，并带病随汉军出征。但他确实无力控制部属，也无力招降吾斯一伙儿。新任护匈奴中郎将陈龟见南单于休利如此软弱无能，给他下达了招降期限。南单于休利无奈，只好和他的左贤王一起自杀。南匈奴内部更加混乱。

大将军梁商建议刘保开出归顺悬赏，明码标价，诱使叛乱者前来投降。这招果然灵验，南匈奴的右贤王部抑鞮等人率领1万多人陆续来降。

虽然在东汉的悬赏招降下，南匈奴那些被胁迫造反的部众纷纷投降，但主谋者仍很疯狂。这年秋天，吾斯等人立车纽为单于，继续反汉。公元143年，刘保在洛阳册立兜楼储为南单于。兜楼储完全由东汉推上台再护送回单于庭，这标志着南匈奴已经完全处于臣属地位。兜楼储和中郎将马寔招募刺客刺杀了吾斯，但此举并未彻底解决叛乱问题，吾斯的余党仍在继续作乱。

东汉坚定地不移地实施以夷制夷的政策，但是请来羌族人平叛，最后羌族人反了；征发乌桓人协助平叛，最后乌桓人也反了；虽然现在又引来了鲜卑人帮助平叛，但南匈奴的叛乱始终没有被镇压下去。

公元188年4月，前中山太守张纯发起叛乱，时任东汉皇帝刘宏诏发南匈奴的军队协助平叛。南匈奴人害怕南单于发兵不止，于是，不愿做炮灰的右部虾落与休各胡、白马铜等十余万人起兵反叛。

叛军杀了南单于羌渠，推举须卜骨都侯为单于。羌渠的儿子于扶罗无奈，只得亲自到洛阳找东汉皇帝刘宏鸣冤，却赶上刘宏死了。继位的刘辩只是个13岁的孩子，当然无法为他主持正义，再说，这时汉朝黄巾乱党猖獗，东汉的首要任务是平定黄巾乱党，其他的一切都要为此让路。

须卜骨都侯在位一年后去世，南匈奴人没有再立新单于，日常事务由年老的氏族首长主持。

于扶罗无法回到草原，便在中原混战中寻找立足之地，一会儿参与农民起义，一会儿投靠袁绍，一会儿投靠袁术，但一番辗转奔波后，他始终找不到东山再起的机会。公元195年，于扶罗在郁闷中死去。于扶罗死后，他的弟弟呼厨泉继任。呼厨泉虽自称南单于，但因他哥哥于扶罗被族人反对，无法归国即位，还数次被鲜卑人抄掠，日子过得很狼狈。

公元202年，把持东汉朝政的曹操派钟繇率军围攻平阳，呼厨泉归顺了曹操。曹操趁机授予他官职，将他留在邺城。后来，曹操又将呼厨泉部众3万余户分为5部，都立南匈奴的贵人为帅，并派汉人为司马进行监督。这样一来，南单于被彻底架空，只剩一个单于的名号而已，而诸王侯也无法统领部属，失去了兴风作浪的能力。

此外，并州刺史梁习还以强力手段对并州一带的南匈奴人加以控制，大力鼓励南匈奴人弃牧从农，与汉人同化。至此，作为匈奴象征的单于和部落组织已经彻底丧失了领导能力，在大漠南北复兴匈奴的梦想彻底无望了。

公元220年，曹操的儿子曹丕逼迫刘协"禅让"，登上了皇帝宝座。随着刘协的退位，东汉宣告结束，而南匈奴这个仅在字面意义上存在的藩属国家也随之烟消云散。虽然，曹丕仍然授予呼厨泉魏玺绶、青盖车和宝剑等，但他的身份和处境与曹魏的大臣已经没什么区别了。南匈奴民众自此成为了曹魏的百姓。

第八章
穷途末路，匈奴威震西方

　　南匈奴臣服于汉朝，但复兴梦想始终被打压着。五胡乱华时期，匈奴首先发难，企图复兴匈奴，但这时南匈奴人基本被汉化，号召力和凝聚力有限。南匈奴人最后被迫臣服于鲜卑。鲜卑族经过几次改革和一百多年的发展，最终融入汉族。北匈奴人战败后，一路西迁。经过数百年的发展，他们兼并了很多部落，在欧洲东南部建立了强大的帝国，实现了复兴的梦想。尤其是阿提拉时代，匈奴人让地跨亚非欧的大帝国罗马胆战心惊。但阿提拉死后，匈奴遇到覆灭的劫数，帝国迅速崩溃，匈奴人被其他部落打败，并被纳入其中。匈奴作为一个民族也不复存在。

五胡乱华的悲剧

从曹魏时期开始，统治阶层就对匈奴人进行严格的控制，防止南匈奴人叛乱。然而，曹魏灭亡后，代之而起的西晋在对少数民族的控制方面却十分懈怠，尤其是"八王之乱"爆发后，西晋王朝陷入内乱达16年之久，朝局陷入瘫痪，对胡人的控制彻底失控。

八王之乱时，晋朝的王爷们为了壮大力量，在彼此的角逐中成为最后的胜利者，纷纷利诱胡人首领率领部众协助作战，就这样，塞外的胡人部落纷纷以雇佣军的形式进入中原。胡人各族的贵族们也意识到摆脱中原王朝控制的时机来临了。

匈奴首领刘渊首先抓住机会，自立为皇帝，开启了复兴匈奴之路。

刘渊曾作为质子在洛阳生活了相当长一段时间，广结达官贵人和各地名士，颇受中原上层人士的赏识。基于良好的社会关系网，刘渊当上了五部大都督，完全控制了并州的匈奴人，成为事实上的"单于"。

"八王之乱"后，成都王司马颖坐镇邺城，招揽刘渊担任宁朔将军，率领五部匈奴为他效力。当时，留在并州的匈奴贵族野心勃勃，认为应该趁天下大乱自立，继而争夺天下，如果运气好，就可以入主中原，实现匈奴的伟大复兴。即使无法实现这一宏伟目标，也可以趁天下混乱之际，摆脱中原王朝的控制，雄踞一方以图自保。

匈奴贵族们秘密推举刘渊为大单于，并派呼延攸到邺城秘密告诉刘渊。刘渊大喜，请求回并州，但司马颖没有答应。

公元304年，幽州刺史王浚率军攻打邺城。刘渊请求带兵出城迎战，司马颖担心邺城守不住，就封刘渊为北单于协助自己作战。刘渊趁机提出回并州招募匈奴人参军，结果一回到并州，就被并州的匈奴贵族立为大单于。司马颖抵不住王浚的攻势，率部从邺城撤回洛阳。

经过仔细权衡，刘渊正式决定和晋朝摊牌，他号称自己是汉朝皇帝的外甥，打着光复汉朝的旗号，举兵反叛晋朝。刘渊迁都到左国城，立妻子呼延氏为王后，刘宣为丞相，崔游为御史大夫，刘宏为太尉，建立汉国，自称汉王，改元元熙，一时间远近汉族和匈奴人都归附了他。并州刺史司马腾闻讯率兵镇压，但在甘陵一战中惨败而逃。刘渊挟胜利余威，一路攻下太原、上党、介休等地。公元308年，刘渊大军攻下平阳和河东，当年十月，他迁都平阳，正式称帝，改元永凤。

刘渊称帝后，一时风光无限，附近的汉、胡叛乱领袖纷纷前来投靠，其中就有能征善战的羯族首领石勒。石勒是个很了不起的猛人，在战场上几乎所向披靡。他投靠刘渊后，将西晋在北方的武装力量一扫而光。可惜的是，刘渊寿命不长，称帝不久就死了。

继位的刘和心胸狭窄，对刘渊给他其他几个兄弟兵权十分不满。他即位不久，就在刘锐和呼延攸的怂恿下，向兄弟们举起了屠刀。一场血战后，刘裕和刘隆被刘和杀死，而刘和又被刘聪杀死，怂恿兄弟相残的刘锐和呼延攸被斩首，刘聪登基当了皇帝，改元光兴。

刘聪虽然从小就接受了汉人的先进文化，但行事作风却仍如传统的匈奴人一样野蛮，他虽然能征善战，但却荒淫无道。公元311年6月，刘聪军队攻破洛阳，杀了太子司马诠，抓了晋怀帝司马炽，将他押往平阳。刘聪将司马炽封为会稽郡公，2年后用酒毒杀了他。

公元317年8月，他派刘曜率军围攻长安。司马邺率领城内军民奋勇坚守三个月后，粮草俱尽。司马邺不想连累无辜百姓，出城投降，被刘曜押至平阳。刘聪对司马邺进行了百般羞辱后才将其杀了。他的这些行径让手下的汉人非常寒心。

不仅如此，他一继位，便立即恢复了匈奴传统的继婚制，把父亲刘渊的妻妾全收归己有，日夜淫乐，常常几个月不上朝处理政事。这样的举动，连那些汉化了的匈奴人都觉得过分，至于汉人则将他视为禽兽。

刘聪不但一心一意地营建着宫殿和搜罗美女，重用亲信和近臣，还不遗余力地展现着残暴嗜杀的本性，杀死了与皇太弟刘义走得很近的那些大臣，并将刘义以及属下管理的氐族、羌族酋长十余人全部杀死。如此一来，归附匈奴汉国的氐族、羌族人只好造反了。

看到刘聪倒行逆施，羯族首领石勒趁机拥兵自重。公元312年，石勒占领襄国，开始处于半独立状态。公元316年，石勒派2万骑兵驻扎在并州，并公开召集汉族流民入伍。汉族、氐族、羌族、羯族人不满刘聪的统治，纷纷离他而去，就是作为政权基础的匈奴人，也有3万余骑逃到江南，投奔了东晋。

公元318年，刘聪一病不起，太子刘粲继位。

刘粲比刘聪更荒淫无耻，也更冷酷残暴。登基之后，他子承父业，将刘聪的妻妾全部收归己有，终日与5位不到20岁的皇太后淫乐，不问国家大事。这样一来，匈奴汉政权统治下的老百姓彻底失去了信心。

不久，靳准起兵杀死了刘粲，自称汉天王，把刘姓皇族全部诛杀，并将刘渊、刘聪开棺鞭尸。这一残暴行为，也引来匈奴汉国官员的极其憎恨。

拥兵自保的刘曜和石勒都认为机会来临了，打着为汉皇报仇的旗号，率军开进平阳。刘曜率军到达赤壁（今山西河津市西北的赤石川）时，遇到了从平阳出逃的太保呼延晏与太傅朱纪，他们劝刘曜称帝以号令天下。刘曜接受了他们的建议，即帝位，改元光初，改国号为赵，史称前赵。

石勒大举进兵，一路上羌族、羯族部落纷纷归降。刘耀得知石勒先赶到了平阳，就停留在蒲坂，想让石勒与靳准厮杀，坐收渔利。

平阳城的靳准抵挡不住石勒的攻势，眼看平阳不保，为了活命，靳准的兄弟们将靳准杀了，推举靳明为盟主，派人将传国玺送给刘曜，请求刘曜保护。

石勒得到消息后大怒，加紧攻城。刘曜派刘畅率军前去救助，靳明等人率领15000多人突围，投降了刘曜，可刘曜却将靳明及靳氏男女一概诛杀。

　　石勒进城后，也将尚未来得及逃亡的靳姓人一并处决，将平阳城全部摧毁。石勒非常仇恨刘曜，准备自起炉灶。不久，石勒在襄国（今河北邢台西南）自称赵王，建立赵政权，史称后赵。

　　石、刘双方在扫清自己的后方、巩固政权之后，为了争夺对天下的控制权，展开了较量。

　　公元328年，石勒亲率大军，出击围困洛阳的刘曜。刘曜得知石勒率军前来，心里先是一惊，继而决定率军10万大军在洛水以西布阵，与石勒展开决战。

　　在后赵大军的三面夹击下，刘曜大军很快溃败，刘曜被俘虏。

　　这一战，前赵军被杀5万余人。刘曜被押到石勒面前，石勒也没有为难他，命他给儿子刘熙写信，勒令刘熙投降。刘曜充分展示了匈奴人的血性和狼性，他挥笔写了一封信，信中命令刘熙，保住社稷要紧，不要管他的死活。石勒一怒之下，杀了刘曜。

　　听说刘曜战败被杀，关中顿时大乱，刘熙也慌了手脚。公元329年2月，刘熙率领文武百官逃到上邽（今甘肃天水市），留守长安的前赵将军蒋英见皇帝都不积极抗战，就率领10万大军投降了后赵。公元329年9月，石虎率领后赵大军攻克了上邽，前赵正式宣告灭亡，前赵王室3000多人被石勒全部杀死，以刘渊为代表的匈奴人企图趁中原内乱之机复兴匈奴的梦想至此破灭。但匈奴人并未就此消沉，半个世纪后，一个叫赫连勃勃的匈奴人重新举起了复兴匈奴的大旗。

　　赫连勃勃本名刘勃勃，是南匈奴人的后裔，其祖父叫刘虎。刘虎的祖父是南匈奴末代单于呼厨泉的右贤王去卑。当呼知泉被曹操强留在邺城时，去卑被派遣回国代替单于监管南匈奴。南北朝时期，刘勃勃的父亲刘卫辰归附前秦王朝，被封为西单于。

　　公元391年，刘卫辰率部攻击北魏王朝时遭到痛击，整个部落四处逃散。刘勃勃逃走后，投奔后秦姚兴属下的高平公麾下，被任命为安北将军。公元

407年，后秦与北魏结好。刘勃勃背叛后秦，一举袭杀了高平公，兼并了高平公的军队和地盘，随后率军攻击后秦国主姚兴，不断取得胜利。

公元413年，刘勃勃修筑统万城，建国大夏，改刘姓为赫连。赫连即天的意思，看来，他已经不认为作为汉朝皇帝的外孙有什么光荣的，他要率领匈奴人争衡天下，重建冒顿时期的辉煌。

做了皇帝的赫连勃勃立即恢复了匈奴人嗜杀的狼性，他喜怒无常，动不动就杀人，而且杀人不分胡汉，只要他心情不好，就要大肆杀人，不仅自己杀，还鼓励别人杀。公元424年，太子赫连璝先率军杀了对他太子之位造成威胁的赫连伦，之后又被赫连昌所杀。赫连勃勃目睹儿子们的相互杀戮，居然非常高兴地任命赫连昌为太子——不为别的，只因为他善于杀戮，因而能在血腥的夺储之战中胜出。一年后，赫连勃勃死了，赫连昌继位。

赫连勃勃嗜杀，儿子们自相残杀，耗损了大夏帝国的元气，北魏一直看在眼里，只待时机来临，就给这个残暴的帝国致命一击。公元426年，北魏大举发兵攻打夏国，很快打到统万城下。公元427年，北魏皇帝拓跋焘用计诱惑赫连昌出城决战，自己却不幸跌落马下，赫连昌趁机突围跑到上邽。公元428年，拓跋焘率军攻击上邽，赫连昌抵挡不住，在败退时从马上掉下来被俘。

赫连昌成为北魏的阶下囚后，拓跋焘对他还是不错的，封他为秦王。但赫连昌并不甘心做秦王，还继续做着复兴匈奴的美梦。公元434年，他率部叛逃。拓跋焘大怒，派军追击，一番恶战之后，赫连昌被追兵杀死。至此，这一支匈奴后裔复兴匈奴的梦想也破灭了。

除了这两支南匈奴的直接后裔，匈奴别部、勉强称得上匈奴后裔的沮渠蒙逊也同样做着复兴匈奴的美梦。趁着中原大乱之机，他在张掖建立了北凉国。这时，鲜卑拓跋部已经进入中原，并在中原各族混战中取得了优势地位。他们建立的北魏政权志在统一天下，必然要全力剪灭群雄。作为匈奴人的沮渠蒙逊没有脱离匈奴统治者的残暴习气，生活非常荒淫，臣民苦不堪言。他死后，儿子沮渠牧犍继位，国势一如既往，没有任何起色，北魏趁机对其发兵攻打。公元439年，拓跋焘率军攻打北凉，沮渠牧犍投降，历史上的五胡十六国宣告结束，北魏统一了北方。

柔然部落

北代

宇文部

前

燕

前凉

后赵

吐谷浑国

仇池

成汉

东晋王朝

五胡乱华时期的各国版图

这时，匈奴人与在中原的汉人一样，都成为鲜卑族建立的北魏的臣民。后来北魏分裂为东魏和西魏，之后东魏被鲜卑化的汉人政权北齐取代，而西魏则为昔日北匈奴灭亡后归顺鲜卑的匈奴后裔宇文氏的北周所取代。只是宇文氏投靠鲜卑多年，已经完全融入鲜卑族中，不再自称匈奴，而是以正宗的鲜卑人自居。后来，北周被汉人杨坚篡位，建立隋朝。隋朝不久统一了大江南北，进入中原的胡人和汉人进一步融合。到唐朝初年，进入中原的鲜卑族已完全融入汉族之中，更不用说那些在混战中早已被征服的匈奴、羯、氐、羌等胡人了。至此，匈奴作为一个民族在中华大地已不复存在。

不过，几乎就在同时，北匈奴西迁的那部分残余力量却在西方谱写着自己复兴匈奴的历史——他们曾经辉煌过，并一度震惊了世界，虽然在短暂的复兴之后仍然消失在历史的洪流之中了。

北匈奴的西迁之路

北匈奴在公元91年被东汉彻底击败后，漠北和西域已经没有了北匈奴的生存空间，北单于率少数随从侥幸逃到了乌孙。他们在乌孙停留了一段时间，发现生存空间极其有限，就继续西迁以拓展生存空间。北单于带着精壮人员去了康居，而将老弱病残留在了乌孙。到了南北朝时期，兴起于漠北的游牧民族柔然逐渐强大，屡次侵扰乌孙。乌孙无力抵抗，只得向西迁徙，当年留在乌孙的北匈奴人趁机在乌孙故土建立了新国家——悦般。悦般起初还与柔然交好，不久就反目成仇。双方屡次交战，强大的柔然不断向悦般施压，迫使悦般不得不迁徙离去。

北单于率领精壮人员离开乌孙进入康居后，与当年北匈奴郅支单于被杀后留在康居的部分匈奴后裔会合。但是，他们在康居生活一段时间后，发现康居的生存空间依然不足以复兴匈奴，又继续西迁。多年以后，匈奴人的后裔来到了阿兰国。

阿兰也称阿兰聊，又叫奄蔡，位于康居以北2000里处，即顿河以东、高加索山脉以北。这里是茫茫大草原，水草丰美，适合游牧，且阿兰的风俗与康居类似，在康居住过多年的匈奴人很快适应了这里的环境。阿兰人属于伊朗人种，居住在四轮或六轮的大篷车里。阿兰人擅长养马，国力不算弱小，拥有10余万军队。但北匈奴人曾与强大的汉朝长期较量，见过大世面，作战经验丰富，并不认为阿兰的实力有多强大，加上他们是流民，要想生存，就必须要夺取生存空间。

公元374年，北匈奴人从顿河以东向阿兰人发起进攻。阿兰人奋起抵抗，两军在顿河上大战。阿兰人以战车为主，战车的机动性、灵活性远不能和骑兵相比。在勇猛的北匈奴骑兵冲击下，阿兰军大败，国王被杀，国家被征服，除了少部分阿兰人逃散到外地，大部分阿兰人接受了北匈奴人的统治。阿兰武士被吸收到北匈奴人的队伍中，成为北匈奴军队的重要组成部分。由此可见，游牧民族的习性是相通的，他们崇拜强者，战败后甘愿投入强者的怀抱，成为强者队伍中的一员。因此，北匈奴人在向西迁徙的过程中，不断有沿途的游牧部落加入其中，队伍逐渐壮大。而这也是西迁匈奴人强大和消失的重要原因。

阿兰灭国后，北匈奴首领巴拉米尔乘胜渡过了第聂伯河，把攻击的矛头指向了位于阿兰西边的邻居东哥特。

位于黑海北岸的东哥特是一个由日耳曼人建立的庞大国家。当北匈奴大军攻入东哥特时，以前被东哥特征服的很多部落乘机造反，东哥特很快陷入内外交困之中，屡战屡败，一年后彻底失败。东哥特王亥耳曼纳奇兵败自杀，王子威塞米尔被北匈奴人杀死，一部分东哥特人投降，成了北匈奴军队中的一员，另一部分东哥特人向西逃跑，投奔了西哥特。

北匈奴人的出现与征服行动，很快在欧洲引起了巨大震动，让欧洲人既嫉恨又恐惧。在约旦尼斯的《哥特史》中有这样一段记载："一个至今为止不为人知的种族从遥远世界的角落里冒出来，像一阵从高山中骤然而降的暴风雪，将一切挡在它们前进道路中的物体连根拔起、毁灭殆尽。"在他们的心目中，北匈奴人就是两只脚的禽兽，是巫婆和魔鬼的后代，具有超人的力量，是无法与之抗衡的。

这种魔化北匈奴人的做法虽然使他们的灵魂得到些许安慰，却在客观上刺激了北匈奴人的雄心，成就了他们在欧洲的丰功伟绩。

当北匈奴人征服了东哥特、向西哥特挺进时，西哥特人因为恐惧，很快就失去了抵抗意志。刚开始，他们还试图凭借德涅斯特河的天险负隅顽抗，但北匈奴人留下少数人在河对岸作掩护，大部队却从上游偷渡德涅斯特河，然后从侧方攻击了西哥特军队。北匈奴大军一到，西哥特人立刻崩溃，满怀恐惧地逃离他们的田园和村庄。北匈奴人对于他们来说，既是魔鬼，更是一场噩梦。在北匈奴人面前，他们失去了抵抗意志，以至一两个北匈奴骑兵就可以屠杀一整村的百姓。

西哥特王国崩溃了，举国上下成为难民，他们渡过多瑙河，逃入罗马。虽然他们先前的领袖阿塔纳里克曾与罗马皇帝瓦林斯达成协议：不得渡过多瑙河，但事到如今西哥特人已经顾不上条约了。因为他们不是去侵略，而是为了活命。西哥特王菲列迪根率领西哥特人渡过了多瑙河，渴求罗马允许他们过路，能到色雷斯山谷中重新安家，苟延残喘。

但是，罗马皇帝瓦林斯也担心遭到北匈奴人攻击，决定趁西哥特人危难之际，强迫并利用他们充当炮灰，抵御即将到来的北匈奴人。于是，双方经过讨价还价，瓦林斯与菲列迪根达成了一项交易：西哥特人可以渡过多瑙河，但要交出武器，并在罗马边境省份生活，以备在罗马遭到入侵时保卫帝国。

公元376年春夏之交，一无所有的西哥特难民渡河进入罗马境内，等待他们的是罗马地方行政官员们的"慷慨"迎接：许诺中的粮食、土地和房屋早就被贪官污吏们中饱私囊了，取而代之的是一个又一个阴险的圈套。

西哥特人愤怒了，开始酝酿反抗罗马的斗争。双方的矛盾不断激化。一天，卢皮奇努斯邀请菲列迪根等西哥特部落首领到马西安诺堡商议援助方案。慷慨的卢皮奇努斯操持了一场盛宴，但城墙外聚集的西哥特民众们却在流言蜚语中暴躁起来，他们收缴了一小队罗马士兵的武器。卢皮奇努斯闻讯，处死了菲列迪根的侍从作为报复。就在他打算进一步杀光西哥特人时，菲列迪根冷冷地说，现在唯一能够重建和平的方法就是让他完好无损、自由地回到他的人民中去。卢皮奇努斯想了想，知道当时他根本没有胜算，只好释放了菲列迪根。菲列迪根立刻策马逃离，回去后立即点起了战争的火焰。

西哥特与罗马之间的战争爆发了。一无所有的西哥特人四处劫掠，瓦林斯亲自率军前往镇压。但是，西哥特人很快在劫掠中武装起来。

公元378年8月9日，瓦林斯与菲列迪根在阿德里雅堡展开决战。决战的结果是，西哥特的重装骑兵将罗马的重装步兵砍成碎块。1万多名罗马士兵战死沙场，瓦林斯本人也未能幸免。这一战动摇了罗马帝国的根基，帝国辖区内的蛮族从此不再服从帝国高层的命令。

菲列迪根死后，新任罗马皇帝狄奥多西与新任的西哥特首领阿坦那利克达成了妥协。双方签订协议：罗马给予西哥特人多瑙河南岸的土地和半独立的地位；而西哥特人则承诺在自己首领的带领下为罗马而战。

在西哥特人与罗马帝国展开混战时，北匈奴人控制了从乌拉尔山到喀尔巴阡山之间的辽阔草原，占据了足以让匈奴复兴的地盘。

但是，他们并没满足。不久，他们通过喀尔巴阡山山口进入匈牙利，征服了周边的日耳曼部落，并在那里建立了国家。北匈奴西迁至此结束。

但是，西迁后的北匈奴与地处中国漠北的匈奴有所不同。他们以散漫的部落状态散布在各占领区，不同的匈奴部落时而联合，时而分散，甚至单独迁徙或与敌人联合，无法形成持久的合力。这也决定了他们在欧洲的复兴只能是昙花一现。

在西哥特人陆续渡过多瑙河之时，一小部分北匈奴人也随之渡河，罗马被迫默许这些北匈奴人在境内生活。北匈奴人在潘诺尼亚和下摩西亚地区驻扎下来，由于他们需要时间消化掉投降并加入其中的阿兰人和东哥特人，北匈奴人在一段时间内表现得相对安分，并没有发起大规模战争。

北匈奴人占据南俄罗斯草原后，人口开始急剧增加。即便如此，他们也不想贸然发动大规模的战争。当他们想发起军事行动时，总是先以小股力量袭击各邻国，试探各邻国的军事实力和对战争的反应，等弄清楚这些问题后，他们再将战争升级，把祖先冒顿的神威传播到欧洲大陆。

欧洲再现"冒顿单于"

西哥特王国是被北匈奴人占领的，西哥特国王和臣民是被北匈奴人赶跑的，他们为了生存，不得不渡过多瑙河，来到罗马帝国。有意思的是，当西哥特人与罗马人矛盾激化时，北匈奴人坚定地站在了西哥特人一边，经常派出小股军队帮助西哥特人对付罗马人。

在阿德里雅堡之战中，北匈奴小股军队及时出现在战场上，帮助西哥特人打败了罗马军队。在这场战争中，北匈奴人的收获很大，虽然他们只带回少量的战利品，但是北匈奴首领丝毫不在意。因为他发现庞大而富裕的罗马竟然是一只不堪一击的肥羊，罗马的一切财物都将属于他，现在只是暂时由罗马人替他保管而已，需要时只管拍马去取就是了。

由于罗马的重步兵不如西哥特人的重骑兵，为了阻止北匈奴人的进攻，罗马与西哥特人达成了妥协，希望西哥特的重骑兵能帮助它对付北匈奴人。天真的罗马皇帝忘记了这样一个事实：如果西哥特人能够阻挡北匈奴人的进攻，他们为什么还要放弃自己的家园，渡过多瑙河，跑到罗马来呢？这个弱智的决定注定了罗马的悲剧命运。

从公元395年开始，北匈奴人就连续攻入色雷斯一带抢掠。他们通过抢掠对手的财物来壮大自身的实力，而等到实力壮大到一定程度后，就发动大规模入侵。在欧洲大陆，他们将祖先们在与汉朝几百年战争中积累的经验发挥得淋漓尽致。

公元395年，罗马帝国一分为二：东罗马和西罗马。

公元400年，北匈奴人在首领乌丹的率领下，大举进攻东罗马。不过，这一次，他们不是以侵略者的身份出现，而是以朋友的身份前往，因为东罗马有人请他们去。

原来，这时的东西罗马皇帝分别是亲兄弟阿卡迪乌斯和霍诺留，而朝政大权则分别被哥特人鲁菲努斯和汪达尔人斯提里科把持。因为对伊利里库姆的归属问题产生了争议，鲁菲努斯和斯提里科互不相让。当北匈奴人入侵东罗马边境时，斯提里科趁机率军进入了东罗马。由于鲁菲努斯鼓动东罗马皇帝阿卡迪乌斯做出了强烈反应，斯提里科便将部众交给手下的哥特将军干纳斯，自己返回了西罗马。干纳斯率军来到了东罗马首都君士坦丁堡，鲁菲努斯见是自己的同胞率军而来，放松了警惕。就在鲁菲努斯与阿卡迪乌斯出城劳军时，干纳斯砍掉了他们的脑袋。就这样，干纳斯成为了东罗马的实际控制者。

由于哥特人信仰基督教阿利安教派，而这一教派被信仰天主教的东罗马人视为异端，因此，干纳斯在东罗马并不受欢迎，再加上他与东罗马的皇后不和，导致从皇室到民间全都憎恨他和他所率领的哥特军队。随着仇恨升级，最终爆发了一场动乱：干纳斯的部下被君士坦丁堡的人屠杀，他本人仓皇出逃。他来到多瑙河下游，找到了北匈奴人，希望北匈奴人能帮助他杀回君士坦丁堡。

令人想不到的是，乌丹接待了干纳斯，却砍下了他的脑袋，并派人送到君士坦丁堡，交给东罗马的皇帝阿卡迪乌斯。虽然乌丹内心迫切想到东罗马抢掠一番，但他还是尽力装出一副与东罗马友好的面孔，因为他觉得这时入侵东罗马，时机并不成熟。

乌丹在向东罗马展示友好的同时，还与西罗马结盟。东哥特王拉达盖斯率领40万部众渡过多瑙河侵入西罗马后，一路向着罗马城而去。拉达盖斯宣称要焚烧罗马城，并杀死元老院成员祭神。他是异教徒，对于已经信仰基督教的罗马人没有丝毫怜悯。在这种情况下，西罗马与乌丹达成了镇压暴乱的一致意见：由乌丹率领北匈奴大军在佛罗伦萨附近击杀拉达盖斯。乌丹说到做到，他打败拉达盖斯后，率部回到潘诺尼亚，顺便大肆抢掠了一番。

在麻痹了东罗马几年后，乌丹认为侵略东罗马的时机成熟了。公元408年，他亲自率军侵入东罗马。东罗马决定给他这个狂妄的强盗头子一点儿颜色看看。于是，满载而归的北匈奴主力军遭到了东罗马军队的突袭，损失惨重，乌丹也差点被杀。

这一战失败后，乌丹偃旗息鼓，再也没有入侵过东罗马。几年后，一个叫俄塔的人成为新的匈奴领袖。俄塔在入侵莱茵河流域的柏干提人时战败被杀，他的王位传给了弟弟卢阿。

卢阿即位后，连续入侵色雷斯和马其顿尼亚，东罗马疲于应付，忍受不了这种长期战争的骚扰。公元431年，东罗马皇帝狄奥多西二世不得不正式答应每年向卢阿缴纳350磅黄金，并允许北匈奴人进入几个指定城镇进行互市贸易。

遗憾的是，卢阿对外虽然逼迫了东罗马屈服求和，但对内却不得人心。一些北匈奴人不满卢阿的高压统治，纷纷逃往东罗马。不仅如此，由于进入欧洲的北匈奴部落联盟比较松散，临近东罗马的一些北匈奴部落因为不满卢阿的统治，也纷纷自行与东罗马签订合约，让东罗马缴纳保护费，答应如果发生战争，这些北匈奴部落就帮助东罗马打退任何来犯的敌人。以卢阿为首的北匈奴人本是悬在东罗马头上的一把剑，随时都可能对东罗马发动战争，如今东罗马居然与不服卢阿的北匈奴部落签订合约，简直就是与北匈奴内部的反叛分子里应外合，共同对付卢阿。卢阿当然不能容忍。

公元432年，卢阿要求东罗马宣布与那些北匈奴部落签订的合约无效。狄奥多西二世害怕卢阿发动战争，连忙派人前往交涉。但是，当东罗马的使者抵达北匈奴王国的边境时，却得到卢阿已死的消息，这时的北匈奴由布雷达和阿提拉共同执政。

公元435年，布雷达和阿提拉在马盖斯附近的草原上与东罗马的使者谈判。说是谈判，但其实他们根本就没有给东罗马使者谈的余地，他们直接宣布了条约内容，就逼迫东罗马的使者签字。合约的内容完全是按北匈奴人的意志拟定的：

一、凡是卢阿要求引渡的北匈奴叛国者，东罗马须立即将他们抓捕，遣送回国，尤其是避居在君士坦丁堡的两位北匈奴部落的王子必须要用钉子钉死；

二、废除一切与其他北匈奴部落订立的条约，承认只有布雷达和阿提拉才有订立条约的权力；

三、每年交付给北匈奴人的保护费进行合理上调：由于以前北匈奴只有一位国王，而现在有两位，保护费得上涨100%；

四、东罗马在多瑙河岸开设市场，向北匈奴供给物资；

五、在北匈奴的东罗马俘虏如果逃跑的话，每跑一个，东罗马就得被罚款8枚金币。

阿提拉像

面对气势汹汹的北匈奴人，东罗马的使者根本不敢反驳，当下表示全盘接受合约内容。阿提拉为了让东罗马自觉遵守条约，不敢阳奉阴违，还特意邀请两位使者参观北匈奴人进攻西徐亚与日耳曼部落的屠杀表演，对东罗马进行武力威慑。

布雷达和阿提拉逼迫东罗马签订合约，斩断了那些不服的北匈奴部落的经济来源，随后，他们便开始展开了军事镇压的行动。

公元435年，布雷达和阿提拉征服了索拉斯基的北匈奴部落。公元444年，布雷达去世，阿提拉又征服了另一个北匈奴部落首领阿卡特斯特。

阿提拉成为了北匈奴唯一的国王。北匈奴帝国的势力范围南到里海南岸靠近地中海一带，北至北海和波罗的海，东抵顿河，西达高卢、大西洋沿岸。从小亚细亚到多瑙河、莱茵河流域的人们都匍匐在北匈奴的马蹄下，这些人的总人口远远超过了北匈奴。北匈奴人后裔西迁到欧洲，似乎实现了他们先辈们奋斗了500多年的奋斗目标——将匈奴建设得可以与冒顿单于时代的强盛相媲美。

阿提拉的"上帝之鞭"

阿提拉统一西迁欧洲的北匈奴人后，北匈奴帝国在欧洲空前强大起来。阿提拉不仅好战，而且是善战的军事天才。

阿提拉相信自己是世界上最伟大的君主，他曾傲慢地对罗马人说："在罗马的广大疆土中，任何安全或难以攻克的堡垒和城市都不存在。假如我们喜欢的话，我们都可以将它从地面上抹平。"罗马曾经是地跨欧、亚、非三洲的超级大国，曾经所向披靡，让所有的对手俯首称臣。但是，阿提拉却用北匈奴人的武力让罗马在他面前伏伏帖帖，让欧洲人为之胆战心惊，成为他们刻骨铭心的"上帝之鞭"。

东罗马在阿提拉的频繁入侵和敲诈勒索下，声誉扫地、财政破产。阿提拉见从东罗马那里捞不到什么大油水，就将战争的目标转向了波斯。但是，这时波斯正处于强盛时期，北匈奴人与波斯人一番恶战后，无法取胜，不得不退兵而去。

但阿提拉从来不愿做赔本买卖，决定在东罗马身上弥补与波斯作战的损失。他先是率军一举攻克多瑙河附近的君士坦提亚堡，赶走或杀死在君士坦提亚堡做生意的东罗马商人，后又连续进行了两次大规模入侵，赢得了三次大会战，占领了东罗马的70座城市。北匈奴骑兵一直深入到达尼尔海峡和温泉关，威胁了东罗马的首都君士坦丁堡。

为了自保，狄奥多西二世动员君士坦丁堡所有劳力在60天内修好了首都的城墙。但是，无论城墙多么高大，君士坦丁堡的军民面对气势汹汹的北匈奴人却提不起丝毫斗志，投降论调到处蔓延。虽然狄奥多西二世信誓旦旦地表示头可断，血可流，誓与北匈奴对抗到底，但君士坦丁堡的军民龟缩在城里不愿出战，眼睁睁地看城外的军队被北匈奴一扫而光。

幸好君士坦丁堡的城墙非常坚固，北匈奴人不善于攻坚作战，阿提拉围攻了君士坦丁堡很长时间，却始终找不到突破城墙的办法。

但这样僵持下去对谁也不利。公元448年，双方重新签订了和约，阿提拉要求东罗马割让从多瑙河南岸到色雷斯的大片国土给北匈奴，无条件释放北匈奴俘虏和所有为东罗马而战的北匈奴人，高价赎回被俘的罗马人，并支付大笔赔偿金，才终于结束了战争。

和约签订后，不仅那些帮助东罗马的蛮族部落憎恨狄奥多西二世背叛和出卖了他们，东罗马被割让地区的无数臣民家破人亡，幸存的也不得不背井离乡。

为了避免再次遭到入侵，狄奥多西二世不久又派出使团前往北匈奴帝国与阿提拉谈判。

东罗马使者与阿提拉谈了几天，阿提拉才表示了他的大度和慷慨：一些罗马俘虏被允许以较低的价格赎身。但是，就在这时，一件意外的事改变了阿提拉的态度：有人要刺杀阿提拉！阿提拉震怒了，决定严惩东罗马。

原来，使团成员艾德孔受当权宦官克莱萨菲亚斯的唆使，准备去刺杀阿提拉。艾德孔临时反悔，将此事向阿提拉和盘托出。当维基斯阿斯父子奉命将克莱萨菲亚斯许诺的黄金交给艾德孔时，被逮个正着，维基斯阿斯在逼迫下只得交代了事情的来龙去脉。最后，阿提拉派使者带着黄金赴君士坦丁堡，找东罗马皇帝讨说法。

北匈奴使者闯进东罗马的皇宫，厉声呵斥狄奥多西二世，同时向他下达了最后通牒：如果不立刻交出克莱萨菲亚斯，就毁灭他的帝国，当然也包括他本人在内。

狄奥多西二世惊呆了，但还是立即做出了反应。不是一刀宰了惹是生非的克莱萨菲亚斯，而是派出一个最高级别的求饶使团，带着能凑出的全部礼物去哀求阿提拉的饶恕。

阿提拉龙颜大悦，如沐春风，决定赦免狄奥多西二世、维基斯阿斯，甚至连罪魁祸首克莱萨菲亚斯也一并赦免了，并再一次展示了他的大度和慷慨：保证遵守和平条约，释放大量俘虏，还放弃了多瑙河南岸的大片领土——反正这里的人民和村庄城镇都已经被他抢光、烧光、杀光，这块地给他也没有什么用，不如还给东罗马人，让他们建设好了家园再去抢。

东罗马和北匈奴之间的矛盾就这样暂时解决了。

公元450年，狄奥多西二世去世，他的姐姐巴尔吉莉阿继位。作为罗马历史上的第一位女皇，巴尔吉莉阿选定了元老院议员马尔西安做丈夫，共同统治已经破败到极点的东罗马。

马尔西安制定的第一项国策就是，改变以前忍辱偷生的国策，反对继续向阿提拉奉献大笔财物求和。他认为，应该把从国民那里搜刮来的钱财用来整顿军队。

而阿提拉认为东罗马已被他洗劫到了一贫如洗的地步，与其继续与它较劲儿，逼它来个鱼死网破，还不如暂时饶了它，等它把自己养肥了再宰。于是阿提拉大方地对马尔西安派来的使者表示：东罗马不用再向北匈奴交保护费了。

北匈奴人暂时放过东罗马后，开始寻找下一个抢劫目标。阿提拉环顾四周，很快锁定了西罗马。

早在卢阿统治匈奴的时代，西罗马就曾派遣埃提乌斯到北匈奴做人质。埃提乌斯是个很机灵的人，他与卢阿相处很好，同时与布雷达和阿提拉也成了朋友。后来，埃提乌斯试图插手西罗马的帝位之争，说服卢阿发兵6万支持他看中的人选约翰。虽然最后约翰还是败北，但埃提乌斯却以北匈奴人为后盾，迫使摄政王普拉西任命他为高卢的军事长官。埃提乌斯没忘记给北匈奴人好处。他与卢阿、布雷达、阿提拉都保持着非常友好的私人关系，而北匈奴人也很少骚扰西罗马。

到了公元450年，已成为西罗马最高军事长官的埃提乌斯日子很不好过：皇帝瓦伦丁尼安三世昏聩无能，一切听从太后普拉西狄娅的指示，而太后又同埃提乌斯彼此看不顺眼，总是互相拆台。就在这时，阿提拉收到了霍诺利娅公主寄来的一枚戒指。

霍诺利娅公主是罗马家喻户晓的人物，她16岁时就因与宫廷侍从淫乱怀孕而被普拉西狄娅送到君士坦丁堡软禁了10年之久。她听说北匈奴帝国的阿提拉天下无敌，便想方设法给他送去一枚戒指，表示愿意嫁给他。阿提拉对霍诺利娅公主没什么兴趣，但觉得这是一个进攻西罗马的好机会。于是阿提拉向瓦伦丁尼安三世正式提亲，并且特别表示，嫁妆不一定要特别丰厚，只要西罗马一半的土地和人民就足够了。

瓦伦丁尼安三世很快就回复了阿提拉，表示此项"提婚不合法"，并且在普拉西狄娅的授意下，赶紧将招惹是非的霍诺利娅公主流放外地。阿提拉对求婚被拒的结果表示很满意。

公元451年，阿提拉凑齐了一支号称50万人的大军，向西罗马进发，他还公然宣布，此次出征是为了帮助西罗马讨伐西哥特人。这支军队充斥着阿兰人、撒克逊人、东哥特人、勃艮第人和赫鲁利人等蛮族壮丁。他们在北匈奴人的调教下，一个个如狼似虎。西罗马意识到战争不可避免，也在忙着准备迎战。西罗马统帅埃提乌斯招揽了大批凯尔特人、法兰克人和勃艮第人进入军队，同时他还派元老院议员阿维都斯去说服自己的老冤家西哥特王狄奥多里克跟他一起对付阿提拉。

阿提拉帝国版图

阿维都斯用自己的三寸不烂之舌，先大肆渲染了一番西哥特人与北匈奴人的宿怨，随后又打着基督教的幌子，鼓吹信仰基督教的西哥特人应该保护同为基督教徒的西罗马人免受非信徒的北匈奴人伤害，终于成功说动了狄奥多里克。

就这样，西哥特人与西罗马人结成了战略同盟，他们很快凑起了一支庞大的军队。这支军队里有法兰克人、莱提人、阿摩里卡人、布雷翁人、撒克逊人、勃艮第人、萨尔马提亚人、阿兰人和里普阿里人等，是名副其实的多国部队。西罗马联军抢在阿提拉之前赶到了奥尔良，以阻止北匈奴军队继续前进。跨越2000公里而来的阿提拉大军虽然攻陷了重镇梅斯，面对奥尔良却久攻不克。

阿提拉对埃提乌斯颇为忌惮，他经过慎重考虑，下令大军回渡塞纳河，在适合骑兵作战的沙隆平原等待西罗马的联军。见北匈奴军队退却，埃提乌斯和狄奥多里克率军穷追不舍，联军的前锋不停地对阿提拉的后卫部队进行了冲击，很快，双方在沙隆平原进行了一场影响欧洲命运的大决战。

战前，西哥特王子托里斯蒙德抢先占领了战场制高点——中央高地。试图夺回中央高地的北匈奴人仰攻失利后，阿提拉便下令巫师占卜未来，占卜结果显示他的主要敌手将会死亡，而北匈奴人会战败。

但是，阿提拉不会被这不祥的预言吓退。为了鼓舞士气，阿提拉向全军训话说："我要亲自投出第一支标枪，哪个可怜虫要是不肯照我的样子做，便必死无疑！"

在阿提拉的鼓舞下，北匈奴军队以及仆从国的军队士气大振，立即摆开阵势与西罗马的联军决战。阿提拉率领北匈奴军队居中，仆从国的军队则排列在两翼，其中，右翼由格皮达人的国王阿尔达里克统领，左翼由统治着东哥特人的英勇三兄弟压阵，以便对付西哥特人。

西罗马联军在布阵时显得很不自信：曾与阿提拉勾结密谋反水的阿兰王桑基邦被置在正中，便于其他军队监督，埃提乌斯居左，狄奥多里克居右，托里斯蒙德仍在中央高地。

公元451年6月20日，这场中世纪的"世界大战"打响了。

经过一番弓箭、标枪和投石器的互相猛射后，阿提拉率先率领中路军对西罗马联军的中路军发起了猛烈攻击，没过多久，西罗马联军的中路军就被北匈奴人冲破。随后，阿提拉开始集中火力攻击西哥特的军队，指挥战斗的狄奥多里克冷不防被东哥特贵族安德基斯投出的标枪刺死。匈奴人认为，这正好印证了占卜的结果。高地上的托里斯蒙德看到父亲战死，立即率部冲下来复仇，东哥特人很快陷入混乱。

这时，阿提拉所率领的中路军由于推进太快，与左右两翼分离，形成孤军深入之势。西罗马联军趁机将阿提拉率领的北匈奴军团团包围，形势发生了逆转。阿提拉见脱身不得，就趁着夜幕降临，用战车围成了圆圈防守。

　　战斗持续到第二天清晨，双方死伤都很惨重。托里斯蒙德与埃提乌斯会师后，找到了父亲的遗体，他们立即在战场上举行了葬礼。

　　葬礼结束后，西哥特将士们推举托里斯蒙德为新的西哥特王。在战火中继位的托里斯蒙德发出了第一道命令：干掉阿提拉！

　　狂热的西哥特人像海啸一般杀向阿提拉的营地，但他们的进攻却一次次被北匈奴人从营地里射出的暴风雨般的飞箭所击退。

　　西罗马联军不得不坐下来开会商讨对策。最终，大家决定，围困阿提拉：要么饿死他，要么逼迫他接受屈辱的投降条件。

　　见西哥特人下定决心要除掉被围困的阿提拉，埃提乌斯却打起了小算盘：阿提拉一死，西哥特人定然会成为新的霸主，从而严重威胁西罗马的生存。为了牵制西哥特人、保全西罗马，埃提乌斯"关切"地对托里斯蒙德说："不知道你那些留在后方的兄弟们知道你父亲死了会有什么想法？"

　　托里斯蒙德果然中计，他将杀死阿提拉的事放到一边，当即率领军队掉头就走了。

　　被围困的阿提拉看占尽优势的敌军忽然四散而去，起初还怀疑是对手使的诱敌之计，他在营地里困守数天后，才下令撤退。

　　阿提拉率军退回莱茵河流域休整了一段时间，又开始策划下一场战争。这一次，他避开了高卢，把进攻的目标指向了意大利。

　　公元452年，阿提拉率军从巴尔干翻越了阿尔卑斯山，攻打埃提乌斯。埃提乌斯没想到阿提拉这么快就卷土重来，而且他刚跟西哥特人翻脸，失去了后援，很快便被打得惨败。

　　北匈奴军队在意大利长驱直入，直至抵达亚得里亚海滨的重镇阿基利亚时，才遭到了坚决而顽强的抵抗。阿基利亚城凭借坚固的城池和顽强的意志，坚守了三个月，才告失陷。随后，阿提拉麾军攻下了阿尔提纽、孔格迪亚和巴度等沿海城市，继而又连克了维星萨、凡罗纳、巴甲姆等内地城市。北匈奴军队所到之处，烧杀掳掠，走后留下一片废墟。米兰人和巴维亚人见势不妙，在答应交出全部财物、换得北匈奴人饶恕全城百姓性命的许诺后，主动向北匈奴人投降。

阿提拉率军继续南下，目标直指罗马城。埃提乌斯束手无策——罗马这座"永恒之城"眼看就要彻底完蛋。在这关键时刻，罗马大主教利奥一世挺身而出，愿意为全城百姓去忽悠阿提拉撤军。

阿提拉在波河接见了求和使团。利奥一世苦口婆心地劝说阿提拉放过罗马，并以公元410年西哥特王亚拉里克一世入侵罗马城后不久就暴毙为例，表示罗马有神灵庇护。

阿提拉虽然对此不以为然，但此时北匈奴军队已经到了强弩之末，而且阿提拉得到消息：东罗马援军即将到来，更何况意大利到处都在闹灾荒，瘟疫四处流行，北匈奴军中也出现了感染。阿提拉审时度势，认为在这种情况下，北匈奴军队再强行攻打罗马城，先不说胜负确实难料，即使取得了最终胜利，北匈奴方面也必将会付出巨大的代价。

于是阿提拉借坡下驴，勒令西罗马交出大量财物后，率军撤离。当然，在撤离前，他还不忘告诉西罗马人：西罗马如果不交出他的"未婚妻"霍诺利娅公主，他还会回来的！

匈奴最后的归宿

阿提拉的北匈奴对于东西罗马来说，是一道魔咒，是欧洲人心目中的"上帝之鞭"。阿提拉从来不缺女人，也不在乎女人，他为了给发动战争找一个理由，可以口口声声将跟他毫无关系的霍诺利娅公主称为"未婚妻"。可即便如此，为了博得他的好感、得到他的保护，日耳曼、东哥特等民族的封建主还是想方设法地巴结他，想把自己的女儿嫁给他。

公元453年，阿提拉娶了一位名叫伊笛可的年轻漂亮的日耳曼姑娘。阿提拉为她举行了隆重的迎娶仪式，然而，这场婚礼却把阿提拉的生命推向了尽头。

新婚之夜，阿提拉喝得烂醉如泥。直到第二天下午，侍者见到新房久无动静，心生疑惑，便破门而入，才发现阿提拉已倒在血泊里，他的新婚妻子正在一旁哭泣。这个自诩"上帝之鞭"的匈奴人，蒙受上帝的召见，升天了。

关于阿提拉是怎么死的众说纷纭，有人说是死于新娘谋杀，有人说是死于醉酒，有人说是上帝见他作恶太多而取他的性命，但可以肯定的是，他从不相信什么上帝。

总之，阿提拉死了，在欧洲的北匈奴失去了灵魂，再也没有一位英雄能像他那样威慑万里、征服四方。阿提拉的北匈奴帝国本来只是一个凭借领袖威望将各部落绑在一起的军事联盟，这些部落并不只有北匈奴人，相反，非北匈奴人占了大多数。他们没有共同的经济文化基础，之所以能走到一起，是出于他们对英雄领袖的崇拜。如今，这位可以和当年的冒顿单于媲美的北匈奴英雄死了，北匈奴失去了主心骨。他生前的威望太高，死后没有一个人能代替他打理好北匈奴的军政事务，尤其是阿提拉那些由来自不同种族的妻子所生的儿子们，彼此不服，很快便引发了争权夺位的内讧。强大的北匈奴在内讧中被掏空了精气神，不得不走向衰落。

公元455年，阿提拉的亲信、格皮达王阿尔达里克带头造反，他联合格皮达人、东哥特人、斯威弗人、赫鲁利人和阿里人在诺都河畔一起进攻北匈奴。阿提拉的大儿子埃拉克与3万北匈奴军队被杀，阿提拉的王廷成为阿尔达里克的战利品，其余各蛮族部落也纷纷起来瓜分阿提拉的遗产。北匈奴帝国没有被强大的罗马打败，但却在阿提拉死后，被它昔日的盟友们瓜分。

遭此浩劫的北匈奴，不再是令欧洲人胆寒的对手，大家都想往它身上插上一刀。这是阿提拉生前做梦都没有想到的事，此前被阿提拉蹂躏的东西罗马听到这个消息，也慌忙地感谢上帝。

阿提拉的另一个儿子邓吉西齐带着一支残存的北匈奴骑兵，四处流窜，企图恢复阿提拉的宏伟基业，但是，历史不再给他这样的机会。随着昔日那些蛮族奴仆们的日益崛起，邓吉西齐的地盘变得越来越小。

为了重建北匈奴帝国，邓吉西齐率领军队进攻东哥特，却遭到了失败。公元468年，邓吉西齐又率领北匈奴军渡过多瑙河，进攻东罗马。但是，这时的东罗马已经不是那个可以随意任人欺凌的受气包了。东罗马人同仇敌忾，点燃了复仇的火焰，大败北匈奴人。邓吉西齐命丧疆场，他的头被悬挂在君士坦丁堡的竞技场上。

阿提拉生前最宠爱小儿子伊尔那克，他相信小儿子能成为和他一样的英雄。但是，在阿提拉死后，伊尔那克率领部众逃到了多瑙河以南的多布鲁甲苟延残喘，一点儿也没有逆境奋发、重振雄风的气象。没过多久，这支北匈奴残军就被当地的蛮族给消灭了。

还有两位阿提拉的儿子艾尼祖和乌星托占据了东罗马的达西亚和利彭西斯。

公元6世纪初，定居在塞尔维亚的北匈奴人曾支持意大利王东哥特人迪奥德里克与东罗马作战，并且在东哥特人的协助下打败了东罗马。

残留在黑海北岸的一些北匈奴部落分成了两大部分：一部分是在亚速海西北过着游牧生活的库特利格尔匈奴人，一部分是在顿河河口放牧的乌特格尔匈奴人。两支部落在东罗马的挑拨离间下成为了敌人，互相征战仇杀。库特利格尔匈奴人在其首领扎伯干的率领下曾报复性地攻击到了东罗马的多瑙河，突然出现在君士坦丁堡城下。但是，他没能打破坚城，不得不率部返回顿河草原，继续与乌特格尔匈奴的首领桑第克自相残杀，直到他们一同被来自亚洲的阿瓦尔部落所征服。

从此，欧洲再也没有出现过关于匈奴人的记载。直到公元884年，另一支来自东方的游牧民族马扎尔人来到匈牙利，他们的后代就是今天的匈牙利人。马扎尔的历史学家把阿提拉视为马扎尔人的祖先，虽然按照他们的传说，阿提拉只有四代继承人，每一代继承人都在100岁时才生下一个继承人，直到马扎尔人的祖先阿尔帕德出现为止。

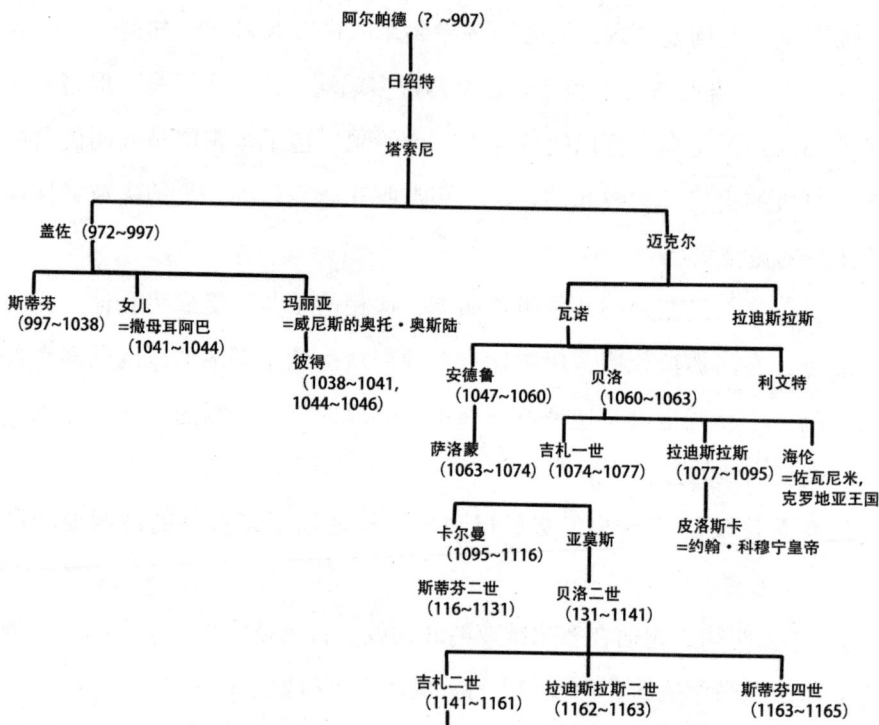

```
                        阿尔帕德 (？~907)
                              │
                            日绍特
                              │
                            塔索尼
                              │
        ┌─────────────────────┴─────────────────────┐
    盖佐 (972~997)                                 迈克尔
  ┌──────┬──────┬──────┐                    ┌───────┴───────┐
斯蒂芬   女儿    玛丽亚                      瓦诺        拉迪斯拉斯
(997~1038) =撒母耳阿巴  =威尼斯的奥托·奥斯陆
          (1041~1044)        彼得
                         (1038~1041,
                          1044~1046)
```

这部分是家系图：

- 盖佐 (972~997)
  - 斯蒂芬 (997~1038)
  - 女儿 =撒母耳阿巴 (1041~1044)
  - 玛丽亚 =威尼斯的奥托·奥斯陆
    - 彼得 (1038~1041, 1044~1046)
- 迈克尔
  - 瓦诺
    - 安德鲁 (1047~1060)
      - 萨洛蒙 (1063~1074)
    - 贝洛 (1060~1063)
      - 吉札一世 (1074~1077)
        - 卡尔曼 (1095~1116)
          - 斯蒂芬二世 (116~1131)
        - 亚莫斯
          - 贝洛二世 (131~1141)
            - 吉札二世 (1141~1161)
            - 拉迪斯拉斯二世 (1162~1163)
            - 斯蒂芬四世 (1163~1165)
      - 拉迪斯拉斯 (1077~1095)
        - 皮洛斯卡 =约翰·科穆宁皇帝
      - 海伦 =佐瓦尼米, 克罗地亚王国
  - 拉迪斯拉斯
    - 利文特

阿尔帕德王朝族系图

但是，匈牙利人究竟是不是北匈奴人的后代，还存在着争议。不过，时至今日，匈牙利人仍然喜欢用阿提拉作为名字，这对西迁的北匈奴人的灵魂多少是一种安慰。这标志着北匈奴人曾经在欧洲存在过，辉煌过——他们把在蒙古高原上谱写的征战神话延续到了欧洲，成为欧洲人刻骨铭心的"上帝之鞭"。

后记　匈奴影响了世界

　　匈奴与秦朝、汉朝对峙了数百年，一度强大无比，迫使汉朝和亲休战，但形势最终还是发生了逆转。之所以如此，不是因为它们勇武善战的秉性发生了变化，而是因为两种文明的差异所致。

　　战争比拼的是综合国力，打的是钱粮、马匹、武器，比的是智慧和谋略。匈奴所代表的游牧文明在经济文化方面远远落后于秦朝、汉朝所代表的农业文明。在农业文明衰落的时期，国家也许会表现得贫弱不堪，远不如游牧文明富有血性，难以爆发出狼性般的战斗力，这在汉朝高祖、惠帝、文帝、景帝时期表现得特别明显。但是，农业文明的发展后劲儿远非游牧文明所能比，在经过高祖、惠帝、文帝、景帝四代"卧薪尝胆"后，在汉武帝刘彻时期形成了爆发。这时，汉朝拥有5000多万人口，钱粮多得用不完，官方的战马达到了数十万匹，而匈奴只有几十万人口，无论从哪个角度讲，汉朝都对匈奴占有压倒性的优势，双方决战的结果不言而喻。

　　但是，战败的匈奴体现了超强的忍耐和出色的生存能力。他们在艰难的环境中，继续张扬着勇武的个性，证明着他们是"天之骄子"。失败后的匈奴，一部分南迁，进入中原，与汉族融合，或者融入其他少数民族中，成为中华民族的一部分；另一部分则向西迁徙，寻找新的生存空间。而在向西迁徙的过程中，匈奴的实力逐步得到了恢复。

　　当时，欧洲在经济文化上远不能跟中国的汉晋南北朝相提并论，游牧文明所滋养出的勇武彪悍及长期与中原作战所积累的战斗经验，使匈奴人在新的土地上重新找到了冒顿时代的自信。他们征服了一个又一个国家，一路向西迁徙，最终成了东西罗马的邻居，无数次打败东西罗马，迫使它们与匈奴签订了丧权辱国的条约，向匈奴进贡，交保护费，接受匈奴人的保护。东西罗马是当时西方的两个超级大国，然而，在匈奴人面前，它们不堪一击。毫不夸张地说，因为匈奴人的到来，欧洲的政治格局被迫大大改变。

在匈奴人到来之前，奴隶制的罗马帝国地跨亚欧非三洲，是当时欧洲、西亚、北非的霸主，是历史学家们津津乐道的千年帝国。当然，那时它除了与西亚的波斯接触较多以外，尚未与东亚的秦汉、魏晋南北朝有广泛的接触。

匈奴人西迁的过程，也是东西方民族一次空前深入的交流过程，虽然这种交流的方式近乎血腥，但是，它开阔了双方的视野。匈奴人发现，原来除了长城南边有富裕繁华的农耕国家可以抢掠外，欧洲也有个同样富裕的罗马可以抢掠。欧洲人也开始意识到，东方竟然还有如此强大的民族，原本不可战胜的罗马竟然是如此不堪一击。于是，曾经活在罗马阴影下的西哥特、日耳曼等民族觉醒了。

由于匈奴人西迁，东哥特人大部分融进了匈奴王国，吸取匈奴人的营养，变得勇武善战；而西哥特人则慑于匈奴人不可战胜的恐惧心理，被迫迁徙到罗马帝国境内。他们原本是去寻求罗马庇护的，然而，当他们看到罗马在匈奴人面前不堪一击时，潜藏在他们心灵深处的进取心和挑战意识一下子复活了。他们从面对匈奴人的软弱不堪迅速蜕变成一支可怕的战斗力量，而他们的崛起，危及了西罗马的生存。

为了保护帝国的安全，西罗马引入了同样强悍的日耳曼人，利用他们去对付西哥特人。这是引狼入室之举。日耳曼人打败了西哥特人，最后又埋葬了西罗马，把欧洲带入了中世纪，导致欧洲出现了许多新兴的封建国家。封建领主代替了奴隶主，这是历史的进步，是人类文明的进步。

虽然匈奴人本身并没给欧洲人带去先进的封建制度，但是，正是因为他们的到来，迫使欧洲各种政治、军事力量出现了分化、重组，并借助于分化、重组，新兴的力量战胜了守旧的奴隶制贵族势力，使新兴的封建制度在欧洲落地、生根、发芽、茁壮成长。于是，法兰克、英格兰、意大利、波兰等新兴的封建国家进入历史的视野，谱写了欧洲历史的新篇章。

在整个中世纪，欧洲没有出现过像中国秦汉、隋唐、明清这样统一强大的封建王朝，小国林立，民族之间的融合进程缓慢，各个小国、民族之间相对势均力敌、相互并存。这对资本主义生产关系的产生和发展是很有利的。而封建势力强盛的中国，资本主义经济萌芽虽然很早，却一直没能发展壮大，致使欧洲在告别中世纪后，很快走在中国等亚洲国家前面。这一切，从外因上讲，要归功于匈奴和后来的蒙古。

北匈奴西迁，对亚洲历史的发展进程影响也很大。一方面，北匈奴西迁，使西域跟中原王朝的交往更加密切，促使大部分西域国家后来成为中华民族大家庭不可分割的一部分；另一方面，匈奴西迁又使中亚、欧洲的众多部落或国家不是被匈奴消灭，就是被迫加入了匈奴大军，随着匈奴人西迁，不断征服西方国家。在这种民族迁徙过程中，很多部落或国家被融化到了匈奴中去，最终又随着匈奴的解体融化到其他各民族之中，使欧洲的民族构成变得多样复杂。

北匈奴西迁，对于东亚地区来说，最大受益者不是中原的汉朝，而是匈奴曾经的臣属、东边的劲敌鲜卑。北匈奴迁走以后，鲜卑人填补了其势力真空，占有了漠北草原，取代匈奴人成为了塞外的强国，继而成为汉朝、魏晋等中原王朝新的敌人。西晋"八王之乱"后，鲜卑人趁机进入中原地区，其中的慕容部、拓跋部、宇文部都先后建立了强大的政权，不但统治了大漠南北，还成为长城以南及中原的主宰者，使鲜卑族在中国历史上辉煌一时。如果北匈奴不西迁，鲜卑族能不能谱写这样辉煌的历史篇章，还很不好说。

受北匈奴西迁影响最大的，当然还是匈奴和汉朝双方。长城内外，有强大的匈奴和强大的汉朝对峙，是一种势均力敌的平衡。这种平衡对双方都是一种激励和鞭策，虽然这种激励和鞭策带着血腥味儿，但这是必需的。一旦这种平衡被打破，对双方来说都是致命的。

汉朝的崛起导致了大规模反击匈奴的战争，匈奴遭受损失自不必说，可是，汉朝也因此耗空了自高祖、惠帝、文帝、景帝以来几十年的积蓄，人口几乎减少了一半，让一向要强的汉武帝刘彻也不得不下《轮台罪己诏》。

匈奴战败后，逐渐分化为南、北匈奴。北匈奴继续与汉朝对抗了一百多年，被击溃后，残部西迁，其原有势力范围为鲜卑族所占领；南匈奴南迁后，虽然曾经梦想统一匈奴，复兴冒顿时代的辉煌，但在汉朝的严格控制下，不可避免地被汉化，民族特性逐渐消失。

至于汉朝，在北匈奴西迁后，来自塞外的强大压力突然消失，渐渐地，它便不思进取，得过且过，外戚、宦官交相祸乱朝纲，豪强地主大肆兼并，朝野上下乌烟瘴气，当权者忙于内斗，对外则仍以天朝上国自居，目空一切，不务实事。这一方面导致汉朝暮气攻心、群雄割据，走向没落衰亡；另一方面又让失去牵制的塞外诸族日益做大，终于在西晋末年引发了"永嘉之乱"，继而"五胡乱华"。

中国历史进入南北朝时期，汉人在近三百年时间里，失去了对中原的控制，当然这一时期也是中国历史上民族融合规模空前强大的时期，促进了中华民族大家庭的形成。这也是北匈奴西迁后，直接和间接导致的后果。

总之，匈奴西迁对亚洲和欧洲历史的影响是巨大的，它既引发了血腥的征服战争，又促进了民族大融合。客观地讲，它改变了中国、中亚及整个欧洲的历史发展进程。虽然，它的背影已经远去，但是作为一个民族，它已经成为一个记忆的历史符号，它所刮起的历史旋风，所奏响的勇武刚健乐章，将永远回荡在历史的记忆中。

附录 匈奴历史简表

公元前1046年~ 公元前209年	部落联盟时期	公元前771年，周幽王烽火戏诸侯，犬戎部落攻陷镐京。 战国时，林胡、楼烦多次侵扰赵国，赵武灵王胡服骑射驱逐林胡、楼烦。林胡、楼烦北迁融入新崛起的匈奴。 战国末期，赵国大将李牧大败匈奴。 公元前215年，秦始皇发兵30万，派蒙恬北攻匈奴。 公元前214年，蒙恬大败匈奴，收复河南地，增修长城，西起临洮，东至辽东，抵御匈奴。
公元前209年~ 公元前128年	匈奴全盛时期	公元前209年，冒顿杀父头曼单于而自立。 公元前201年，韩王信降匈奴。 公元前200年，刘邦攻打韩王信。韩王信及匈奴兵反击汉军。汉军被围于平城七日，后解围。 公元前198年冬，汉朝派人至匈奴和亲。 公元前174年春，冒顿致书汉文帝，相约和平共处。冒顿死，老上（稽粥）即单于位。 公元前158年冬，匈奴侵入上郡、云中。稽粥死，军臣即位。 公元前135年，汉武帝发兵30余万，准备在马邑附近诱击匈奴，无功而返。 公元前128年秋，军臣命令匈奴兵分三路，同时突破长城，大举侵入汉朝边境，最后被卫青率军击退。

公元前127年～ 公元前85年	由盛转衰时期	公元前127年，匈奴侵入上谷、渔阳。卫青在河南地大败匈奴，赶走匈奴白羊王、楼烦王，收复河南地。 公元前126年冬，军臣死，伊稚斜谋反即位，匈奴爆发内战，太子於丹率部降汉。 公元前124年春，匈奴右贤王兵临汉朔方，汉朝以卫青等十余将往征，大获全胜。 公元前123年，汉将卫青统六将军直捣匈奴的单于庭，大胜而归。赵信率部投降了匈奴。 公元前121年，霍去病受命发动了打通河西走廊的军事行动，大胜而归。秋，匈奴浑邪王杀了休屠王，率领部众降汉。 公元前119年春，漠北之战开打，汉军大胜，伊稚斜战败而逃，匈奴漠南无王庭，伊稚斜请求和亲。张骞率众出使西域。 公元前114年，匈奴伊稚斜死、乌维继位，匈奴进入了乌维时代。张骞第二次出使西域。 公元前105年，乌维暴病身亡，詹师庐即位，率部向西北迁徙。 公元前102年，詹师庐率领大军攻打受降城，于出兵途中身亡，呴犁湖继位。秋，呴犁湖率部侵掠汉朝四郡。 公元前100年，苏武出使匈奴被扣。呴犁湖死，且鞮侯被立为单于。 公元前99年，汉远征天山，攻打匈奴，回师途中被匈奴所围，兵败。李陵投降匈奴。 公元前96年，且鞮侯死，狐鹿姑即单于位。 公元前91年，狐鹿姑下令匈奴军队进攻上谷和五原。 公元前90年，汉李广利出击匈奴，兵败投降。 公元前87年，刘彻驾崩。

公元前85年~ 公元前36年	匈奴内乱时期	公元前85年，狐鹿姑死，壶衍鞮即单于位。匈奴内部陷入争乱。 公元前68年，壶衍鞮死，虚闾权渠立被立为单于。 公元前60年，虚闾权渠死，颛渠阏氏发动政变，立屠耆堂为单于，即握衍朐鞮单于，匈奴日逐王先贤掸率众降汉。 公元前58年，稽侯珊即位为单于，即呼韩邪单于。 公元前57年，匈奴五单于争立。 公元前54年，呼韩邪向汉朝称臣。 公元前53年，呼韩邪、郅支遣子侍汉。 公元前51年，呼韩邪入长安朝见，汉授其玺绶。 公元前50年，呼韩邪、郅支各献于汉。 公元前44年，郅支杀汉使谷吉，迁徙至康居。 公元前43年，呼韩邪北归单于庭。 公元前36年，汉西域都护甘延寿发西域兵攻入康居，杀郅支。
公元前33年~ 公元45年	匈奴安稳时期	公元前33年，呼韩邪第三次进长安朝见，昭君出塞和亲。 公元前31年，呼韩邪死，死前立下"兄终弟及"的继位秩序，立年纪最大的雕陶莫皋为单于，即复株条若鞮单于。 公元前28年，复株条若鞮派伊邪莫演前往长安朝见，试探汉朝对匈奴的态度。 公元前8年，囊知牙斯被立为乌珠留单于。 公元前1年，乌珠留入朝。 公元8年，王莽建立新朝。 公元9年，王莽换单于玺，授新章。 公元11年，乌珠留举兵进攻新朝。王莽改匈奴为"降奴"，改单于为"服于"。

		公元13年，乌珠留死，孝单于咸继位为乌累单于。 公元15年，新朝改匈奴为"恭奴"，称单于为"善于"。 公元18年，乌累死，左贤王继位，即呼都而尸道皋若鞮单于。 公元23年，绿林军拥立西汉宗室刘玄为更始帝，后攻入长安，王莽被杀，新朝灭亡。 公元23年冬，匈奴单于不再向更始帝称臣，并趁机攻击西域诸国。 公元25年，刘秀称帝，国号仍为"汉"，史称后汉。 公元38年，西域各国与东汉正式通好。
公元46年~公元151年	匈奴分裂时期	公元46年，呼都而尸道皋若鞮死，蒲奴立。 公元48年，比自立为单于，是为"南单于"。 公元49年，南单于向东汉称臣。 公元50年，东汉建立南单于庭，设置"护匈奴中郎将"，授南单于玺绶。 公元51年，北单于首次请求与东汉和亲。 公元56年，南单于比去世，死前设立了循环式的继承法则，确保了南匈奴98年之久的平稳过渡。 公元72年，北匈奴征发西域各国的军队，一起入侵河西。 公元73年，汉兵分四路攻击北匈奴。夏，班超出使西域。 公元75年，北匈奴破车师后王，先后围攻金蒲城、柳中城、疏勒城等。 公元83年，北匈奴三木楼訾部落向东汉投降。 公元91年，汉窦宪破北匈奴于金微山。单于远走。12月，东汉恢复西域都护府。

		公元94年，西域50余国重归东汉控制。 公元119年，北匈奴再次征服西域诸国。 公元123年，班勇被任命为西域长史，进驻柳中城。 公元124年，班勇征发西域兵马攻打北匈奴。 公元126年，班勇率军进攻北匈奴呼衍王，呼衍王败走枯梧河。 公元127年，西域全境再度被平定。 公元135年，北匈奴呼衍王率兵入侵车师后部。 公元137年，呼衍王被杀。 公元151年，又一位北匈奴呼衍王率兵入侵西域，攻下伊吾卢城，随后被东汉大军击退。北匈奴最后一次出现在西域的土地上。
公元140年~公元220年	藩属中原时期	公元140年，南匈奴左部句龙王吾斯反叛东汉。 公元143年，汉立守义王兜楼储为单于。 公元147年，兜楼储死，立居车儿为伊陵尸逐就单于。 公元177年，汉与南匈奴合攻鲜卑，大败敌军。 公元178年，立呼徵为南单于。 公元179年，汉中郎将杀呼徵，立羌渠。 公元188年，屠各胡攻杀并州刺史。匈奴发生内讧，一部与屠各胡合攻杀羌渠，其子于扶罗被立为持至尸逐侯单于。起义者另立须卜骨都侯为单于。9月，南单于扶罗与白波、黄巾合攻河东。 公元189年，须卜骨都侯死，此后南匈奴人没有再立新单于，国事由氏族首长主持。 公元195年，南匈奴右贤王去卑护卫汉献帝，击退李傕、郭汜兵。於夫罗死，呼厨泉被立为单于。

		公元202年，曹操击降南单于。南单于被彻底架空，只剩一个名号。 公元220年，曹丕即位，东汉灭亡，南匈奴民众自此成为了曹魏的百姓。
公元220年~公元460年	融入中原时期	公元220年，南匈奴民众成为曹魏的百姓，开始融入中原。 公元308年，刘渊正式称帝，改元永凤。 公元311年，刘聪攻占洛阳。 公元316年，刘聪攻占长安，灭西晋。 公元318年，刘聪病亡，太子刘粲即位，靳准起兵杀了刘粲，自称汉天王。 公元319年，刘聪族弟刘曜在长安称帝，改国号为赵，史称前赵。11月，石勒在襄国自称赵王，史称后赵。 公元328年，石勒擒杀刘曜。 公元329年，石虎率领后赵大军攻克了上邽，前赵正式宣告灭亡。 公元407年，匈奴别部铁弗人刘勃勃建立夏，史称胡夏。 公元413年，刘勃勃改刘姓为赫连。 公元425年，赫连勃勃死，他儿子赫连昌继位。 公元428年，北魏俘赫连昌。赫连昌弟赫连定在平凉自称夏皇帝。 公元431年，北魏俘虏赫连定，夏亡。 公元401年，匈奴别部卢水胡沮渠蒙逊自立为北凉王。 公元433年，蒙逊的儿子沮渠牧犍继位。 公元439年，北凉被北魏所灭，五胡十六国宣告结束，北魏统一了北方。牧犍弟沮渠无讳西行至高昌，建立高昌北凉。 公元460年，高昌北凉被柔然所灭。

公元290年~公元468年	北匈奴西迁时期	公元290年，匈奴人开始在阿兰国周围活动。（此前一段时间内，北匈奴的世系不详。） 公元350年，匈奴人灭阿兰。 公元374年，匈奴人攻入第聂伯河，与东哥特人开战。 公元376年，匈奴人大败西哥特。 公元378年，西哥特与罗马展开决战，西哥特人大获全胜。 公元395年，罗马帝国一分为二。 公元400年，北匈奴人大举进攻东罗马。 公元434年，布雷达和阿提拉共同成为匈奴单于。匈奴人攻拜占庭，迫使东罗马签订屈辱盟约。 公元445年，布雷达去世，阿提拉独掌大权。 公元447年，匈奴人攻拜占庭。 公元451年，阿提拉进攻西罗马，在沙隆会战中输给了西哥特与西罗马联军。 公元452年，匈奴人兵临罗马城下，最后被罗马大主教利奥一世劝退。 公元453年，阿提拉去世，匈奴帝国崩溃。 公元455年，格皮达王阿尔达里克造反，进攻北匈奴。 公元468年，阿提拉的儿子邓吉西齐发动对拜占庭的战争，战败而亡。